国学典藏

资治通鉴故事

（图文版）

《国学典藏》丛书编委会 ◎ 编著

上

中国铁道出版社有限公司
CHINA RAILWAY PUBLISHING HOUSE CO., LTD.

图书在版编目（CIP）数据

资治通鉴故事：图文版：全2册/《国学典藏》丛书编委会编著. —北京：中国铁道出版社，2017.10（2021.9重印）
（国学典藏）
ISBN 978-7-113-23342-6

Ⅰ.①资… Ⅱ.①国… Ⅲ.①中国历史－古代史－编年体－通俗读物 Ⅳ.①K204.3-49

中国版本图书馆CIP数据核字（2017）第162537号

书　　名：资治通鉴故事（图文版）
作　　者：《国学典藏》丛书编委会

责任编辑：付巧丽　　**电　　话：**（010）51873038
装帧设计：中北传媒
责任印刷：赵星辰

出版发行：中国铁道出版社有限公司（北京市西城区右安门西街8号，100054）
印　　刷：三河市燕春印务有限公司
版　　次：2017年10月第1版　2021年9月第2次印刷
开　　本：710mm×1000mm　1/16　**印张：**44.5　**字数：**700千字
书　　号：ISBN 978-7-113-23342-6
定　　价：98.00元（全二册）

前言

国学，产生于西学东渐、文化转型的历史时期，兴起于二十世纪初，鼎盛于二十年代，八十年代又有“寻根”热，九十年代“国学”热再次掀起至今，无不是对传统文化在今日中国乃至世界多元文化中的一次次定位固基。

一般来说，国学是指以释、道、儒三家学问为主干，文学艺术、戏剧音乐、武术菜肴、民俗礼仪等为枝叶的传统中国文化体系。

国学以学科分，应分为哲学、史学、宗教学、文学、礼俗学、考据学、伦理学、版本学等，其中以儒家哲学为主流；以思想分，应分为先秦诸子，儒、道、释三家等，儒家贯穿并主导中国思想史，其他列从属地位；以《四库全书》分，应分为经、史、子、集四部，但以经部、子部为重，尤倾向于经部。

近代学者邓实定义国学说：“国学者何？一国所自有之学也。有地而人生其上，因以成国焉。有其国者有其学。学也者，学其一国之学以为国用，而自治其一国者也。……国学者，与有国以俱来，本乎地理、根之民性而不可须臾离也。君子生是国则通是学，知爱其国无不知爱其学。”邓先生的国学概念很广泛，同时也强调了国学的经世致用性。

总的来说，国学是有别于西方学术，独具特点且自成体系的文化形态，是中国固有的文化传统、人文理念和认识方法。其博大精深之内涵，雄厚内敛之魂魄，足以令世人千百年传诵。可以说，国学经典是中华文化的根基，其中蕴含着前人洞察世事的精妙哲理。学习国学可以在潜移默化中学会为人处事的方法，增强个人的文化修养，使思想在“润物细无声”中得到浸润和升华。

为让广大读者真正与国学亲密接触，中国铁道出版社去芜存菁，在卷帙浩繁的中华传统文化典籍中精心挑选出一系列国学经典。在尊重原著的基础上，通过释疑、修饰、考证、援引等，汇编成为《国学典藏》丛书，以飨读者。

您现在所看到的《资治通鉴故事》便是丛书之一。

无论从哪个角度来讲，《资治通鉴》都称得上是一本经典之作。它由北宋司马光编撰，上自周威烈王二十三年，下至后周世宗显德六年，共记载了一千三百六十二年的历史，是中国第一部编年体通史，具有相当高的史学价值和文学价值，历来与《史记》《汉书》等并列为中国古代史家之绝笔。

毛泽东一生酷爱此书，曾通读达十七遍之多，并最喜爱向人推荐。《资治通鉴》的内容以政治、军事的史实为主，展示了历代君臣治乱、成败、安危之迹，以此作为历代朝廷的借鉴。

本部《资治通鉴故事》以故事为线索，从原著巨大的篇幅及零散的叙述中，抽取完整的故事，加以组织、整理，并运用准确、流畅的白话文进行叙述。编者在每一篇故事前插入了简评，使本书的知识含量系统化；大量切合正文内容的彩色文物、艺术图片，使本书呈现出丰富的文化内涵。

衷心地希望本系列丛书能成为广大读者的良师益友，希望读者在品味国学博大精深的同时，能从中汲取源源不断的智慧甘泉。

资治通鉴故事 目录

周纪

秦纪

汉纪

魏 纪

晋 纪

宋 纪

齐 纪

梁 纪

陈 纪

隋 纪

唐 纪

五代纪

周元王（？－公元前469年）

帝王世系表

周元王·姬仁
周贞定王·姬介
周哀王·姬去疾
周思王·姬叔
周考王·姬嵬
周威烈王·姬午
周安王·姬骄
周烈王·姬喜
周显王·姬扁
周慎靓王·姬定
周赧王·姬延

周纪

公元前476年－前221年

春秋末年，各诸侯国的经济逐步发展，政治形势也产生了相应的变化。各国不断争斗以扩充领地。晋国的六卿争斗到最后，剩下韩、赵、魏三家。周威烈王二十三年（公元前403年），周王正式承认三家为诸侯。周安王十一年（公元前391年），田民废除了齐康公，自立为国君，也得到了周王的承认。弱肉强食的政治法则得以公认。

各诸侯国陆续形成国君之下将相分职、文武分权的中央官僚体制。国君对各级官吏分配粮食或赏给黄金、钱币作为俸禄。同时形成玺符制度，任免官吏以玺为凭，调动军队以兵符为据。从而使一切权力集中于国君。

铁制农具已普遍应用于生产活动，促进了农业的发展。普遍推广的一年两熟制，使农业产量得到了很大的提高。同时手工业大幅度发展，冶铁、青铜器铸造、漆器、丝织业的生产水平都有显著的提高。因此，社会分工逐渐扩大，促使商业得到发展。为了适应商业需要，市面上又产生了流通数量大、种类繁多的货币。在政治、经济、文化的多重作用下，促进了城市的发展。

当时社会的剧烈变革对学术文化的发展也起到了重要的促进作用，各种思想流派纷纷涌现，形成了百家争鸣的繁荣局面。奠定了我国整个封建时代文化的基础，对中国古代文化有着非常深远的影响。

大事年表

- 公元前 403 年／周天子下令给予韩、赵、魏三家诸侯称号。
- 公元前 385 年／吴起主持楚国变法。
- 公元前 353 年／齐田忌、孙膑“围魏救赵”，大破魏军。
- 公元前 350 年／商鞅变法。
- 公元前 341 年／齐田忌、孙膑攻魏救韩，魏将庞涓自杀。
- 公元前 318 年／魏、赵、韩、楚、燕五国合纵入秦，不胜而归。
- 公元前 312 年／张仪破齐楚之盟。
- 公元前 309 年／秦初置丞相。
- 公元前 306 年／赵武灵王胡服骑射。
- 公元前 299 年／赵武灵王禅位，于公元前 295 年困死沙丘。
- 公元前 287 年／苏秦合纵赵、齐、楚、魏、韩五国攻秦，联军无功而返。
- 公元前 284 年／乐毅率五国联军伐齐。
- 公元前 279 年／田单用火牛阵攻燕，恢复齐国。秦王与赵王渑池相会，蔺相如不屈于秦。
- 公元前 278 年／诗人屈原投汨罗江。
- 公元前 260 年／秦、赵长平之战，赵兵败，四十万人投降，被坑杀。
- 公元前 258 年／秦攻赵邯郸，信陵君窃符救赵。

灭智氏三家分晋

周朝时，国家的基础建立在分封和禅让制度之上。但是到了东周，就出现了孔子所谓的“礼崩乐坏”：由于诸侯势力日益强大，天子的权威便不再被重视；而在各个诸侯国内部，也常常出现臣子冒犯国君的情况。

春秋后期，晋国[1]大夫智宣子专政，他想把儿子智瑶立为家族的继承人。族人智果反对说：“智瑶不如你的另一个儿子，智宵。虽然智瑶有五个优点：第一，他仪表堂堂，身材高大；第二，他精通射箭，擅长驾车；第三，他技艺出众，才华超人；第四，他能言善辩，文词优美；第五，他坚强果断，刚毅勇敢。但他有几个致命的缺点，那就是他不讲仁义，刚愎自用，为人傲慢。靠着自己有五个优点就盛气凌人、不讲仁义，谁能受得了呢？如果真的让智瑶做智家的继承人，智家一定会灭亡的。”

然而智宣子没有听取智果的意见。为了躲避智家的祸乱，聪明的智果就通过太史证明，把自己家从整个智氏家族里分出来，另立了辅氏家族。

大夫赵简子的大儿子叫伯鲁，小儿子叫无恤，赵简子想立继承人，却不知道立谁好。于是他把训诫的话分别写在两块竹简上，交给两个儿子，让他们认真记住上面的话。

过了三年，赵简子叫来两个儿子，问他们竹简上的内容。伯鲁支支吾吾说不上来，让他拿竹简出来，竹简已不知道被弄到哪里去了。再问无恤，无恤背得滚瓜烂熟，问他要竹简，他就从袖子里拿出来交给赵简子。于是赵简子就认为无恤能干，把他立为赵家的继承人。

赵简子派尹铎治理晋阳，临走时尹铎请示说：“我这次去是要搜刮民脂民膏还是要让百姓幸福安康？”赵简子说：“当然是要让百姓幸福安康。”于是尹铎到了晋阳，减免赋税，让百姓生活富足。

赵简子知道了，就对无恤说：“一旦晋国发生祸乱，你不要嫌尹铎地位不高，也不要怕晋阳路途遥远，一定要去那儿投靠他。”

智宣子去世后，智瑶继承他的位置，即智襄子。智襄子专权晋国大政，暴虐无道。他和大夫韩康子、魏桓子在蓝台喝酒，宴席上戏弄韩康子，还侮辱他的家臣段规。智襄子的家臣劝说主公，让他别对人没有礼貌，以免招来灾祸，智襄子不理睬。

智襄子还平白向韩、魏两家索要土地。韩康子和魏桓子因为实力不够，只好暂时忍让，给智襄子土地，但心里都窝着一团火，打算将来找机会报仇。

这时赵简子也已去世，无恤继承家业，即赵襄子。智襄子又向赵襄子索要蔡和皋狼两处土地，赵襄子不给。智襄子勃然大怒，带着韩、魏两家的军队攻打赵家。

赵襄子自知寡不敌众，退守到了晋阳。

智襄子统率三家联军包围住晋阳，并挖开汾水，引水淹没城墙。城墙被水浸没，露出水面的只剩六尺，炉灶都沉在水底，到处爬满青蛙，然而城里的百姓却丝毫没有背叛的想法。

智襄子乘坐战车巡察水势，魏桓子驾车，韩康子在旁边保护。智襄子得意地说："我现在才知道，原来水也可以让别人的国家灭亡。"

魏桓子听了，用胳膊肘偷偷捅了一下韩康子，韩康子也轻轻踩了一下魏桓子的脚。两人同时会意：这么说来，智襄子也可以用汾水淹魏的安邑城，用绛水淹韩的平阳城了。

智襄子的谋士绨疵提醒他说："韩、魏两家一定会谋反，您要小心啊。"

智襄子问："你根据什么判断的？"

绨疵说："根据发生的事情就可以判断。我们统率韩、魏两家的军队攻打赵家，赵家灭亡后，灾祸一定会波及韩、魏。本来互相约好打败赵家以后，三家平分赵家的土地。现在城墙快要被水淹没，城里的粮食也吃得差不多了，眼下是靠人肉、马肉苦苦支撑。赵家快要灭亡了，韩康子和魏桓子眼看就能分到土地，却一点也没有显露高兴的样子，反而愁眉苦脸的，这不是要反叛是什么呢？"

第二天，智襄子把绨疵的话转告给韩康子和魏桓子，他们赶紧解释说："绨疵这人专讲别人坏话，其实他才真的是想帮姓赵的说话，好让您怀疑我们的忠诚，来动摇您攻打赵家的决心。您想，我们怎么会不愿意马上分到赵家的土地，反而要去做些会带来危险，而且不可能成功的事呢？"

两人告辞离去后，絺疵走进来说："主人为什么把臣子的话告诉他们两个？"

智襄子说："你怎么知道的？"

絺疵回答："我看到他们出去时，对我仔细端详，而且步履匆忙，我就知道他们的心思了。"

智襄子最终还是不听劝告。絺疵为了避祸，就向智襄子请求出使齐国。

赵襄子派手下张孟谈偷偷出城，去见韩康子和魏桓子。张孟谈说："我听说唇亡齿寒。现在智襄子带着韩、魏的军队攻打赵家。赵家如果灭亡了，那韩、魏迟早也会灭亡的。"

韩康子、魏桓子说："这些我们也知道。现在我们打算背叛他，但是担心事情还没成功，计划就已泄露，那我们就要大祸临头了。"

张孟谈说："计划从你们两位的嘴里说出来，只有我的耳朵听见，有什么好担心的呢？"

于是韩康子、魏桓子就暗中与张孟谈约好了行动的时间，然后把张孟谈送了出去。

到了约定的时间，赵襄子派人在夜里杀死守护堤坝的官吏，决开堤坝，放水冲智襄子的军队。智襄子的军队忙于救水，乱作一团，韩、魏两家乘机从侧翼进攻，赵襄子也率领士兵冲击智襄子的前军，一起打败了智襄子的军队。

赵、韩、魏联手杀死智襄子，并把智氏家族全部诛灭，只有智果得以保全。

从此韩、赵、魏三家共同把持晋国国政。周威烈王二十三年（公元前403年），周王下令给予三家诸侯称号，韩、赵、魏三国独立，晋国灭亡[2]。

相关链接

〔1〕晋国：春秋时期周的诸侯国之一，位于现在的山西、河南及河北一带，晋文公在世时曾称霸诸侯。文公后，晋国国力日衰，权力渐渐落入卿大夫手中。至出公时，晋已名存实亡，国君成了卿大夫的傀儡。

〔2〕三家分晋以后，已经被诸侯架空的周天子不得不承认既成事实，只得给予三家诸侯名分。从此，韩、赵、魏和秦、楚、齐、燕四国平起平坐，形成了有名的"战国七雄"。三家分晋，在历史上标志着春秋时代的结束和战国时代的开始。

秦商鞅变法

秦孝公执政以后，励精图治，想要富兵强国，他任用商鞅并用政治手段支持新法，使秦国很快繁荣昌盛起来。

商鞅，原名公孙鞅，是卫国庶出的国君后裔，因为后来封地在商地，所以又称商鞅。

秦献公去世后，他的儿子即位，是为秦孝公。当时在黄河、崤山以东有六个强国，淮河、泗水之间的小国还有十几个，所有的国家都把秦国当夷狄看待，排斥秦国，不让它参加中原诸侯的会盟。于是秦孝公发愤图强，治理国家，整顿政治，想让秦国从此强大起来。

周显王八年（公元前361年），秦孝公在全国下令，先追怀祖先建立秦国并使之强大的功绩，然后说："门客和群臣只要想得出奇谋妙计，能够让秦国强大的，我就让他做大官，还封给他土地。"

公孙鞅听到秦孝公下的这道命令，就向西进入秦国。

公孙鞅喜好法家刑名的学问。他曾在魏国国相公叔痤府上做门客，公叔痤看出他是个了不起的人才，想把他推荐给魏王。但还没来得及推荐，公叔痤自己就先病倒了。

魏惠王来探病的时候，问公叔痤："万一您有个三长两短，国家大事应当托付给谁呢？"

公叔痤回答说："我的门客公孙鞅，虽然很年轻，却是一位奇才。希望主公把国家大事都交付给他！"

魏王认为公孙鞅年轻，又没有名声，所以沉默不语。

公叔痤又说："主公如果不听我的建议，不任用公孙鞅的话，那就一定要把他杀了，不要让他走出我国的国境，为别国效力。"魏王答应后便回去了。

公叔痤把公孙鞅叫来，告诉他刚才的事，然后对他说："我以君主为先，以臣下为后，所以先替君主考虑，然后才告诉你。你赶快逃走，要不然就来不及了。"

公孙鞅说："魏王不能听从您的建议任用我，又怎么会听从您的建议杀我呢？"结果他并没有走。

魏王回去后对身边的人说："公叔先生病得太厉害了，真不幸啊！他让我把国家大事都交给公孙鞅，后来又劝我把他杀了，这不是自相矛盾，病得糊涂了吗？"

公孙鞅到秦国后，通过秦国的宠臣景监求见孝公，向孝公讲述富国强兵的办法。秦孝公听了高兴万分，留公孙鞅一起商议国家大事。

公孙鞅想实行变法，但秦国的贵族都不赞同。经过激烈的争论，秦孝公最终同意了变法的主张，于是任命公孙鞅为左庶长[1]，实行变法。

于是下令：百姓按五家一伍、十家一什组织起来，互相监督，有事揭发，一家犯法，几家连坐；告发奸谋的人与斩敌人首级得到的赏赐一样，隐匿不告发与投降敌人受到的处罚一样；立下军功的人，各按标准受上等爵赏；私下械斗的人，各视情节处以相应的惩罚；努力做好本职工作，辛勤耕织而使粮食布匹增产的，可免除徭役；经商以及因懒惰而贫穷的，全家收为奴婢；就算是宗室出身，若没有立下值得称道的军功，也不能录入族谱；为了使不同爵位的差别更为明显，不同等级的人，用不同的名号称呼他们的田宅、臣妾和服饰；有功劳的人显达光荣，没有功劳的人再富有也没有光彩。

在法令已经制定但还没有公布的时候，公孙鞅怕百姓不信任，就在国都的南门立了一根三丈高的木桩，悬赏十斤黄金，征求能将它搬到北门的人。

大家都觉得奇怪，没有人敢上去搬。

公孙鞅又下令："能搬的人赏黄金五十斤。"

有一个人抱着试试看的心理，就走上去把木桩搬到了北门，结果真的得到五十斤黄金。公孙鞅就用这个方式，来向人民表示赏罚必行。然后才正式发布变法令。

变法令施行了一年，秦国百姓到国都上访，抱怨新法不好的有几千人。这时候太子也触犯了法令，公孙鞅说："法令不能推行，正是因为上层有人触犯。"之后便要处罚太子。因为太子是国君的继承人，不能对他施加刑罚，于是公孙鞅就处罚太子傅公子虔，又在太子师公孙贾的脸上刻了字。这样一来，秦国再没有人敢不遵从新法了。

新法施行十年后，秦国道不拾遗，山林之中也没有强盗，百姓为国家战斗时表现得很勇敢，但却不敢在私下里斗殴，乡村城市都安定繁荣。

当初抱怨新法不好的秦国百姓，现在又来国都夸奖新法好。公孙鞅说："这些都是扰乱法治的奸民！"就把他们全部流放到了边疆。从此以后，百姓再没有人敢议论新法[2]。

相关链接

〔1〕左庶长：爵名，战国秦置，为二十等爵第十级。庶长意为众列之长，秦时多以军功得之。

〔2〕秦孝公去世，惠文王继位，他和秦宫中的保守派共同反对新法，给商鞅捏造罪名，说其有谋反意图。商鞅逃走，但在途中无人敢于收留，因为根据新法，不得收留身份不明的人，否则要受连坐的重罚。商鞅作茧自缚，只得喟然长叹，不久就被抓住，施以车裂之刑。

孙膑减灶杀庞涓

孙膑率领齐军，帮助韩国和庞涓交战，利用“减灶”的计策成功地诱敌深入，最后使庞涓兵败自杀而死。

周显王二十八年（公元前341年），魏国大将庞涓[1]率军攻打韩国，韩国向齐国求救。

齐威王召集大臣商议，说：“我们是早点救好，还是晚点救好？”成侯说：“不如不救。”田忌说：“如果不救，韩国打不过魏国，就会被魏国吞并。不如早点去救。”

孙膑则认为：“如果在韩、魏的军队还没有疲惫的时候就去援救，等于是我们替韩国承受了魏国的进攻。而且，这相当于是听命于韩国才这么做的。

“魏国有吞灭韩国的野心，一定会尽力进攻；韩国眼看要被灭亡，一定会东来向我们诉苦。我们应该等这个时候再出兵，既可以与韩国建立深厚的友谊，还可以趁魏军疲惫捡个大便宜。这样既有双重的好处，还能获得好名声。”

齐威王听了以后连声叫好，于是私下里答应韩国使者出兵，然后送他回国。韩国仗着齐国许下诺言出兵，就大胆出击，与魏军交战。结果连续五次都打了败仗，只好往东依附齐国。

齐国抓住时机出兵，派田忌、田婴、田盼带领军队，孙膑为军师，直接袭击魏国的都城，来解救韩国的危机。

庞涓听说后，赶紧率军离开韩国返回。魏国国内也发动全国兵力，任命太子申为将军，以抵御齐国军队。

孙膑对田忌说：“韩、赵、魏三国的军队向来骁勇善战，看不起齐军，认为齐军胆怯。会打仗的人应该因势利导，《孙子兵法》上不是说了，‘从一百里外奔袭，会损失上将军；从五十里外奔袭，只有一半士兵能到达。’”

于是孙膑命令齐军进入魏国境内以后，第一天筑十万口灶，第二天筑五万口，第三天只筑两万口。庞涓跟在后头走了三天，越来越高兴，说：“我就知道齐军胆怯，才进入我国境内三天，士兵逃走的就超过一半了。”于是他把步兵留下，只带领精锐骑兵，日夜兼程追赶齐军。

孙膑推算庞涓的行程，估计傍晚能到达马陵。马陵道路狭窄，而且

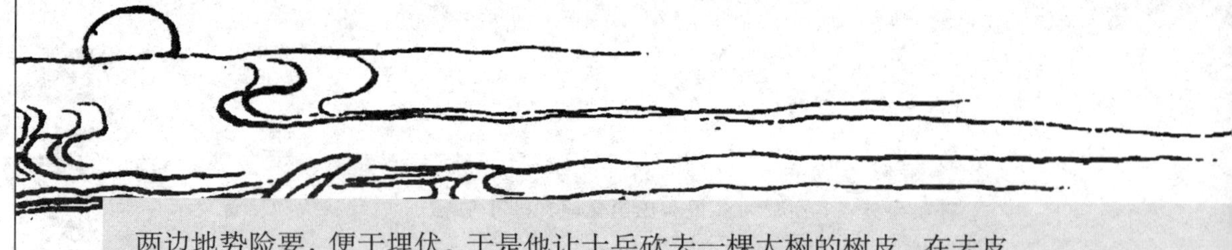

两边地势险要，便于埋伏。于是他让士兵砍去一棵大树的树皮，在去皮的树干上写“庞涓死此树下”六个大字，然后派齐军里擅长射箭的人，带一万张弓弩埋伏在道路两旁，约定天黑以后看见火光就一齐射箭。

当天夜里，庞涓果然到达马陵。经过那棵大树时，庞涓看到白树皮上写着字，就点起火把去照。六个字还没读完，四周万弩齐发，魏军顿时大乱，争相逃命，一下子就溃散了。

庞涓知道无法挽回，这仗已经失败，于是自刎而死，还说：“竟成就了那小子的名声！”

齐军乘胜大败魏军，俘虏了太子申。

相关链接

〔1〕孙膑和庞涓都是战国时的名将，他们早年是同学，在鬼谷子那里学习兵法，孙膑的才能在庞涓之上。庞涓在魏国做了将军之后，就把孙膑骗到魏国，然后加以诬陷，施以膑刑，想置他于死地。

齐湣王灭掉宋国以后，非常骄傲，经常攻打其他诸侯，并且图谋天子之位，乐毅带领诸侯联合军队讨伐齐国，很快攻下了许多城池。

齐湣王灭掉宋国[1]以后，非常骄横，四处攻打其他诸侯，甚至想吞并二周，立自己为天子。燕昭王召来乐毅[2]，与他商议攻打齐国的事。乐毅说："齐国凭借桓公称霸时打下的基础，土地广大，人民众多，不是单凭我们的力量就能打下的。不如联合赵国、魏国和楚国三个国家。"于是燕王派乐毅出使联合赵国，又派使者联合楚、魏，还通过赵国旁敲侧击，以攻打齐国可获得利益来诱导秦国。各诸侯国都受齐湣王欺凌，争着与燕国联合去攻打齐国。

周赧王三十一年（公元前284年），燕王动员全国所有的军队，任命乐毅为上将军。秦太尉斯离也率领军队和韩、赵、魏的军队会合，赵王还把乐毅任命为他们的相国，于是秦、韩、赵、魏的军队由乐毅统一率领。齐湣王也动员了全国所有的军队，与联军在济西会战，齐军大败。乐毅让秦、韩两国军队先行回国，派魏国军队攻占原属宋国的土地，安排赵军收复河间。然后亲自率领燕国的军队，长驱直入追逐败逃的齐军。

剧辛向乐毅进言："齐国强大而燕国弱小，我们依赖各国的协助才能大败齐军。现在应该及时攻占边境城镇，扩大我们燕国的疆域，这样才是为长远打算。您现在经过边境这些城镇，却不去攻占，反而打着旗号要深入腹地。这样做，对齐国其实造不成什么损伤，对燕国也没有什么好处，反而与齐国结下深仇大恨，以后一定会后悔的。"

乐毅说："齐王骄横暴虐，任用阿谀谄媚之人，不相信忠良贤臣，在国内横征暴敛，百姓早就对他不满了。现在齐军打了败仗，如果我们乘胜追击，深入腹地，齐国百姓一定会背叛齐国，归附我们，这样齐国国内就会大乱，我们征服齐国也就指日可待了。如果我们现在不乘胜进军，一旦齐王悔悟，改正以前的错误，体恤下属，爱惜民众，那我们再要图谋齐国就不容易了。"于是乐毅继续率军深入。齐国民众果然大乱，齐湣王仓皇出逃，后来在鼓里被楚国将军淖齿杀死。乐毅率军进入齐国的都城临淄，把齐国的金银珠宝以及贵重器皿都运回了燕国。燕昭王非常高兴，亲自前往济上犒赏将士，封乐毅为"昌国君"，并让他留下来招降还未投降的城邑。乐毅听说昼邑的王蠋是位贤人，就命令军队环绕昼邑，在

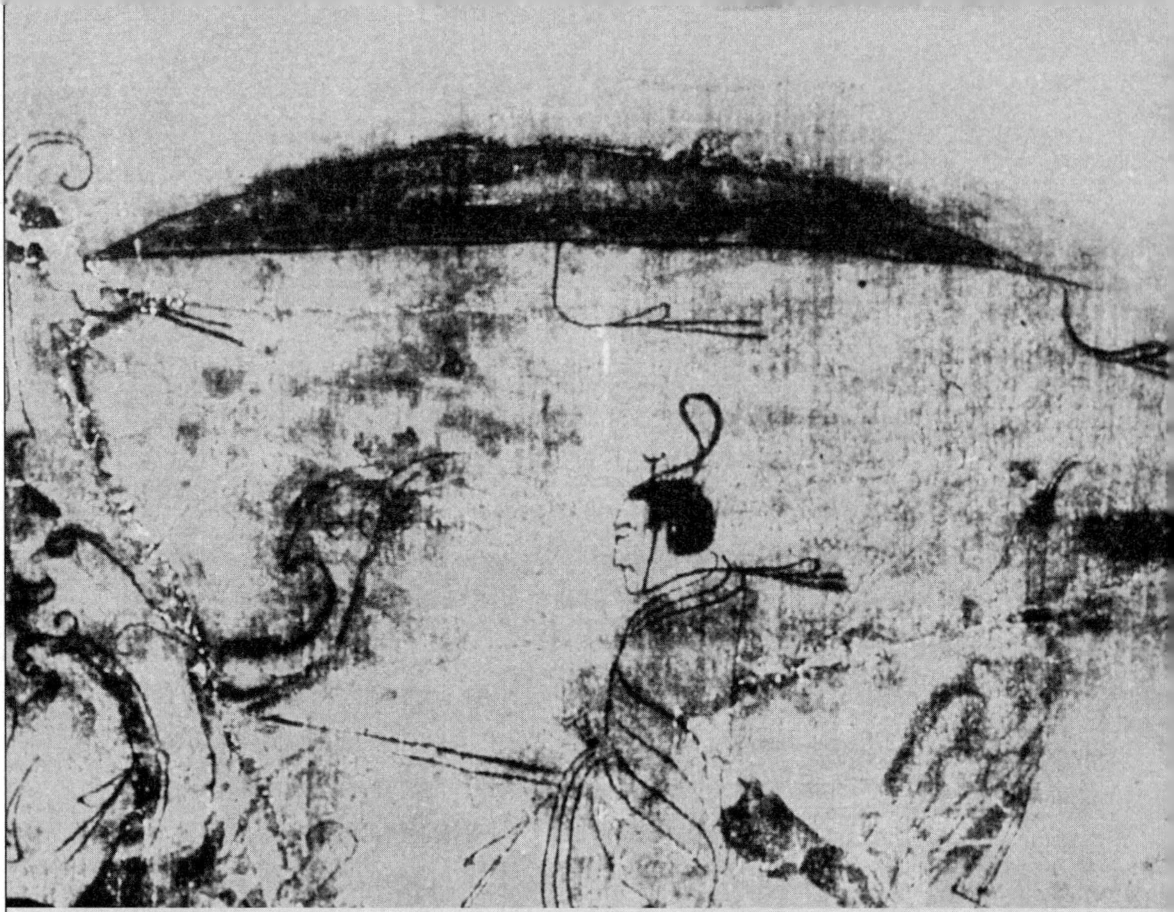

三十里外停留，然后派人去请王蠋。王蠋辞谢不去，燕国的使者威胁说：“你不去的话，我们就要屠杀昼邑。”王蠋说：“忠臣不侍奉两位君主，烈女不嫁给第二个丈夫。齐王不肯听从我的劝告，所以我隐退到乡下耕田。国家残破，君主流亡，我没有办法挽救，而你们现在又想用武力逼迫我，我与其不忠不义地活着，还不如死！”于是他把绳子挂在树上，套住自己的脖子，拉断颈骨而死。

乐毅整顿军队，禁止抢掠，礼遇民间的贤人，减轻赋税，废除严苛的法令，改善过去的政治，齐国人民欢天喜地。燕军长驱进军，如入无人之境。六个月之内，乐毅攻下齐国七十多座城邑，将都更设为郡县，妥善治理。

相关链接

〔1〕战国时期，各个诸侯国之间经常发生大大小小的战争，其中有很多都是侵略战争，属于不正义的，齐王灭宋就是一个很典型的例子。齐国依仗自己势力强大，不但欺负小国，而且想消灭周天子，在诸侯之间犯了众怒。乐毅顺应民心，率领联合军队攻打齐国，并且纪律严明，体恤民情，所以在很短的时间内取得了很大的胜利，相比之下，骄横的齐国就输得很惨了。

〔2〕三国时期的诸葛亮很佩服乐毅的军事才华，在隐居隆中时常常以其自比。

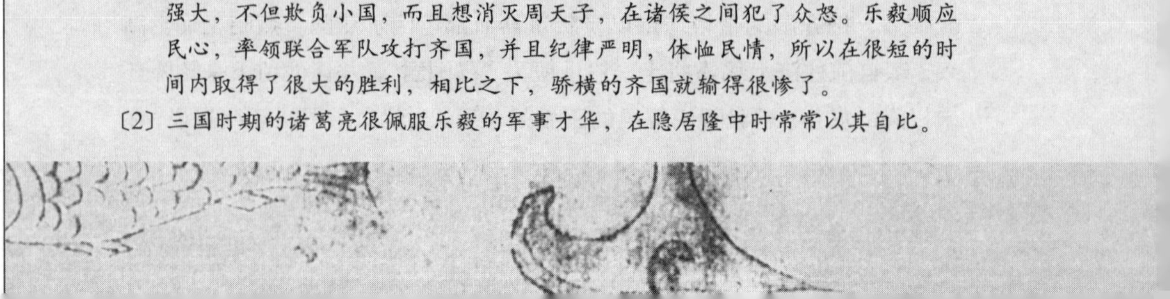

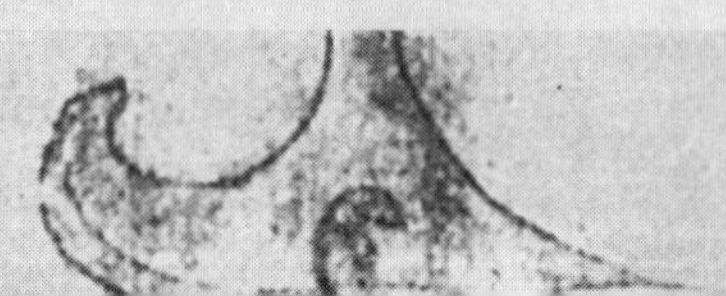

完璧归赵

秦国想要赵国的和氏璧，说以城池相交换，但又没有诚心。而赵又怕秦，于是蔺相如毛遂自荐，前往秦国，成功地把和氏璧带了回来。

赵王[1]得到楚国的宝物和氏璧[2]后，秦昭王想要，就派使者前往赵国，说要用十五座城跟赵王换。赵王想：不给，怕秦国军队强大，出兵攻赵；给，又怕被秦王骗，于是向蔺相如求教。

蔺相如回答说："秦王用城池与大王交换，大王您若不答应，那么理亏的是我们；若我们给他和氏璧，而秦王不给我们城池，那么理亏的是秦王。两相比较，宁可答应，就算得不到城池，也要让秦王理亏。我愿意携和氏璧出使秦国，如果秦王不给城池，我一定想办法把它完整地带回来。"

于是赵王派遣蔺相如为使者，带和氏璧到了秦国。秦王见了和氏璧，拿在手上把玩，爱不释手。蔺相如看到秦王并不是诚心要用城池交换，就用计骗秦王，把和氏璧拿了回来，然后派随从揣着璧，从小路偷偷返回赵国，自己则留在秦国等候处置。

秦王认为蔺相如是个贤人，没有杀他，对他颇为礼貌，然后送他回到赵国。赵王见蔺相如立下大功，就任命他做上大夫。

相关链接

〔1〕赵王：即赵惠文王，公元前298年—前266年在位。赵武灵王少子，是战国时期关东诸侯中主张抗秦的主要人物之一。

〔2〕和氏璧：据说是楚人卞和历尽千辛万苦而得到的玉璧，因而以其名字命名，价值连城。

田单火牛阵破敌

公元前284年，燕昭王任命乐毅为上将军，联合韩、赵、魏等国军队大举进攻齐国。

燕国军队进攻安平邑的时候，临淄的属官田单正好在安平城。他让自己的族人将铁做的罩子罩在车轴两头，等到安平城被攻破的时候，大家争先恐后从城门逃跑，都因为车轴互相碰撞折断，而被燕军捉住，只有田单一族得以幸免，于是逃奔即墨。

当时齐国的土地都被燕军占领了，只有莒、即墨两座城池还没被攻下。乐毅把他的右军、前军合并起来包围莒城，左军、后军合并起来包围即墨。即墨的长官出去迎战，结果战死，即墨人就说："安平之战的时候，田单让他的族人用铁罩罩住车轴，从而得以保全性命，可见田单是个有智谋而且通晓军事的人。"于是即墨人一起拥立田单为将军，抵抗燕军。乐毅包围莒、即墨两座城池，过了一年还没有攻下，于是下令解除包围，采取怀柔政策，安抚新归附的人民，希望两座城池自己投降。

这时燕国有人向燕昭王进言诋毁乐毅，说他之所以久久没有攻下这两座城池，是想在外面拥兵自重，寻找机会谋反。燕昭王杀了这个进谗言的人，表示自己完全信任乐毅，让他按自己的想法放手去做。

不久，燕昭王去世，燕惠王[1]即位。惠王在做太子的时候，就与乐毅发生过不愉快的事。田单听说以后，就派人到燕国行反间计，扬言说："齐王已经死了，齐国还没被攻下的城池，就只剩下两座。乐毅与燕国新王有矛盾，害怕被杀，所以以伐齐国为借口，迟迟不归。其实乐毅是想发展实力，

○品画鉴宝
鼎形灯（战国） 此器设计精巧，使用方便，工艺独特。

在齐国称王。齐国人还没有完全归附，所以乐毅暂缓进攻即墨等两座城池，以收买人心，等待时机。齐国人最害怕的，就是燕国派其他将领前来，那么即墨就保不住了。”

燕王本来就怀疑乐毅，现在又受齐人反间，于是便派骑劫代任将军，而把乐毅召回。乐毅知道燕惠王替换将领是心存不善，于是投奔了赵国。从此，燕军将士都愤愤不平，内部失和。

田单下令，城里的人吃饭时，要先在庭院中放置食物祭祀祖先，结果飞鸟经过时都盘旋而下，到城中吃食。燕国士兵看到了都很奇怪，田单就让人扬言说，将要有神师下来指导他。有一个人听了，开玩笑说："我能不能做神师。"说完觉得害怕，转头就跑。田单起身把他追回来，让他东向而坐，将他当作神师对待。那个人说："我是骗您的。"田单赶紧说："我知道，你别说了。"于是田单就以此人为神师，每次发布命令，都说这是神师的旨意。田单又扬言说："我只害怕燕军割掉齐军俘虏的鼻子，把他们放在队列前边，那样即墨就守不住了。"燕军听说以后，真的像田单说的那样做了。城里的人看见投降的都被割掉了鼻子，都很愤怒，守城的决心更加坚定，唯恐城破以后被燕军俘虏。

田单又派间谍对燕军将领说："我怕燕军把城外齐人的坟墓都给挖了，真让人心惊胆战。"燕军就真的把齐人的坟墓都挖开，还把尸体拖出来焚烧。齐人从城墙上看见，心中充满了仇恨，都流着眼泪，要求一起出去战斗。

田单知道士兵们可以上战场了，就亲自拿着版、锹，与士兵们一起劳动，又把自己的妻妾也编到劳动队伍中，把吃喝的东西全部拿出来，分给士兵们享用。然后命令全副武装的士兵趴下躲藏，让老弱病残以及女人登上城墙示弱，并且派遣使者与燕军商量投降事宜。

燕军早已厌倦战争，听说齐人投降，都高呼万岁。田单又从百姓那里收集了一千镒黄金，让即墨富豪送给燕军将领，请求说："我们马上要投降了，希望军队不要掳掠我们的家园。"燕军将领非常高兴，答应了他们。

采取这些措施后，燕军更加懈怠了。于是田单在城里征集了一千多头牛，给它们披上紫色的缯衣，画上五彩龙纹，在牛角绑上尖刀，牛尾巴上捆上灌注油脂的芦苇束。到了晚上，田单下令在城墙上凿开几十个洞，点燃牛尾巴上的芦苇后，把牛从洞口赶出去，并派勇士五千人跟在牛后面。牛尾巴着火受热，上千头狂怒地冲向燕军。

燕军士兵大惊失色，再看牛身上都是龙纹，被它碰到非死即伤，而且城里的人呼叫呐喊，跟在牛后头冲出，老人小孩都敲击着青铜器皿，声音震动天地。燕军士兵非常害怕，兵败逃跑。

齐国人杀掉了骑劫，齐国的七十多座城池一下子都收复了，并在莒城迎立齐襄王。齐襄王抵达首都临淄以后，将田单封为安平君[2]。

○品画鉴宝

龙凤云纹皮盾（战国） 此盾用兽皮制成，上绘龙凤云纹，用作装饰的可能性很大。

相关链接

〔1〕燕惠王：公元前279年－前272年在位，名字失传。惠王在做太子的时候与乐毅就合不来，即位以后解除了乐毅的军权，迫使其逃亡赵国，不久燕军即自齐败归。惠王后为相国成安君公孙操所杀。

〔2〕田单的胜利解除了齐国的亡国之险，其指挥的"火牛阵"是历史上的经典战例之一。

长平之战

长平之战是历史上很著名的一次战争，是战国时期诸侯国之间最为惨烈的战争之一。这次战争使赵国元气大伤，光被活埋的士兵就有四十多万人。

周赧王五十五年（公元前260年），秦国左庶长王龁率军进攻赵国的长平。当时驻扎在长平的是赵国老将廉颇的军队。廉颇率领部队与秦军几次交锋，都被秦军打败，于是坚守壁垒，拒不出战。赵王认为廉颇损兵折将，还胆怯不肯出战，非常生气，屡次派人责备廉颇。

秦国的应侯范雎派人带千金到赵国使反间计，宣称："秦国什么都不怕，只怕让马服君赵奢[1]的儿子赵括当将军。廉颇好对付，何况他马上就要投降了！"

赵王听到以后，就让赵括代替廉颇当将军率领军队，蔺相如劝谏说："您因为赵括有名气就派他做将军，这就像用胶粘住瑟柱，然后再鼓瑟，怎么能称心如意呢？赵括只会读他父亲留下来的兵书，而不知道灵活应变。"赵王没有听从。

赵括从小就学习兵法，自以为天下没有人是他的对手。他曾经和父亲赵奢讨论军事。赵奢虽然没能难倒他，但也没有称赞他。

赵括的母亲问赵奢为什么不加称赞，赵奢说："打仗，是最危险的绝地，而赵括那么轻巧地讨论它，假若赵国不让赵括当将军倒罢了，如果一定要他当将军，那么将来让赵军败亡的一定就是赵括这小子。"

等到赵括被任命为将军，将要出发的时候，赵括的母亲上书，说不能任用赵括。赵王问为什么，赵母回答说："当年我侍奉他的父亲，他父亲担任将军时，亲自捧着碗为人上饭的有几十位；关系亲密的有几百位。国君和宗室所赏赐的东西，赵括的父亲全部分给了部下官兵。从接受任命之日起，不再问家里的事情。

"如今赵括一下子当上将军，面东而坐接见部下，官兵们没有敢抬头看他的。大王赏赐的金银布帛，他全部拿回来藏在家里。而且每天看有没有便宜的田地房子，可以买的他就买下来。您一定以为赵括像他父亲，但其实他们父子截然不同，希望大王不要派遣赵括当将军！"

赵王说："不要再说了，我已经决定了。"赵母就说："那假如将来他做了什么不称职的事情，我请求不要被牵连。"赵王答应了她。

秦王听说赵括已经被任命为将军，就暗中派遣武安君白起[2]为上

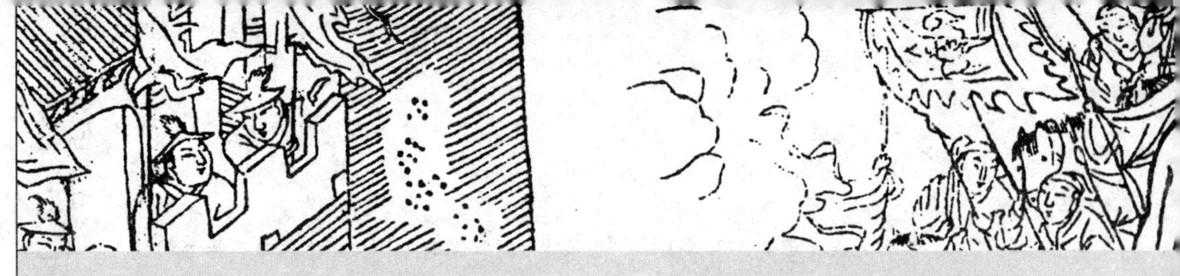

将军，让王龁做他的副将，并且下令全军："谁要是敢泄露白起为统帅的消息，杀！"

赵括到达前线以后，完全改变了以前的命令，更换了各级军官，出动大军进攻秦军。白起假装败退，同时分出两支奇兵进行迂回。赵括乘胜追击，攻打秦军的防守阵地，但因对方防御坚固，赵军无法攻入。

这时，白起派出的两支奇兵，第一支二万五千人，切断了赵军回国的退路；另一支骑兵五千人，切断了出击部队和大本营之间的联系。这样一来，赵军被一分为二，粮食补给也已中断。白起派骑兵攻击赵军，赵军战斗失利，就筑起工事坚守，等待援兵到达。

秦王听说赵军粮食供应中断，亲自到河内发动十五岁以上男子，让他们全部赶去长平，切断赵国援军以及粮食补给的通道。这时，齐国、楚国开始发兵救赵。赵军缺粮，就向齐国请求支援，齐王不肯答应。

到了九月，赵军断粮已经有四十六天了，营内士兵相互秘密残杀取食。赵括见情势紧急，无法再守，只好主动出击进攻秦军堡垒，想分成四拨轮番进攻，这样连续攻了四五次，还是没能突围。赵括亲自率领精锐士兵战斗，秦军用箭把他射死，赵军大败，士兵四十万人全部投降。

白起见降兵太多，心里担忧，与部下商议说："赵国士兵一向反复无常，不把他们全部杀掉，恐怕迟早会惹出祸乱。"于是秦军使出诡计，将投降的赵军士兵全数坑杀，只留下年纪尚小的二百四十人，让他们回到了赵国。

长平之战，赵军士兵前后被杀的共有四十五万人，赵国上下大为震惊。

相关链接

〔1〕赵奢：战国时期赵国的名将，曾大破秦军解围而还，被赵王赐号马服君，地位非常显赫。

〔2〕白起：战国时期秦国名将。善用兵，曾率军攻打韩、魏、楚等国，以武功封武安君。长平之战大败赵军，后因与范雎不和被贬，不久被赐死。

毛遂自荐

战国著名的四公子：齐有孟尝君，赵有平原君，魏有信陵君，楚有春申君。他们都以善于“养士”，门下有很多有本领的食客而著称。毛遂就是平原君门下的一名精英。

周赧王五十七年（公元前258年），秦国军队攻打赵国都城邯郸，赵王派平原君出使楚国求救。

平原君想从他的门客之中挑选二十个文武双全的人一起去，已经选出十九个，剩下一个怎么也挑不到满意的。有一个叫毛遂的门客就向平原君推荐了自己。

平原君说：“有本事的人在这个世界上，就像锥子放在布袋里，锥子的尖头立刻就会露出来。而你在我的门下，算到现在已有三年了，周围的人没有称颂过你，我也没有听谁说起过你，这就说明你没有什么长处。既然你没有什么长处，那还是请留下来吧。”

毛遂说：“我只是直到今天，才请你把我放到布袋里罢了！如果早一点将我放进布袋，我早就脱颖而出了，绝不会是才露出尖头而已！”平原君听了，觉得他很有意思，就让他一起去了，其他十九个人都笑话他。

平原君到了楚国，向楚王陈说合纵抗秦的利弊，从日出就开始谈，到了日中还没有达成决议。

毛遂手扶剑柄走上台阶，对平原君说：“合纵抗秦的利弊，三言两语就能够说清楚了。你们从日出开始谈，日中还没有达成决议，是怎么回事？”

楚王发怒，呵斥道：“你怎么还不下去！我是和你的主人谈话，你是什么东西！”

毛遂按住剑柄上前说：“大王之所以呵斥我，是依仗楚国那么多人都听您指挥。如今我和您相距十步，楚国人再多，您也无法依仗！您的性命掌握在我手里，我的主人就在面前，你呵斥我干什么！

“何况我听说，商汤[1]只有七十里见方的国土，却能称王天下；文王[2]靠着一百里见方的国土，能使诸侯臣服。他们难道是依靠手下的士兵众多吗？不！他们靠的是，利用当时的形势，然后发扬他们的声威。

“如今楚国国土方圆五千里，军队一百万，这是成为霸主的资本。以楚国的强大，天下没有哪个国家可以抵挡。白起，小人物而已，率领几万人的军队，兴兵与楚国作战，一战就把楚国的鄢、郢两座城池给打下了，再一战连楚国的夷陵也给烧毁了，第三战甚至破坏了楚国先王的陵庙。

“这是千秋万载也难以化解的仇怨，连我们赵国也为您感到耻辱，而大王您却不知道愤恨。合纵抗秦，也是为楚国好，不单单是为赵国。”

楚王说：“对对，确实像先生所说的那样，我谨奉上国家，参加合纵。”

毛遂就问：“决定合纵了？”

楚王说：“决定了！”

毛遂就让楚王的随从拿来鸡、狗和马的血，然后捧着铜盆跪着前行到楚王面前说：“大王，您应当歃血盟誓，订立合纵，接着是我的主人，然后是我。”于是他们三人在大殿之上把合纵订立了下来。

毛遂左手端着血盆，右手招呼那十九个门客，说：“你们也一起在堂下歃血！你们辛辛苦苦跟着来，正是所谓的‘靠别人成事’的人啊。”

平原君订立合纵后就返回了赵国，回去之后便说：“我再也不敢以品评天下人才自许了！”于是让毛遂做了他的上宾。

相关链接

〔1〕商汤：商朝的开国之君。汤起于商（现在河南商丘一带），率军灭夏朝暴君桀而王天下。

〔2〕文王：即周文王姬昌，曾被商暴君纣长期囚禁，据说于牢中将八卦推广到了六十四卦，做《周易》一书；后其子武王姬发灭纣建周。

信陵君窃符救赵

信陵君是魏国公子，他的姐姐是赵国平原君的妻子。秦国围困赵国，赵向魏求助，但魏王畏惧秦国的势力不敢出兵。信陵君通过窃取兵符，解了赵国之围。

魏国公子无忌（信陵君）仁厚待人，礼贤下士，收养食客达三千人。

魏国有位隐士，名叫侯嬴，七十岁了，家中贫穷，在魏都城大梁北面的夷门看守城门。

有一次，无忌摆酒大宴宾客，来客都已经坐好了，无忌又领着车马，空出左边更尊贵的位子，亲自去迎接侯嬴。

侯嬴见到无忌来接他，理了理破旧的衣冠，直接跳上马车，坐在无忌左边的座位，也不谦让一下。无忌手持缰绳，态度更加恭敬。

侯嬴又对公子说：“我有个朋友在集市卖肉，希望麻烦车马，改道拜访他一下。”无忌就赶着车马去了集市。

到了集市，侯嬴下马车去看他的朋友朱亥，故意站了很久，与朋友说话，还不时偷偷观察无忌。侯嬴看到无忌的脸色愈加温和，这才与朋友道别上车，到了无忌家里。无忌领着侯嬴到上座就座，还把他介绍给所有的宾客，宾客们都很吃惊。

后来秦国军队包围赵国都城邯郸，因为赵国平原君的夫人是魏公子无忌的姐姐，魏王就派出了晋鄙的军队，但又畏惧秦国，便命令晋鄙把军队驻扎在边界观望。

平原君派了好多使者到魏国求援，并且责备无忌说：“我之所以与公子家结为姻亲，是仰慕公子的高义，能够解救别人于危困之中。如今邯郸即将失守，魏国的救兵却还没到。就算公子不看重我，对我弃之不顾，难道你就不可怜你姐姐吗？”

无忌很是忧虑，屡次请求魏王给晋鄙下令，让他去解救邯郸，还通过宾客、辩士多方游说魏王，魏王就是不听。

于是无忌通知宾客，集结战车一百多辆，准备去邯郸为赵国战死。经过夷门时，无忌看见侯嬴，告诉他自己即将赴难的事。侯嬴说：“公子好自为之，老臣我不能跟从。”

无忌离开后，走了几里，心里闷闷不乐，于是又转回去见侯嬴。侯嬴笑着说：“我就知道公子会回来的。如今公子没有别的办法，所以想去迎战秦军，这就像把肉扔到饿虎面前一样，又有什么功劳？”

无忌拜两拜，请教计策。侯嬴让无忌屏退左右，说：“我听说晋鄙的兵符在魏王卧室里，而如姬最受宠幸，一定能把它偷来。过去听说公子为如姬报了她的杀父之仇，如姬想报答公子，就算让她死，她也不会推辞。

“公子向她提些要求，就能得到虎符〔1〕，夺过晋鄙的军队，北面解救赵国，西面打退秦军，这是春秋五霸的功业啊。”

无忌按侯嬴说的去做，果然得到了兵符。

无忌将要出发，侯嬴对他说：“将在外，君令有所不受。如果晋鄙验过兵符，却仍不肯交出军队，还要向魏王请示，那么事情就危险了。

“我的朋友朱亥，是个武艺高强的人，你可以带着他一起去。晋鄙若服从，那就最好；若不服从，可以让朱亥杀了他！”于是无忌邀请朱亥一起前往。

到了邺城，晋鄙验过兵符，心里还是怀疑，看着无忌说：“我率领十万大军驻扎在边境，承担着国家的重大使命。如今大王只派你孤身前来顶替，这是为什么呢？”

于是朱亥用袖子里藏着的四十斤重的铁椎〔2〕，椎杀了晋鄙。无忌收束军队，发布命令说：“父子都在军队里的，父亲回去；兄弟都在军队里的，兄长回去；独生儿子，没有兄弟的，回去赡养老人。”最后选出士兵八万人，无忌率领着他们进军邯郸，在邯郸城下大破秦军，保全了赵国。

相关链接

〔1〕虎符：古代调军，一般是用一种铜铸成的老虎牌，分成两半，一半在国君手里，一半在带兵大将手里。如果国君要调动军队，必须派使者持虎符传令，两半虎符对应无误时，传令才能生效。

〔2〕椎：古代兵器的一种，一般短柄，头安重物。头的形状有圆形、椭圆形、蒜头形、多面形等。

吕不韦奇货可居

吕不韦早期的出名，是因为做生意发了大财。而他一生最得意的一笔生意，倒不是赚了多少金钱，而是经营了一位叫嬴政的君王。

秦国太子的正室称作华阳夫人，没有儿子。妾夏姬生了一个儿子，名叫异人。

异人在赵国作人质，因为秦国屡次攻打赵国，所以赵国对异人并不以礼相待。再加上异人是以王族庶出子孙的身份去诸侯国作人质，秦国派给他的车马用度都不充裕，所以生活得很不如意。

阳翟的大商人吕不韦来到邯郸，见到异人，感叹道：“这是稀罕货物，可以囤积牟利！”

于是前去求见异人，对他说：“我能够光大你的门庭。”

异人笑着说：“先去光大你自己的门庭吧！”

吕不韦说：“你不明白，我的门庭要等你的门庭光大以后才能光大。”

异人心里明白吕不韦的意思，于是引他入内，坐下后进一步深谈。吕不韦说：“秦王老了，太子喜爱华阳夫人，华阳夫人又没有儿子。你有兄弟二十几人，其中子傒最有希望做继承人，而且又有士仓辅佐他。你的地位居中，不是很受宠爱。你又长期在诸侯国作人质，太子即位以后，你就无法再争做继承人了。”

异人说：“那该怎么办呢？”

吕不韦说：“能够把你立为继承人的，只有华阳夫人。我吕不韦虽然不富裕，但愿意花上千金为你到秦国游说，争取把你立为继承人。”

异人说：“要是真像你所说的那样，我愿意将秦国与你共享。”

于是吕不韦给了异人五百黄金，让他结交宾客。又用五百黄金购买各种珍奇宝物，由自己带着，西行进入秦国。吕不韦见到华阳夫人的姐姐，通过她把珍奇宝物献给华阳夫人，然后借这个机会称赞异人贤能，结交的宾客遍布天下，经常日夜哭泣，思念太子和华阳夫人。

吕不韦说：“异人简直是把夫人当老天爷看待！”夫人听了非常高兴。吕不韦又让华阳夫人的姐姐劝夫人，说：“凡是靠容貌侍奉别人的，容貌老衰之后，宠爱也会减少。

“如今夫人受到宠爱，但却没有儿子，不趁现在年华正盛，赶紧在庶子中选一个贤能孝顺的，把他立为嫡子，等到年老色衰、宠爱减少时，就算想表述一下意见，都未必能做到了。

“如今庶子异人贤能，而且清楚自己地位居中，不可能做继承人，夫人若真能在这个时候提拔他，对异人来说，是从没国家到有国家，对夫人来说，是从没儿子到有儿子。这样一来，也就相当于夫人终身在秦国得宠了。”

华阳夫人认为姐姐说得很有道理，于是找机会对太子说：“庶子异人非常贤能，来往之人都称赞他。”然后哭着说：“我不幸没有生下儿子，希望把庶子异人立为嫡子，让我将来有所依靠。”

太子答应了她，和她刻下玉符，约定让异人做继承人。然后又送了非常多的财物给异人，并请吕不韦辅佐他。从此，异人的名望在诸侯之间广泛流传。

吕不韦娶了邯郸极其美丽的女子一起居住，不久女子便有了身孕。异人在吕不韦那儿喝酒，见到这位女子后，就向吕不韦索要。吕不韦先假装生气，后来又把她献给了异人。

那女子怀孕足月后，生下一个儿子，名叫政，异人便将女子立为正室。后来异人回到秦国，继位成为秦国国君，是为庄襄王。庄襄王去世，儿子嬴〔1〕政继位，就是后来的秦始皇〔2〕。

○ 品画鉴宝

变形龙纹扁壶（战国） 此器小口，短颈略内收，器腹长方格栏内饰斜角线构图的变形龙纹。

相关链接

〔1〕秦国国君嬴姓，相传出自先祖颛顼；传自非子因养马有功受周孝王封于秦（今甘肃清水东北），为附庸小国。西周受西戎之乱时，秦因救驾并护送天子有功而被封为诸侯，自此以后，日益强大，至秦始皇，统一天下。

〔2〕吕不韦曾经组织门下食客等人编写了一部书，叫《吕氏春秋》（又叫《吕览》），内容丰富庞杂，成为“杂家”代表作之一。当初吕不韦编写该书的目的，是为了辅佐少年秦始皇，并为其以后的从政奠定基础。

宫門

秦始皇（公元前259年—前210年）

帝王世系表

秦始皇·嬴　政

秦二世·嬴胡亥

秦三世·嬴子婴

秦纪

公元前221年—前206年

秦的统一，结束了长期以来各诸侯间的割据混战，有利于人民生活的安定和社会生产的发展，符合当时各族人民的共同愿望。

秦朝的疆域，东到大海，西到陇西，北到长城，南到南海，大大超过了前代，是中国历史上第一个统一的多民族封建国家。

秦始皇嬴政规定，国家的最高统治者称皇帝，国家的政治、经济、军事大权都集中在皇帝手里。他确立了中央和地方的行政机构，在中央设置丞相、御史大夫、太尉等官职，在地方推行郡县制度，全国划分为三十六郡，郡下设县。这样，皇帝把统治全国各地的行政权力也牢牢地控制在自己手里。

在经济方面，秦朝统一了度量衡和货币，促进了商业的发展及各民族各地区的经济交流。

在文化方面，秦朝统一了文字，把简化了的字体小篆作为标准字体，在全国推广使用。文字的统一，促进了各地区间的文化交流。

为了保卫北部边疆，秦始皇修建、增补秦、赵、燕三国的长城，使之连成一体，以此抵抗匈奴。同时南征越族，开凿灵渠，连通了长江与珠江。这些重大举措使边疆安宁，国家统治得以巩固。

大事年表

- 公元前 251 年 / 李冰主持兴修都江堰水利工程。
- 公元前 249 年 / 秦以吕不韦为相国。
- 公元前 246 年 / 秦建郑国渠。
- 公元前 227 年 / 燕太子丹派荆轲入秦刺秦王，不中。秦杀荆轲。
- 公元前 221 年 / 秦灭六国。秦王定称号为皇帝，自称始皇帝，分天下为三十六郡，统一度量衡。
- 公元前 220 年 / 始修驰道。始皇北巡。
- 公元前 219 年 / 秦始皇在泰山封禅。
- 公元前 218 年 / 张良遣力士刺秦始皇于博浪沙中，未中。
- 公元前 216 年 / 令民众申报田地。
- 公元前 215 年 / 秦始皇派大将蒙恬率军三十万北伐匈奴。
- 公元前 214 年 / 修筑西起临洮，东至辽东的万里长城。开凿灵渠，连接湘江和漓江。
- 公元前 213 年—前 212 年 / 秦始皇焚书坑儒。
- 公元前 210 年 / 秦始皇死，其子胡亥即位，是为二世。
- 公元前 209 年 / 陈胜、吴广起义反秦。
- 公元前 208 年 / 项羽、刘邦等拥立楚怀王之孙熊心为王。
- 公元前 207 年 / 巨鹿之战，项羽大败秦军。赵高杀秦二世，立子婴。子婴杀赵高。

李牧大破匈奴

李牧屯兵边境，不与匈奴交战。匈奴以为他胆怯，其实他是在蓄养士气。后来他发兵而出，遂大败匈奴。

李牧是赵国的良将，曾经驻扎在代地的雁门防备匈奴[1]。李牧根据实际情况，灵活地设置官署。市场租税都收入将军府，用在士兵身上，每天都杀几头牛犒劳士兵。他让军队熟习骑射，小心准备烽火，多派间谍，并且订立规定，说："匈奴一旦入侵，赶紧回到堡垒防守。有敢擒拿匈奴的人，斩首！"匈奴每次入侵，烽火及时报警，大家总是回到堡垒防守，不与匈奴交战。这样过了几年，倒也没有什么人员伤亡。

匈奴人都以为李牧胆怯，就是赵国边境的士兵也认为他们的将军胆怯。赵王责备李牧，李牧还是像以前一样。赵王生气了，就派其他人代替李牧。此后一年多，屡次出战，都没能取胜，反倒损失了许多人马，而且边境屡受骚扰，百姓已经不能耕种放牧了。

于是赵王又去请李牧担任将军，李牧说："一定要让我为将领，准许我要像以前一样，我才敢接受任命。"赵王答应了。

李牧到达边境，还像以前一样，让大家照着规定去做。几年来匈奴什么也没劫掠到，但始终认为李牧胆怯。边境的将士每天得到赏赐，却没有用武之地，都希望与匈奴打上一仗。

于是李牧准备了精选出来的战车一千三百乘，战马一万三千匹，得到过百金以上赏赐的勇士五万人，善射的弓箭手十万人，把他们全部组织起来进行训练。又把牲畜放到郊外，到处都是。匈奴小部队入侵，李牧假装失利，把几十个人丢弃给了匈奴。

匈奴王单于[2]听说后，举兵进犯。李牧设置了很多奇阵，张开左右两翼进行包抄，大败匈奴，杀匈奴骑兵十多万人，消灭两个部落，一个部落请降。匈奴王单于逃走，十多年不敢靠近赵国边境。

相关链接

〔1〕匈奴：我国古代民族，战国时游牧在燕、赵、秦以北。东汉时分裂为南北两部。北匈奴在公元1世纪末为汉所败，西迁；南匈奴附汉，东晋时曾先后建立了几个小政权。

〔2〕单于：匈奴首领的称号。

韩非客死秦国

韩非和李斯当年都是荀子的学生。李斯在秦国做了大官，而相比之下，才华横溢的韩非却不那么得志。后来，韩非惨死于李斯手下。

韩非[1]是韩国的公子，擅长刑名法术方面的学问。韩非见韩国日益削弱，屡次上书劝说韩王，韩王都不肯采纳他的建议。

于是韩非痛恶治国者不能任用贤能，反而任用浮夸虚矫的蠹虫之流，并把他们放置在有功之臣和实学之士之上。

于是韩非考察了过去的兴亡得失，写下《孤愤》《五蠹》《内储》《外储》《说林》《说难》等五十六篇文章，共十多万字。

秦王政十四年（公元前233年），韩王向秦国割让土地，并献出国君的印玺，请求臣服秦国，为秦国的附庸，并派遣韩非为使者，到秦国问候。秦王听说韩非是个人才，就非常想见他。

韩非上书劝说秦王："现在秦国领土方圆几千里，军队号称百万，号令统一，赏罚分明，天下没有比得上的。我冒死请求觐见大王，向您陈说破除各国合纵联盟的计策。大王要是能听从我的主张，一举之下，如果合纵联盟没有破除，赵国没有攻下，韩国没有灭亡，楚、魏不来臣服，齐、燕不来依附，秦王称霸的名声不能确立，四邻的诸侯不来朝拜，大王可以把我杀了，并在秦国示众，用以警告为您谋划却没有尽力的人。"

秦王听了很高兴，但并没有任用韩非。

李斯忌妒韩非，就进谗言要秦王杀了韩非，于是秦王就把韩非交给狱吏治罪。

李斯派人给韩非送去毒药，让他早点自杀。韩非想向秦王申述，却又见不到秦王。后来秦王后悔，派人去赦免韩非，但韩非已经服毒死了。

相关链接

〔1〕韩非：历来被人们称为韩非子，韩国贵族身份。与秦相李斯都是荀子的学生。韩非因为口吃而不擅言语，但文章出众，连李斯也自叹不如。他的著作很多，主要收集在《韩非子》一书中。韩非是战国末期带有唯物主义色彩的哲学家，法家思想的集大成者。

荆轲刺秦王

秦国决心统一天下，燕国已经岌岌可危。燕太子丹善待荆轲，让他前往秦国刺杀秦王，以期保全自己。

燕太子丹曾经在秦国作人质，秦王对他礼数不周，太子丹生气，就逃回了燕国。

太子丹心里怨恨秦王，想要报复，就向太子傅鞠武询问计策。鞠武建议，西面与韩、赵、魏结盟，南面联合齐、楚，北面结交匈奴，然后找机会攻打秦国。太子丹说："您的计策需要的时间太久了，令人心中烦闷，我恐怕等不及。"

过了不久，秦将军樊於期在本国获罪，逃到了燕国。太子丹接纳他，并给他安排住处。鞠武为此劝谏太子丹，不要不顾国家安危，为了结交一人而得罪秦国。太子丹不听。

太子丹听说卫人荆轲[1]是一个人才，就用谦卑的言辞、优厚的礼品请他见面。见面后，太子丹对荆轲说："如今秦军已经俘虏了韩王，又兴兵往南攻打楚国，往北逼近赵国。如果赵国不能抵挡秦军，那么战祸一定会蔓延到燕国。燕国弱小，屡次被战争消耗，哪里能抵挡秦军！而各诸侯国都向秦国屈服，不敢联盟抗秦。

"以我个人的愚计，若真能得到一位天下难得的勇士，那就让他出使秦国，乘机劫持秦王，逼秦王把侵占的土地归还各诸侯国，就像当年曹沫劫持齐桓公，逼迫桓公归还鲁国的失地一样。若能那样，就最好不过了。否则，就把秦王刺杀了。

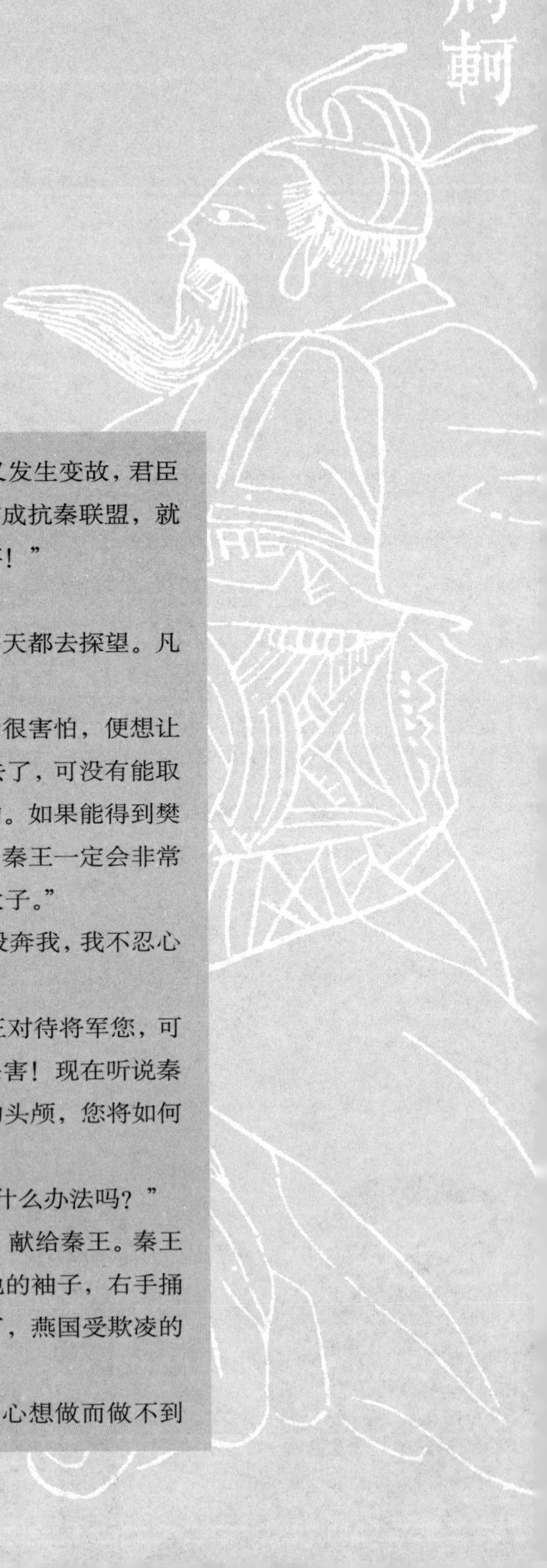

荆轲

“秦国的大将都领兵在外，而国内又发生变故，君臣之间互相猜疑。趁这个机会，各诸侯结成抗秦联盟，就一定能打败秦国。希望您多加考虑这事！”

荆轲答应了他。

太子丹安排荆轲住进上房，并且每天都去探望。凡是供给荆轲享用的，都竭尽所能去办。

等到王翦攻灭赵国，太子丹听说后很害怕，便想让荆轲立刻动身。荆轲说：“如今就算我去了，可没有能取信于人的东西，也是没办法亲近秦王的。如果能得到樊於期的头颅，再加上燕国督亢的地图，秦王一定会非常高兴，愿意接见我，我才有机会报答太子。”

太子丹说：“樊将军走投无路而来投奔我，我不忍心杀他。”

于是荆轲私下见樊於期，说：“秦王对待将军您，可以说是仇深似海，您的父母宗族都被杀害！现在听说秦王又以黄金千金、封地万户来购求您的头颅，您将如何对待这些事呢？”

樊於期长叹一声，流着泪说：“有什么办法吗？”

荆轲说：“我希望能得到您的头颅，献给秦王。秦王一定高兴，并愿意接见我。我左手拉他的袖子，右手捅他的胸口，那样一来，您的大仇也报了，燕国受欺凌的耻辱也洗除了。”

樊於期说：“这正是我日夜咬牙痛心想做而做不到

的事啊！”于是自杀而死。

太子丹听说后，跑去伏尸痛哭，但人已经死了，也没有办法，就用盒子把樊於期的头颅装了起来。

太子丹事先已经求得天下少有的锋利匕首，让工匠用毒药浸泡，用人做试验，只要沾上一丝血液，没有不立刻死去的。于是太子丹打点行装，让荆轲出发，并派燕国勇士秦舞阳做他的副手，以使者的身份进入秦国。

秦始皇二十年（公元前227年），荆轲到达咸阳，通过秦王的宠臣蒙嘉，用谦卑的言辞求见秦王。秦王非常高兴，穿上朝服，召集群臣布置九宾大礼接见荆轲。

荆轲捧着地图进献秦王，并为秦王打开图卷。图卷完全展开的时候，匕首就露了出来，于是荆轲拉住秦王的袖子，拿起匕首刺他。匕首还没刺到，秦王已经受惊站起来，拉断了袖子。荆轲立刻去追秦王，秦王仓促之下拔不出剑，只好绕着柱子躲闪。

事情发生得太突然，群臣都惊呆了，以致都失去了常态。而且秦国法律规定，臣子在大殿之上不准携带任何兵器，所以大家只好一起徒手扑打荆轲，并且喊：“大王背剑！”秦王把剑推到背后，才拔剑出鞘，砍断了荆轲的左腿。

荆轲残废，就拿匕首向秦王掷去，但被铜柱挡住。荆轲自知行刺失败，就骂着说：“这件事之所以没有成功，是想劫持活的，拿到归还土地的契约来报答太子啊！”结果，荆轲被分尸示众[2]。

秦王为此勃然大怒，增派军队，跟随王翦的军队攻打燕国。秦军与燕军和代王的军队在易水以西大战，秦军大败燕、代联军。

相关链接

〔1〕荆轲：卫人，战国时著名侠客，因帮助燕太子丹前往秦国刺杀秦王而名传至今。荆轲早年很不得志，后经大臣推荐结识了太子丹。丹很看重荆轲，给予他非常优厚的待遇，几乎满足他的一切要求。后来荆轲奔赴咸阳，丹带领群臣亲自送到易水河边，著名乐师高渐离击筑，大家共同慷慨悲歌：“风萧萧兮易水寒，壮士一去兮不复返！”

〔2〕对于荆轲刺杀秦王，历来有不同的看法。有的人认为荆轲是一位不折不扣的勇士，是一个大英雄；有的人则认为荆轲是一个投机取巧于太子丹，看不清秦国统一天下的大势而孤注一掷的人。

焚书坑儒

秦统一天下后，出于多种原因，李斯上书皇帝，认为儒生不但无所作为，而且混淆百姓思想，扰乱法治，应该把他们的书籍都给烧掉。秦始皇采纳了李斯的建议，实行愚民政策，下令天下焚书，还活埋了几百儒生，给中华文化造成了惨重的损失。

秦始皇三十四年（公元前213年），丞相李斯上书说："从前各诸侯相争，都用丰厚的待遇招揽宦游的士人。现在天下平定，法令统一，百姓致力于农业和手工业生产，士人应该学习熟悉法令。"

"现在儒生[1]们不学习今天的法令，而去学习古代的学问，用古代学问来批评当今社会，惑乱百姓，一起攻击法令教化。这些人听说新的法令已经颁布，就各用自己的学说议论它，在家则心生非难，出门街谈巷议，靠夸耀主上来获取名声，靠标榜不同意见来显示高明，带领群众制造诽谤舆论。这样的事若不加禁止，就会使君主的威信下降，臣子之中分成不同的政治派别。当然是禁好！我请求命令史官，把史书中凡不是秦国撰写的全部烧掉。只要不是博士官所掌管，天下收藏的《诗》《书》以及诸子百家的言论著作，都交给郡守和郡尉集中烧毁。有敢谈论《诗》《书》的，处死；用古代的理论批评当今社会的，族诛；官吏知情而不举报的，与犯者同罪；命令下达三十天，还敢私藏以上书籍的，在脸上刺字，罚去做苦工。医药、卜筮、种树等方面的书不烧。如果有人想学习法令，让他以官吏为师。"

秦始皇下令照办。次年，侯生、卢生互相讥讽议论秦始皇，害怕罪责难免，于是逃走了。秦始皇听说后，非常生气，说："卢生这些人，我对他们那么尊重，赏赐也很丰厚，现在居然诽谤我！那些还在咸阳的儒生，我要派人去查问，看看有没有人妖言惑众，扰乱百姓。"于是让御史一一加以盘问。

儒生之间互相告发牵连，最后捕获有罪之人四百六十多名，都在咸阳活埋，并通报天下，用以惩戒后人。

相关链接

〔1〕儒生：原指遵从儒家学说的读书人，后来泛指读书人。

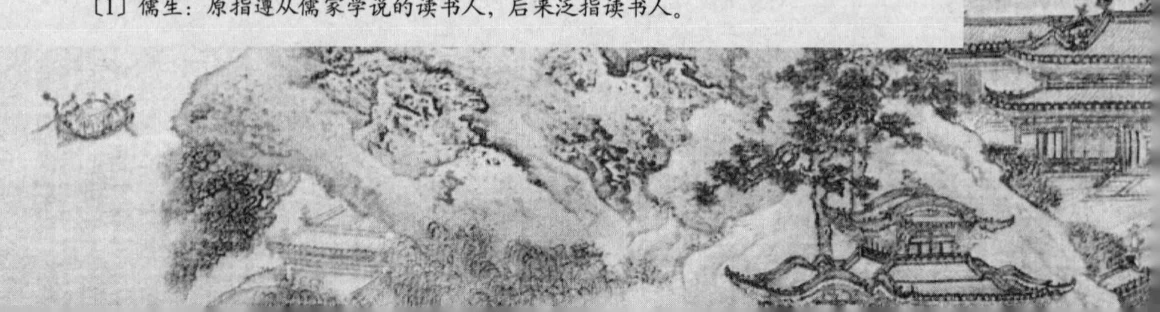

胡亥篡位

始皇去世以后，根据人们的认识，本来应该扶苏继位。可是赵高串通李斯，给扶苏发布虚假赐死诏令，扶持胡亥篡夺帝位，是为秦二世。

秦始皇三十七年（公元前210年），秦始皇出外巡游，在平原津病倒了。始皇很厌恶谈论死，所以群臣中没有人敢提始皇死后的事。等到病情更加严重时，秦始皇才命令中车府令掌管符玺[1]的赵高写诏书给长子扶苏，说："回来治丧，到咸阳会合后安葬我。"诏书已经封好，在赵高那儿，他并没有交给使者送出。

秋，七月二十日，秦始皇在沙丘平台驾崩。丞相李斯因为君主在外驾崩，担心各皇子争位，天下发生变故，所以秘不发丧。他把棺材藏在有帘子遮阴的车子里，由始皇以前宠幸的宦官在旁边陪乘。每到一个地方，始皇饮食、百官上奏都像以前一样，由宦官在车中假冒始皇，准许大臣所奏的事情，只有胡亥、李斯、赵高还有受宠幸的宦官等五六人知道这件事。

当初，秦始皇尊宠蒙氏兄弟，非常信任他们。蒙恬在外为将，蒙毅在朝中参与谋划，有忠信之誉，就算是列为将相的人，也不敢与他们争执。赵高没有生育能力，秦始皇听说他力气大，又精通刑狱法令，就提拔他当中车府令，让他教导胡亥如何断案，胡亥很宠幸他。赵高犯罪，秦始皇让蒙毅处理。蒙毅认为依法赵高应当处死，秦始皇因为赵高办事机敏，就把他赦免了。

赵高一向受胡亥宠幸，又怨恨蒙氏兄弟，于是劝说胡亥，请求假造始皇命令，杀死扶苏，立胡亥为太子。胡亥同意了他的计谋。

赵高说："不和丞相合谋，恐怕大事不能办成。"

于是赵高去见丞相李斯，说："始皇给扶苏的诏书与符玺，都在胡亥那儿。立谁为太子，就凭丞相您与我二人说的算。您看这事情怎么样？"

李斯说"怎么能说这种亡国之言！这不是为人臣子所应当议论的！"

赵高说："您在才能、谋虑、功劳、劳而无怨以及是否受扶苏宠信，这五个方面能否与蒙恬相比？"

李斯说："比不上。"

赵高说："这样说来，一旦扶苏即位，一定任用蒙恬为丞相，那看来您终究不能身怀列侯印玺而荣归故里了。胡亥仁慈忠厚，可以做继承人。希望您仔细考虑，决定此事！"

○品画鉴宝

武士头像（秦） 武士头戴高冠，圆脸，面部略带微笑，神情毕现。

李斯认为赵高说得有理，就与赵高一起谋划，假称得到始皇诏令，立胡亥为太子。另外伪造了一封诏书给扶苏，责备他不能开辟疆土、建立功业，使士兵受到损耗，反而屡次上书，直言诽谤，日夜抱怨，唯恐不能回来做太子。而将军蒙恬不加矫正，参与扶苏的谋划，依律一并赐死[2]，将军队交给副将王离。

扶苏打开诏书，看后哭了起来，进入内室想要自杀。

蒙恬说："陛下在外巡游，还没有立太子，他命令我率三十万军队驻守边界，而让公子您监督，这是国家的重任！现在一个使者来，你就自杀，你怎么知道这不是个骗局！向陛下请求以后再死，也不算晚。"使者屡次催促，扶苏对蒙恬说："父亲命令儿子死，还有什么可请求的！"说完就自杀了。蒙恬不肯自杀，使者就把他交付有关官吏，囚禁在阳周。又将护军一职更换为李斯的手下，然后使者就回去报告了。胡亥听说扶苏已死，就想释放蒙恬。正好蒙毅为始皇出巡而祈祷山川，回来时路过，赵高就对胡亥说："先帝想立贤能的你为太子已经很久了，而蒙毅劝谏说不可以，不如把他杀了！"于是他们合谋，把蒙毅囚禁在代县。

巡游队伍从井陉出发，抵达九原。当时正值酷暑，装载棺材的凉车发出臭气，于是赵高下令随从，将一石鲍鱼装在车上，用鲍鱼的臭味掩盖尸体的腐臭。车队走直道到达咸阳，然后才发丧。太子胡亥继承了皇位。

九月，秦始皇被安葬在骊山。秦始皇墓挖得很深，就想办法隔断了地下水；又想办法运来各种奇珍异宝，藏在墓穴里，装得满满的；命令工匠制作机关弓弩，有敢挖进来盗墓的，机关会自动发动将靠近者射杀；用水银模拟百川、江河、大海，靠机械灌注输送；后宫嫔妃没有子女的，一律殉死陪葬。

下葬以后，有人说工匠们制造机关，知道其中的秘密，里面藏宝丰富，恐怕他们泄露。于是等安葬完毕，把工匠全部封闭在墓穴之中。

秦二世想诛杀蒙氏兄弟，二世的侄子子婴向他劝谏，让他莫杀功臣，二世不听。于是先杀了蒙毅，蒙恬听说后，服毒自尽。

○ 品画鉴宝

兵马俑（秦） 兵马俑军群阵容宏伟，气势庞大，锐不可当。展现了秦国军队的威武与强盛。

相关链接

〔1〕秦朝的皇帝玉玺上刻有“受命于天，既寿永昌”八个字，表示秦对天下的统治是遵从天命的，并且其统治将昌明鼎盛直到永远。

〔2〕按照古代传统理论，人与人之间长幼尊卑有序，并且“君为臣纲，父为子纲”“君叫臣死，臣不得不死；父叫子亡，子不敢不亡”。所以李斯和赵高他们以始皇名义赐死扶苏。

刘邦起兵沛县

陈胜、吴广起义以后，天下群雄并起，硝烟弥漫。这时出现了一个放荡不羁的真命天子——刘邦。

刘邦，字季，面有龙相，左边大腿有七十二颗黑痣。刘邦为人仁爱，喜好施舍财物，心胸宽阔，不拘小节。刘邦一向心怀大志，不肯从事那些平常人赖以养家糊口的事情。

起初，刘邦在泗水上做亭长[1]。单父县人吕公，喜欢给人看相，看见刘邦的相貌，认为很奇特，就把女儿嫁给他做妻子。

后来刘邦作为亭长，为县里送刑徒[2]到骊山，刑徒在半路上逃走了很多。刘邦估计等到了骊山，刑徒也跑得差不多了，于是到了丰地以西一个沼泽中的亭子，就停下来喝酒。

到了晚上，刘邦释放所有的刑徒，对他们说："你们都走吧，我也要从此逃亡了。"

刑徒之中，年轻力壮且愿意跟从刘邦的有十几人。

刘邦喝了酒，晚上穿过沼泽，看到一条大蛇挡在路上。他拔出剑来，把蛇砍死了。

有一个老妇人哭着说："我的儿子，是白帝的儿子啊，化身为蛇，在路中间。现在赤帝的儿子把他杀了！"说完后，忽然不见了。

刘邦逃亡过程中，藏身于芒、砀的山泽之中，其间屡屡发生这样的怪事。沛县年轻人听说后，很多人想去归附他。

陈胜在大泽乡起义后，沛县县令想据沛县响应陈胜。

县掾萧何、主吏曹参说："您是秦国官吏，现在想背叛秦，这样去命令沛县的子弟，他们恐怕不会听从。希望您征召那些逃亡在外的，可以获得几百人，然后再胁迫大家，大家就不敢不听了。"于是县令命令樊哙去征召刘邦。

这时刘邦的手下已经有几百人，沛县县令后悔，害怕他会叛变。于是紧闭城门，严加防守，想杀萧何、曹参。萧何、曹参害怕，越过城墙逃走，投奔刘邦以求自保。

刘邦写了一封信，射到城上，送给沛城父老看，向他们陈说利害得失。沛城父老就率领子弟一起杀死沛县县令，开门迎接刘邦，立他为沛公。

萧何、曹参等人为他招收沛县子弟，得到两三千人，以这些人马响应天下诸侯。

相关链接

〔1〕亭长：秦时，行政区划分从高到低依次是郡、县、乡、亭、里。亭在乡下，是很低的行政单位，亭的长官也就是亭长，属于基层地方官员。

〔2〕刑徒：秦朝刑法苛刻，人民动不动就犯了罪名。刑徒一般要从事劳役。刘邦押送刑徒到骊山，就是从事修建陵墓、宫殿等劳役。

赵高专权杀李斯

赵高依仗得宠于秦二世，在朝中排除异己、胡作非为，他给李斯罗列罪名，最后将他腰斩于咸阳街市。

秦郎中令赵高，依仗二世恩宠专横跋扈，因为私仇诛杀了很多人。他害怕大臣入朝奏事，向二世报告这些事，于是向二世进言说：

“天子之所以尊贵，不过是因为群臣只能听到他的声音，而不能见到他的容颜罢了。况且陛下还很年轻，未必能对每件事情都熟悉。现在坐在朝廷上听群臣禀报事物，赏罚举止如有不当的地方，就会在大臣们面前暴露自己的短处，从此便不能向天下人显示您的圣明了。

“所以陛下不如深居宫中，由我和熟习法律的侍中们一起等事情入奏，事情奏上来以后，再与您一起研究处理。这样，大臣们就不敢胡乱上奏是非不明的事，天下人都会称您为圣明的君主了。”

二世采纳了赵高的建议，不再坐朝接见大臣，常常住在禁宫里。赵高在宫中侍奉左右，掌管事务，一切事情都由他来决定。

赵高听说丞相李斯对此不满，就去见李斯，说：“现在关东地区盗贼很多，皇上却增调服徭役的人去造阿房宫，搜集猎狗快马这些无用的东西。我想进谏，担心自己地位卑贱，不敢劝说。这其实是您分内的事，您为什么不去劝谏呢？”

李斯说：“是啊，我很久前就想劝谏了。现在皇上不坐朝廷，总是住在深宫之中。我想对他说的话，又是不能让别人转达的。想求见他，他又没有空闲。”

赵高说：“您如果真能劝谏他，那么等到皇上有空闲时我一定来通知您。”

于是赵高在二世饮酒作乐、美女站在面前的时候，派人通知李斯，说：“现在皇上有空，可以进去奏事了。”李斯就到宫门求见。

这样的情况发生了好几次，二世生气了，说：“我平常有空，他不来。我正寻欢作乐，他就要来报告国家大事。难道李斯认为我年少无知，还是认为我见识浅陋？”

赵高趁机进谗言说：“当初沙丘密谋，丞相是参与了的。现在陛下已继位做了皇帝，而丞相的地位并没有提高，这就说明他的意思是想割地称王。而且陛下您不问我，我也是不敢说的，丞相的长子李由做三川郡守，楚地反贼陈胜等人都是丞相家乡邻近县邑的子弟，因此他们才敢公然横行，经过三川城下，郡守李由也不肯出击。我还听说，他们有书信往来，因为还未核实，所以不敢禀告陛下。何况丞相在宫廷之外，权力比陛下还大。”

二世相信了赵高的话，想惩办李斯，但又怕情况不实，就先派人调查三川郡守李由跟反贼沟通的情况。

李斯听说这事，就上书揭发赵高的短处，说：“赵高专擅大权，权力可与陛下相比。从前田常做齐简公的相国，窃取齐简公的恩威，下得到百姓的欢心，上得群臣的支持，终于弑齐简公，夺取了齐国，这是天下人都知道的事情。现在赵高图谋不轨，有危乱反逆的行为，私人的财富可与田常在齐国为相时相比。他又贪得无厌，追逐利益没有止境，现在权力地位仅次于君主，他利用陛下的威信，怀有不可告人的野心。陛下您不将他除去，我担心赵高迟早会发难啊。”

二世说：“怎么会呢！赵高原来是宦官[1]，但他不因安定而放纵，不因危难而变心，努力改善自己的品德。他的地位是凭借自己的努力得来的，凭借忠诚得到升迁，依靠诚信保持地位，我确实认为他很贤能，而你却怀疑他，为什么呢？况且我不信赖赵高，又信赖谁呢？而且赵高为人精明廉洁，坚强而有毅力，下通人情，上合我意。希望你不要再怀疑他！”

二世向来宠幸赵高，怕李斯杀了他，就私下里把李斯进谏的事告诉赵高。赵高说：“丞相所担心的只有我赵高一人；我死以后，丞相就要学田常造反了。”

这时，天下起义的军队越来越多，朝廷不停地征发关中士兵往东攻打义军。左丞相冯去疾、右丞相李斯、将军冯劫为此劝谏二世，让他暂时停止修建阿房宫，减轻徭役。

二世非常生气，就将冯去疾、李斯、冯劫交给掌管刑狱的官吏，立案审讯他们还有没有其他罪过。冯去疾、冯劫自杀了，只有李斯进了监狱。二世将李斯交给赵高处理，查问李斯与儿子李由一起谋反的情况，并将他们的宗族、宾客全部逮捕。赵高残害李斯，拷打他一千余下。李斯忍受不了苦楚，只好含冤认罪。

李斯之所以没有自杀，是因为自负辩才，对国家有功，而且实际并没有谋反的心思，想上书为自己辩说，希望二世醒悟，将他赦免。

于是李斯从监狱上书，说：“我身为丞相，治理人民已经三十多年了。当初秦国地方狭隘，不过千里，士兵也只有几十万。我竭尽自己微薄的才能，暗中派遣谋士，资助钱财宝玉，让他们到各诸侯国游说。又

在国内修治武备，整饬政教，让英勇作战之士为官，尊奉有功之臣。所以最终能够胁迫韩国，削弱魏国，攻破燕、赵，平定齐、楚，最后兼并六国，俘虏他们的君主，立秦王为天子。

“又向北驱逐胡、貉，向南平定百越，来显示秦国的强大。还统一文字、度量衡，颁行天下，以树立秦国的威名。这都是我的罪过，我早就该死了！幸好陛下认为我尽了力，才能活到今天。希望陛下明察！”

书奏呈上以后，赵高命令官吏丢掉而不给二世看，说：“囚犯怎能上书！”赵高又派他的门客十多人，伪装成御史、谒者、侍中，轮番讯问李斯。李斯改用实情回答，赵高就叫人再严刑拷打。后来二世派人验证李斯的口供，李斯以为还会跟前些日子一样，终于没敢更改自己的口供。李斯已经在供词上服罪，奏报上去后，二世高兴地说：“如果没有赵高，我差一点被丞相出卖了。”

当二世派去调查李由的人到达三川郡时，李由已被楚国的起义军杀死了。使者回来，正赶上李斯被关进监狱，赵高就胡乱伪造了一通谋反的内容扣在李斯头上。

最后决定处李斯五刑，在咸阳街市腰斩。李斯走出监狱，跟他的次子一起被押赴刑场。他回过头来对他的次子说：“我想再和你牵着黄色的猎狗，一起出上蔡县的东门，去猎杀野兔，怎么才能做到呢？”于是父子相对而哭。

结果李斯被灭了三族[2]。二世就任命赵高做丞相，事情不论大小都由赵高决定。

相关链接

〔1〕宦官：即太监，古代阉割生殖器后在皇宫里侍奉以及从事简单劳役的男子。赵高在很年轻的时候就做了宦官，先期侍奉秦始皇，后来侍奉二世。在皇帝的荫蔽下，他的权力很是强大。

〔2〕三族：指父族、母族、妻族。古代刑法，根据犯人罪行轻重，有诛三族、九族等说。

巨鹿之战

和刘邦一样，项羽也是反秦力量之一。巨鹿一战，使项羽名声大振，成了各路诸侯的首领。

秦二世二年（公元前208年），秦将王离兵围巨鹿[1]。次年，章邯修筑甬道连到黄河，通过它给王离运送军粮。王离军队的粮食充足，便加紧攻打巨鹿。

巨鹿城内粮食耗尽，士兵人数不足，张耳多次派人请陈馀前来援救。陈馀估计兵力不足，不能战胜秦军，不敢去救巨鹿。

这样过了几个月，张耳大怒，埋怨陈馀，派张黡、陈泽前去责备陈馀，说："当初我和你为生死之交，现在赵王和我早晚性命不保，而你掌握着士兵几万人，却不肯前来援救，当年所说的同生共死在什么地方？如果信守前言，为什么不与我同赴秦军战死？况且还有十分之一二得以保全的机会。"

陈馀说："我估计前往巨鹿终究不能拯救赵军，白白牺牲所有的军队。而且我陈馀之所以不与你一起赴死，是想留下机会为赵王和你向秦报仇。现在一定要共同赴死，就像把肉块丢给饿虎一样，有什么好处呢？"

张黡、陈泽请求陈馀出兵一起死战，于是陈馀让张黡、陈泽带领五千人先试着进攻秦军。到了阵前，与秦军交战，五千人全部战死。这时，齐国的军队、燕国的军队都来援救赵国。张耳的儿子张敖通过收编北面代地的士兵，得到一万多人，也已带领他们赶来。这些军队都在巨鹿附近设营固守，不敢攻打秦军。

这时，项羽已经杀了不肯出兵救赵的楚上将军宋义，而后自己又被楚怀王[2]任命为上将军，威名震动楚国。他派遣当阳君、蒲将军带领军队二万人，渡河去救巨鹿。交战之后，取得了一些小的胜利，切断了章邯给王离部队运粮的甬道，使王离的部队因补给中断而缺粮。陈馀再次向项羽请求增援，于是项羽率领全部人马前去救援。

军队渡河以后，项羽下令把所有的船只凿沉，把做饭用的锅盆全部砸烂，把营房全部烧掉，每人只带三天干粮，以此向全军将士表示必死的决心，没有任何撤退的意思。因此楚军一到巨鹿，就包围了王离，与秦军交战，经过九次交锋，大败秦军。章邯领兵退却。诸侯的援军这时

○ 品画鉴宝

彩绘车马（秦） 此俑为车驾俑，双手作持马缰状，神情专注，比例准确，栩栩如生。

才敢进攻秦军，杀死苏角，俘获王离，涉间不肯投降，自焚而死。

在这个时候，楚军之强为各路诸侯军之冠。援救巨鹿的各路诸侯军有营垒十几座，却没有敢出兵进击的。等到楚军攻打秦军的时候，各诸侯军的将领都在营垒上观战。楚军战士无不以一当十，喊杀声震天动地，各诸侯军将士无不心怀畏惧。结果打败秦军以后，项羽召见各路诸侯军将领，这些将领进入辕门的时候，无一不是跪着前行的，谁也不敢仰视。从此项羽成为诸侯军的上将军，各路诸侯都服从他指挥。

相关链接

〔1〕巨鹿：位于现在的河北省邢台市。

〔2〕楚怀王：？－公元前205年，楚国没落贵族。楚国灭亡以后，曾隐居乡下。项羽起兵以后，立他为精神领袖，用以号召天下。后被尊为“义帝”，死于项羽谋杀。

赵高拥立二世以后，权倾朝野，胡作非为，不但排除了异己李斯，还指鹿为马，愚弄皇帝。后来干脆想把二世除掉，自己称帝。多行不义必自毙，他最终死在子婴手下。

中丞相赵高想独揽秦廷大权，又担心群臣不服，于是先进行试验，献一头鹿给二世，说："这是马。"二世笑着说："你错了吧，怎么把鹿叫做马？"于是向侍立左右的大臣们询问，大臣有的沉默不语，有的说是马，来奉承赵高，有的则说是鹿。于是，赵高暗中将那些说是鹿的人治罪。此后群臣都畏惧赵高，没有人敢说他的过错。

赵高以前多次对二世说："关东的反贼，成不了什么气候。"直到项羽俘虏王离等人，章邯率领的大军又屡次失败，上书请求增兵。函谷关以东地区，人民几乎全背叛了秦朝官吏，响应各路诸侯，诸侯也都各自率领部下向西进攻。

秦二世三年（公元前207年）八月，刘邦率几万人攻打武关，屠灭了全城。赵高唯恐二世为这些事发怒，招致杀身之祸，就借口生病，不去朝见二世。二世梦见白虎咬自己座车的左边骖马，把它咬死，心中闷闷不乐，觉得很奇怪，便去询问占梦的人。占梦的人占卜之后说："泾水作祟。"二世便在望夷宫斋戒，想去泾水上祭神，把四匹白马沉在泾水中讨好神灵，又派使者就反贼之事责备赵高。赵高害怕，便暗中与他的女婿咸阳令阎乐和弟弟赵成谋划，说："皇上不听从劝告，现在战事紧迫，就想归罪于我。我想另立皇帝，拥立子婴[1]。子婴仁爱俭朴，百姓都听从他的话。"于是赵高让郎中令作内应，谎称宫里有厉害的强盗，命令阎乐召集官吏，出动士兵追捕。赵高又劫持阎乐的母亲，将其带到自己府邸作人质，派遣阎乐率领官兵一千多人来到望夷宫殿门，捆绑了卫士长、仆射，说："强盗进入宫禁，为何不加以制止？"卫士长说："周围的区域内巡逻哨卡都很严密，怎么会有强盗敢进入宫内？"于是阎乐杀死了卫令，率领官兵直接冲进宫中，一边前进一边向郎官和宦官射箭。郎官及宦官十分惊恐，有的逃跑，有的抵抗。抵抗的立刻被杀死，死了几十人。郎中令与阎乐一起进入寝宫，用箭射二世的帷帐。二世大怒，召唤身边侍卫。侍卫们都惶恐混乱，不肯战斗。二世身边有一位宦官，不敢离开。二世进入内殿，对宦官说："你为什么不早点告诉我，形势竟然到了这个地步？"

宦官说："我不敢对你说，所以能够保全性命。假如我对你说了，估计早都被杀了，哪能活到今天？"

阎乐上前靠近二世，指斥他的罪过，说："你骄纵妄为，任意诛杀无罪之人，天下才一起反叛你。现在你为自己作最后的打算吧。"

二世说："我能见丞相一面吗？"阎乐说不能。

二世说："我希望能得到一郡的地方去做藩王。"阎乐不答应。

二世说："我希望做有万户食邑的侯爵。"阎乐还是不答应。

二世说："我希望与妻子儿女一起贬为庶民，就像各位公子一样。"

阎乐说："我受丞相的命令，为天下人诛杀你。你就是说得再多，我也不敢回报给丞相。"然后指挥士兵进击，二世自杀而死。

阎乐回来报告赵高，赵高便召集所有大臣和公子，将诛杀二世的情况告诉他们，说："秦原来是诸侯国，始皇君临天下，所以称皇帝。现在六国又各自复国，秦国地方更加狭小，仍然沿用空头名义称为皇帝，不

应该。应该像以前一样称为王，比较合适。”于是他立子婴[1]为秦王，以庶民的身份埋葬了二世。

九月，赵高让子婴斋戒，到宗庙[2]参拜祖先，接受传国的玉玺。

斋戒五天后，子婴与他的两个儿子商量说：“丞相赵高在望夷宫杀了二世皇帝，害怕群臣把他杀掉，才假装遵照大义拥立我。我听说赵高与楚军约定，消灭秦朝的宗室之后，在关中分别称王。如今他让我斋戒，到宗庙参拜，这是想乘机在宗庙里杀我啊。我不如称病不去，丞相一定会亲自前来请我，他来了，我们就杀掉他。”赵高派了几拨人去请子婴，子婴就是不动身。

赵高果然亲自前往，说：“参拜宗庙是大事，大王您为何不去？”子婴就在斋戒的地方杀了赵高，并诛灭赵高三族。

相关链接

〔1〕子婴：？—公元前206年，姓嬴，名子婴，据说是秦二世的侄子，秦朝最后一个统治者，刘邦进入咸阳后投降。后被项羽所杀。

〔2〕宗庙：古代帝王或诸侯设置自己祖先灵位和祭拜祖先的地方。

西汉高祖（公元前256年—前195年）

帝王世系表

西汉高祖·刘邦
西汉惠帝·刘盈
西汉前少帝·刘恭
西汉后少帝·刘弘
西汉文帝·刘恒
西汉景帝·刘启
西汉武帝·刘彻
西汉昭帝·刘弗陵
西汉宣帝·刘询
西汉元帝·刘奭
西汉成帝·刘骜
西汉哀帝·刘欣
西汉平帝·刘衎
新朝·王莽
东汉光武帝·刘秀
东汉明帝·刘庄
东汉章帝·刘炟
东汉和帝·刘肇
东汉殇帝·刘隆
东汉安帝·刘祜
东汉顺帝·刘保
东汉冲帝·刘炳
东汉质帝·刘缵
东汉桓帝·刘志
东汉灵帝·刘宏
东汉献帝·刘协

汉纪

公元前206年—220年

两汉时期是中国历史上一个重要的阶段，它继承和巩固了自秦朝开始的统一国家，经济繁荣、国力强盛、人民安乐，呈现出一派太平盛世的景象，成为当时世界上最强大的帝国。

汉朝实行土地私有制，可以自由进行买卖。文景时期，实行贵粟政策，使国家存粮增加，经济实力增强，商人的地位有了一定幅度的提高。

汉朝是科技与文化非常辉煌的一个时期。国家十分重视教育，武帝时期设置的大学是中国古代的第一所学校。在史学方面，司马迁的《史记》是中国第一部纪传体通史。班固的《汉书》是中国历史上第一部内容完整的断代史。汉政府设立乐府，广为搜集民间诗歌，即为乐府诗。

在科技方面，东汉时的蔡伦改进了造纸技术，此造纸术成为中国的四大发明之一。东汉张衡制成了世界上第一台能够预报地震的候风地动仪。张仲景因《伤寒杂病论》而被尊为中华“医圣”。《周髀算经》及《九章算术》则是数学领域的杰作。

在汉朝时期，中国的典章制度、语言文字、文化教育、风俗习惯等方面逐渐统一，构成了共同的汉文化，出现了统一的汉民族。“汉”从此成为伟大的华夏民族不朽的名字。

大事年表

- 公元前 206 年 / 刘邦入关亡秦，子婴降。项羽入咸阳，杀子婴，分封诸侯，自立为楚霸王。刘邦被封为汉王。
- 公元前 205 年 / 刘邦东进，入彭城，被项羽打败，退至荥阳，两军相持。
- 公元前 202 年 / 刘邦军围项羽于垓下，项羽突围南走，至乌江，自刎。刘邦即皇帝位，都洛阳。不久，迁都长安。
- 公元前 188 年 / 惠帝死，吕后临朝称制。
- 公元前 154 年 / 吴楚七国之乱。
- 公元前 136 年 / 汉武帝罢黜百家，独尊儒术。
- 公元前 104 年 / 司马迁开始著《史记》。
- 公元前 87 年 / 汉昭帝即位，霍光辅政。
- 公元 18 年 / 樊崇起义于莒（今属山东），史称赤眉起义。
- 公元 25 年 / 刘秀建立东汉。
- 公元 73 年 / 班超第一次出使西域。
- 公元 166 年 / 第一次党锢事件。
- 公元 184 年 / 张角领导黄巾军起义。
- 公元 189 年 / 董卓进洛阳。
- 公元 200 年 / 官渡之战，曹操大败袁绍。
- 公元 208 年 / 赤壁之战，孙权、刘备联军大破曹军。

公元前206年，刘邦率兵进入咸阳，子婴投降，秦朝结束。但刘邦并没有滥杀无辜，也没有在秦地称王，而是安抚人民，还军霸上。

汉高帝元年（公元前206年）十月，沛公刘邦率领军队抵达霸上。秦王子婴乘坐白车、驾着白马，颈上系着绳子，将皇帝玉玺和符节封好，在轵道亭旁边向刘邦投降。

众将领中有人主张杀掉子婴，刘邦说："当初怀王派我前来，就是因为我能宽容待人。何况人家已经投降了，再杀他是不吉利的。"于是他把子婴交给官吏处置。

刘邦领兵向西进入咸阳，众将领都争先恐后地跑到秦贮藏金帛财物的府库，将金帛财物抢出来分掉。只有萧何收取了秦丞相府的地图册和户籍档案，将它们收藏起来。刘邦也因此才得以详细地了解天下的自然险要、户口的多少以及力量强弱的分布。

刘邦看到秦的宫室、帷帐、猎狗、骏马、重宝和宫女不计其数，就想留在皇宫里居住。樊哙劝谏说："您是想拥有天下呢，还是只想做一个富翁？所有这些奢华美丽的东西，都是秦朝灭亡的原因，您要它们做什么？希望您赶紧返回霸上，不要留在宫中！"刘邦不听。

张良[1]说："秦暴虐无道，所以您才能来到这里。为天下人铲除残害百姓的秦贼，应当像服丧一样身穿缟素，以此赢得人心。如今您才刚入咸阳，就安于享乐，这就是人们所说的'助桀为虐'啊！况且忠言逆耳利于行，良药苦口利于病，希望您听从樊哙的劝告。"于是刘邦率领大军返回霸上。

十一月，刘邦将各县的父老和地方豪强都召集起来，对他们说："父老们被秦朝苛刻的法律所苦已经很久了。我与诸侯们约定，先入关中的人，在关中为王。按照约定，我就应当在关中称王。现在与父老们约法三章——杀人者处死，伤人者和偷盗者抵罪。

"除此之外，秦朝的法律统统废除，各官吏和百姓都按照原来的位置不动。我之所以到这里来，是为了替父老们除害，而不是要来侵犯你们，请你们不必害怕！况且我率领军队返回霸上，只是要等各路诸侯到来以后，一起制订法令，好让大家安居乐业罢了。"刘邦还派人和秦朝的官吏一起走遍各县、乡、邑，向人们传达解释这些话的意思。

秦地的百姓非常高兴，争着献上牛、羊、酒和饭食来慰问刘邦的将士。刘邦辞让，不肯接受，说："仓库中的粮食还很多，没有缺乏，不想让百姓破费。"百姓们更加高兴，唯恐刘邦不在秦地称王。

相关链接

〔1〕张良：？－公元前186年，字子房，秦末汉初著名军事家。张良本为韩国贵族，其先人曾五世为韩相。至秦灭韩，张良开始四处流浪，曾于博浪沙椎击秦王，未遂。后从刘邦，为其统一和巩固天下立下了汗马功劳，和萧何、韩信并称为汉初三杰。

刘邦（公元前256年－前195年）
字季，沛县丰邑人，西汉开国皇帝，史称汉高祖，政治家、军事家，于公元前209年起兵反秦，前206年进入咸阳，推翻秦朝，后与项羽发生楚汉战争，前202年打败项羽，统一天下。

鸿门宴

项羽进入关中以后，设宴鸿门，宴请刘邦，其间暗藏杀机。但他并没有把握好这次机会，让刘邦得到了一条生路，以致于日后刘邦成了项羽最强大的竞争对手。

汉高帝元年（公元前206年），沛公刘邦进入咸阳后，有人劝他说：“关中地区比其他地方富裕十倍，且地势险要。听说项羽封章邯为雍王，称王于关中。现在如果他来了，您恐怕就不能再拥有此地了。现在应当迅速派兵驻守函谷关[1]，不让诸侯的军队进入。然后再慢慢从关中地区征招士兵，增强自己的实力，抵御诸侯军队。”刘邦认为此人的计谋有道理，就听从了。

不久，项羽到达函谷关，函谷关关门紧闭。项羽听说刘邦已经占据了关中，大怒，派黥布等人攻破了函谷关。

十二月，项羽进军到戏下。刘邦的左司马曹无伤为了求得项羽的封赏，派人告诉项羽说：“沛公想在关中称王，任命秦王子婴为相，奇珍异宝都收归己有。”项羽大怒，让将士饱餐一顿，打算第二天进攻刘邦的军队。当时，项羽有四十万士兵，号称百万，驻扎在新丰县的鸿门[2]。刘邦有十万士兵，号称二十万，驻扎在霸上。

范增劝项羽说：“刘邦在崤山以东的时候，既贪财又好色。现在进入了关中地区，不搜刮财物，不宠幸女色，说明他的野心不小啊。我让术士望他的气，都是龙虎形状，有五色的云气缭绕，这是天子的气啊！赶快进攻他，不要错失良机。”

楚王的左尹项伯，是项羽的叔父，平时与张良的关系很好，就骑着马连夜赶到刘邦的军营中，偷偷会见张良，把事情都告诉了他。项伯想让张良和他一起走，说：“别跟刘邦一块死！”

张良说：“我为韩王送沛公，如今沛公有难，我自己逃走，是不义之举，不能不告诉他。”张良就进去禀报刘邦，刘邦听了惊恐万分。

张良说：“您估计兵力足以抵挡项羽吗？”

刘邦沉默了一会儿，才说：“兵力实在不如他的。该怎么办呢？”

张良说：“请让我去告诉项伯，说您不敢背叛项羽。”

刘邦说：“你怎么和项伯有交情？”

张良说：“秦朝时他和我一起出游，他曾经杀人，是我救了他。现在情况紧急，所以他来告诉我。”

刘邦说：“你和他年龄谁大？”

张良道：“他比我大。”

刘邦说：“你帮我叫他进来，我要当兄长一样对待他。”

张良出去，坚持邀请项伯进去，于是项伯进去见刘邦。刘邦手捧酒杯为项伯祝寿，并与他相约结为亲家，说：“我入关以后，连一点小东西都没有碰过，登记官民百姓，封闭府库，等项羽将军到来。我之所以派兵把守函谷关，是为了防备盗贼出入和发生异常情况。我日夜盼望项羽将军到来，怎么敢反叛呢？希望您将我的心意都告诉项羽将军。”

项伯答应了，对刘邦说：“你明天一定要早点来，亲自向项王道歉。”

刘邦说：“一定。”

于是项伯又连夜回去，回到军营后，把刘邦的话报告给项羽，趁机说：“刘邦如果不事先攻下关中，您又怎么敢进来呢？现在人家立了大功，您却还要去攻打，是不义呀。不如就此好好对待他。”项羽答应了。

第二天，刘邦带领一百多名随从骑马到鸿门见项羽，道歉说：“我与将军合力攻秦，您在黄河以北作战，我在黄河以南作战，自己也没想到能先攻入关中，在这里与您再次相见。现在有小人进谗言，让您与我之间产生隔阂。”

项羽说：“这是你的左司马曹无伤说的，否则，我怎么会这样做呢？”说完项羽留刘邦一起喝酒。

范增几次向项羽使眼色，并三次举起他佩带的玉玦，暗示项羽快下决心，项羽沉默不语，没有回应。范增起身出去，召来项庄，对他说：“项王心慈手软，你进去给刘邦敬酒祝寿，祝完寿以后，请求表演舞剑，乘机在坐席上袭击刘邦，把他杀了。不然的话，你们都将被他俘虏！”

项庄就进去为刘邦祝寿，然后说：“军营中没有什么娱乐，请让我为你们舞剑吧。”

项羽说：“好。”于是项庄拔剑起舞。

项伯也起身舞剑，不时用身子护住刘邦，使项庄无法行刺。

于是张良到营帐门前见樊哙，樊哙说：“现在事情怎么样了？”

张良说：“现在项庄拔剑起舞，心思却放在沛公身上。”

樊哙说：“那样说沛公现在有危险了，让我进去与项庄拼命！”

樊哙就握着剑、举着盾往里闯，营帐门前的卫士想挡住他，不让他进去。樊哙侧过盾牌一撞，把卫士撞倒在地上。

于是樊哙闯进去，掀开帷幕站在那里，睁大眼睛瞪着项羽，头发也竖了起来，眼眶两边像要裂开一样。

项羽握住剑柄站起来，问：“你来干什么？”

张良说：“这是沛公的参乘樊哙。”

项羽说：“真是壮士！赐他一杯酒！”

左右侍从给了他一大杯酒。樊哙拜谢，起身后，站着一饮而尽。

项羽说：“赐他猪腿！”

侍从们给了他一条生猪腿。樊哙把他的盾牌倒扣在地上，把猪腿放在盾牌上面，拔出剑来切下肉大口吞吃。

项羽说：“壮士，还能再喝吗？”

樊哙说："我连死都不躲避，还会推辞一杯酒吗？秦有虎狼一般的野心，杀人就像怕杀不完一样，用刑罚也唯恐用得不够，天下的人都反叛他。楚怀王曾与各路将领约定，'先打败秦军攻入咸阳的，在关中为王。'现在沛公先打败秦军，攻入咸阳，连一点点小东西都不碰，就率领军队返回霸上等待将军到来。劳苦功高成这样，您非但没有封爵赏赐，还听信小人的谗言，要诛杀有功之人。这是在重蹈秦朝的覆辙，我认为您这样做是不可取的！"

项羽无话可答，就说："坐。"樊哙就在张良后边坐下。

坐了一会儿，刘邦起身上厕所，趁机叫樊哙出来。

刘邦说："我要是现在走，还没有告辞，怎么办呢？"

樊哙说："现在是人为刀俎，我为鱼肉，还告什么辞！"于是他们一起离去。

鸿门与霸上相距四十里，刘邦把车辆、马匹丢下不管，自己一个人骑马，樊哙、夏侯婴、靳强、纪信四个人手持剑和盾牌跑步跟随，从骊山下去，取道芷阳，抄小路回到霸上。留下张良向项羽辞谢，以白璧献给项羽，大玉杯献给范增。

刘邦临走前对张良说："从这条小路回到军营，只有二十里地。估计我已经到达军营后，你再进去。"

张良估计刘邦抄近路已经回到军营，就进去道歉，说："沛公因为喝醉了，不能亲自告辞。谨让我奉上一对白璧，再拜敬献给将军；一对玉杯，再拜敬献给亚父。"

项羽说："沛公在哪儿？"

张良说："听说您有责备他的意思，所以抽身离开，现在已回到军中了。"

项羽接过白璧放在坐席上。范增接过玉杯放在地上，拔出剑来，将它们击碎，说："唉，小子不足以与他图谋大事！夺取将军天下的人，一定是刘邦。我们这些人也要成为他的俘虏了！"

刘邦回到军中，立刻诛杀了曹无伤。

相关链接

〔1〕函谷关：位于现在的河南省灵宝县，当时是秦国通往东方的要塞，历来为兵家必争之地。

〔2〕鸿门：位于现在的陕西省临潼县东鸿门堡。

萧何追韩信

萧何觉得韩信是一个非凡之人，就把他举荐给了刘邦，但一时之间，韩信并没有被重用。韩信有些心灰，就想逃走。这件事被萧何知道了，萧何便不顾一切地把他追了回来。这就是历史上有名的萧何月下追韩信。

当初，淮阴人韩信〔1〕还没有显达时，家境贫寒，又没有德行，不能被推举去做官，也不会做买卖谋生，常常跟着别人吃闲饭，大家都很讨厌他。

韩信曾经在城墙下钓鱼，有个在水边漂洗棉絮的妇人看到他饿了，就给他饭吃。韩信很高兴，对妇人说："我一定会报答你的。"妇人生气地说："男子汉大丈夫连自己都不能养活！我是可怜你才给你饭吃，难道是希图回报吗？"

淮阴一个年轻的屠夫侮辱韩信，说："你虽然身材高大，喜欢佩刀带剑，其实胆怯懦弱。"又当众羞辱他说："韩信，你要是不怕死，就来刺我。如果怕死，就从我胯下钻过去！"

韩信仔细地看了看他，就趴下去从他的双腿间钻了过去。街市上的人都嘲笑韩信，认为他胆怯。

等到项羽的叔父项梁渡过淮河北上，韩信就背着剑去投奔了他，在他手下一直默默无闻。项梁失败后，韩信又投奔项羽，项羽让他做郎中。

萧何（公元前275年—公元前193年）
沛县丰邑人，秦末汉初著名的政治家。他是刘邦的重要谋臣和得力助手，在为刘邦夺取和巩固政权的过程中，作出了重大贡献，是西汉开国功臣之一。

韩信多次向项羽进献计策，项羽都没有采纳。汉王刘邦进入蜀地，韩信逃离楚军，归附刘邦，却仍然没有什么名声。

后来韩信因连坐〔1〕获罪，判处死刑。一起的十三个人都被斩了，轮到韩信的时候，他抬起头，正好看见滕公夏侯婴，就说："汉王不是想得到天下吗，为什么要斩杀壮士呢？"滕公听了十分吃惊，又见他相貌威武，就没有杀他，与他交谈，非常欢喜，就奏报了刘邦。刘邦就任命韩信为治粟都尉，但并不认为他有什么过人之处。

韩信经常和萧何谈话，萧何觉得他很不一般。刘邦到达南郑的时候，将领和士兵都唱着歌想回到东边的家乡，有很多人中途逃走。韩信估计萧何等人已经向刘邦举荐他，但刘邦仍然没有重用他的意思，就也逃走了。萧何听说韩信逃走，来不及向刘邦报告，便亲自去追赶韩信。有人报告刘邦说："丞相萧何逃走了。"刘邦大怒，仿佛失掉了左右手一般。过了一两天，萧何回来了，并且前去拜见刘邦。

刘邦又是生气，又是欢喜，骂道："你为什么要逃走？"

萧何说："我哪里敢逃走，我是去追逃走的人。"

刘邦说："你追的是谁呀？"

萧何说："韩信。"

刘邦又骂他："逃跑的将领已经有几十个，你都没有去追。追韩信，骗我的吧？"

萧何说："其他将领很容易得到。至于韩信这样的人，天下再也找不出第二个。大王如果只想在汉中称王，自然用不着韩信；如果想要争夺天下，除了韩信，就再没有可以一起谋划的人了。就看大王到底想怎么样了。"

刘邦说："我也想要东进，怎么能总待在这里郁郁不得志呢？"

萧何说："如果您决定向东发展，能任用韩信，他就会留下来；如果不能任用他，他还是会逃走的。"

刘邦说："那我就看在你的面子上任命他为将军吧。"

萧何说："就算做将军，他也不会留下来的。"

刘邦道："那就任命他为大将军。"

萧何说："太好了！"

刘邦想要召见韩信授予官职，萧何说："大王一向轻慢无礼，现在要任命大将军，却像呼呵小孩一样，这就是韩信要离开的原因啊。您如果要授予他官职，就要挑选吉日、斋戒、设坛场、安排仪式，然后才可以。"刘邦答应了。等到做好准备，就要拜任大将军了，将领们都很高兴，以为自己会被任命为大将军。等到真正任命的时候，大将军人选竟然是韩信，大家都非常惊讶。韩信接受任命，拜谢完毕，就在上座就坐。

刘邦说："丞相屡次向我提起你，你有什么计策献给我？"韩信谦让一番，就为刘邦分析了天下形势，以及项羽的弱点，和刘邦的长处，并教他平定三秦的办法。刘邦听了大喜，只恨没早点得到韩信这样的人才。

后来韩信帮助刘邦平定天下，被封为楚王。韩信到了楚地，召见曾经给自己饭吃的妇人，赐她千金。又召见羞辱自己，叫自己从他胯下爬过去的那个人，任命他为楚国的中尉，并且对手下将相说："这是壮士啊。当他侮辱我的时候，我难道不能杀了他吗？只是杀了他也没有名目，所以才忍下来，以至有了今天。"

相关链接

〔1〕连坐：主要指中国古代，因他人犯罪而使与犯罪者有一定关系的人连带受刑的制度。又称相坐、随坐、从坐、缘坐。连坐起源甚早，夏、西周、春秋、战国时期都有连坐制度。

韩信背水布阵

韩信背水一战，在历史上成了军事佳话。其实，他就是活用了兵法，故意把军队调到没有退路的地方，置之死地而后生。

汉高帝三年（公元前204年）十月，韩信和张耳率领几万名士兵向东进攻赵。赵王赵歇和成安君陈馀听说后，就在井陉口[1]集结部队，号称二十万大军。

广武君李左车劝成安君说："韩信、张耳乘胜追击，锋芒锐不可当。

"我听说，'从千里之外运送粮草，士兵就会面有饥色；临时拾柴割草做饭，军队就会食不果腹。'井陉口的道路，车辆和骑兵都不能并排而行，行军的队伍前后需拉开几百里，那么粮草一定落在大部队后面。

"希望您拨给我三万士兵，从小路包抄，切断他们的后勤通道。而您守在深深的壕沟、高高的营垒后面，不要与他们交战。他们往前无仗可打，往后无路可退，野外又没有东西可抢，不到十天，韩信、张耳的头颅就可以献到您的帐前。否则的话，我们一定会被他们俘获。"

陈馀曾经自称是义兵，不用欺骗的计谋和奇特的策略。他说："韩信兵力薄弱而又疲惫不堪，这样还要躲避，不出去攻击，诸侯都会认为我胆怯，而轻易来攻击我了。"

韩信派探子打探消息，知道陈馀不用李左车的计谋，非常高兴，才敢于率领军队前进，在距离井陉口三十里的地方停下来扎营。半夜，韩信命令军队出发，挑选了两千轻装骑兵，每个人都拿着一面红色旗帜，从小路上山，隐蔽起来观察赵军的动静。

韩信告诫他们说："交战时赵军看到我们撤退，一定会出动全部兵力追赶我们，大营必定空虚，你们就趁机冲进去，拔掉赵军的旗帜，插上汉军的红旗。"

韩信又命令他的副将分发食物给将士们吃，说："等今天攻破赵军后会餐！"将领们都不相信，假装迎合说："好。"

韩信说："赵军抢占了有利地形安营扎寨，他们没看见我军大将的旗鼓，是不会进攻我们的先行部队的，因为他们担心我遇到险阻后就会撤退。"

于是韩信派出一万人先行出发，出营后，背靠河水布阵。赵军看见后大笑。

韩信（公元前1231年—公元前196年）
字重言，淮阴（今江苏省淮安市淮阴区码头镇）人，西汉开国功臣，初属项羽，后归刘邦。中国历史上伟大的军事家、战略家、军事理论家。中国军事思想“谋战”派代表人物。

天刚亮，韩信打出大将的旗鼓，敲着战鼓开出井陉口。赵军出营迎战，两军激战了很久。于是韩信和张耳假装丢旗弃鼓，逃回河边的军阵。河边军阵放他们进去，又和赵军激战。赵军果然全军出动，争抢汉军的旗鼓，追击韩信、张耳。韩信、张耳回到军阵里，全军拼死奋战，赵军无法打败他们。

韩信派出的两千骑兵等赵军全体出动去争夺战利品时，立刻冲进赵军营地，拔掉赵军旗帜，插上两千面汉军的红旗。赵军无法抓获韩信等人，就想退回营地，却发现大营中到处都是汉军的红旗，惊慌失措，以为汉军已经俘获了赵军的将领，于是士兵乱作一团，纷纷逃跑。

赵军将领斩杀逃兵，也不能阻止士兵逃跑。汉军趁势前后夹击，大败赵军，在泜水岸边斩杀陈馀，活捉赵歇。

将领们献上敌人的首级和俘虏，向韩信祝贺，并问他：“兵法上说‘右边和背后应该靠山，前面和左边可以临水’，这次您却让我们背水布阵，还说‘攻破赵军后会餐’，我们都不相信，但是竟然取胜了，这是什么战术？”

韩信说：“这也是兵法上有的，只是你们没有留心罢了！兵法上不是说‘陷之死地而后生，置之亡地而后存’？何况我率领的并不是训练有素的军队，这就是所谓的‘驱赶平民百姓去打仗’，一定要把他们置于死地，让他们为了各自的生存而战斗。如果给他们留下活路，他们就会逃走，还怎么让他们去冲锋陷阵呢？[2]”

将领们都心悦诚服，说：“是啊，确实不是我们能比的！”

韩信悬赏千金招募能活捉李左车的人。有人把李左车绑着送到韩信的帐前，韩信为他松绑，让他面向东坐，对待他像对老师一样。李左车见韩信诚恳，就为他出谋划策，并成为韩信的得力助手。

相关链接

〔1〕井陉口：太行山上有名的八大险谷之一。

〔2〕因此事留下“背水一战”这一成语：现指不留退路，决一死战。

项羽兵败垓下

楚汉之争中，项羽困于垓下，四面楚歌。他英勇善战，不屈不挠，率领少数部下突围而出，行至乌江边而自杀。

汉高帝五年（公元前202年）十二月，项羽[1]到达垓下，士兵很少，粮食也快吃完，与汉军交战，没能取胜，就退入营寨固守。汉军和诸侯军队把项羽的军营层层包围。

晚上，项羽听到四面都唱起楚歌，大惊失色，说：“汉军已经将楚地都占领了吗？为什么有这么多楚人？”于是夜里起来，在帐中饮酒，慷慨悲歌，泪流满面，左右随从也都哭泣。项羽骑上他那匹名叫骓的骏马，部下勇士骑马跟从的有八百多人，趁夜色突破重围，往南奔逃。

天亮之后，汉军才发现项羽逃跑，就命令骑将灌婴率领五千骑兵追赶。项羽渡过淮河，跟上的骑兵只剩一百多人。到达阴陵后，项羽迷了路，就向一个农夫问路，农夫骗他说：“往左。”项羽等人往左走，结果陷入沼泽，因此汉军追上了他们。

项羽又领兵向东奔逃，到达东城，只剩下二十八个骑兵。这时汉军的骑兵追来的有几千人。项羽估计自己是无法脱身了，就对手下骑兵说：“我起兵到现在，已经八年了，身经七十多次战斗，没有失败过，这才称霸天下。今天被困在这里，这是老天要亡我，不是用兵的过错！今天要决一死战，协同你们痛快地打一仗，突破重围，斩杀敌将，砍倒军旗，连胜三次，让你们知道是老天要亡我，而不是用兵的过错。”

于是他把人马分为四队，面朝四个方向，汉军把他们重重包围。项羽对他的骑兵说：“看我为你们斩他一名将领！”他命令骑兵从四个方向冲下去，约定在山的东边会合，分为三个地方。接着项羽大声呼喊，策马飞奔而下，汉军溃散，项羽斩杀了一名汉将。郎中骑杨喜追击项羽，项羽瞪大眼睛呵叱他，杨喜人马都受了惊，退避了好几里。

项羽与他的骑兵分三处会合，汉军不知道项羽究竟在哪里，就兵分三路，又把他们包围起来。项羽奔突冲杀，又斩杀了汉军的一名都尉，杀死汉军几十人，然后重新聚集他的手下，他的手下只损失了两名骑兵。项羽对他的骑兵说：“怎么样？”手下都敬佩地回答：“就像您说的那样！”

项羽想东渡乌江，乌江亭长把船停在岸边等他，并对他说：“江东虽然狭小，但地方也有千里，百姓几十万人，也足以称王了。希望大王

赶快渡江！现在只有我有船，汉军来了也没办法渡江。”

项羽笑着说：“老天要亡我，我还渡江干什么？何况当年我与江东子弟八千人渡江西征，现在没有一个人生还。即使江东父老可怜我，仍旧让我为王，我又有什么脸面去见他们呢？就算他们什么也不说，我又怎么能不心中有愧呢？”于是他把自己的坐骑乌骓马送给了亭长。

项羽让骑兵都下马步行，手持短兵器与汉军交战。仅项羽一人就杀死了几百人，项羽自己也身受十多处伤。

项羽回头看见汉军骑司马吕马童，说：“你不是我的老朋友吗？”

吕马童转过头，对中郎骑王翳说：“这就是项王！”

项羽说：“我听说刘邦为买我的头颅悬赏千金和一万户封地，我就给你一些好处吧！”于是自刎而死。

王翳砍下项羽的头颅，其余的骑兵互相践踏争抢项羽的尸体，因自相残杀而亡的有几十个人。最后，杨喜、吕马童和郎中吕胜、杨武各夺得项羽的一部分肢体。五个人把项羽的肢体拼在一起，都对得上，因此就平分悬赏的万户封地，五个人都被封为列侯。

相关链接

〔1〕项羽：公元前232年—前202年，名籍，字羽，下相（今江苏宿迁）人，楚国名将项燕之后，和其叔叔项梁共同起兵抗秦，后与刘邦相争天下，垓下之围后，冲出包围自刎。

○ 品画鉴宝

轪侯妻墓帛画（汉） 此帛画用色丰富，构思浪漫，将天、地、人多元化的内容有机地统一在有限的表现空间中。

項羽烏江之敗

冒顿单于兴匈奴

在很长一段历史时期内，华夏民族的威胁都来自于西北、北或东北的游牧民族。秦末汉初，朝廷内部纷争，无暇外顾，这时冒顿就带领匈奴民族在很短的时间内强大了起来，并对中原构成了一定的威胁。

当初，匈奴害怕秦朝，向北迁徙，生活了十多年。等到秦朝灭亡，匈奴才又渐渐往南渡过黄河。

匈奴单于头曼立的太子叫做冒顿[1]。后来，头曼所宠爱的阏氏（单于妻子的称号）为他生了个小儿子，头曼便想立小儿子为太子。这时东胡部落和月氏部族都很强盛，头曼就派冒顿到月氏去当人质。不久以后，头曼猛烈地进攻月氏，月氏想把冒顿杀掉。冒顿就偷了月氏的一匹好马，逃回了匈奴。头曼因此认为冒顿勇猛强壮，让他统率一万名骑兵。冒顿为自己制作了响箭[2]，训练部下在马上射箭，他下令说："我的响箭射出以后，不一齐射向目标的人，斩首！"然后冒顿就用响箭射他自己骑的好马，接着又射他宠爱的妻子，手下的人有不敢跟着射箭的，都被杀了。最后冒顿又用响箭射头曼骑的好马，他手下的人也都跟着放箭射单于的马。此后冒顿知道，这些士兵可以用了，便在随同头曼出去打猎时，用响箭射头曼，他手下的人也跟着一起射头曼，就这样把头曼杀死了。冒顿又把他的后母和弟弟以及大臣中不服从他的人全部诛杀，自立为单于。东胡听说冒顿成为单于，就派出使者对冒顿说："我们想得到头曼当单于时的千里马。"冒顿向群臣询问，群臣都说："那是匈奴的宝马，不能给！"冒顿说："怎么能与人相邻，却舍不得一匹马呢？"于是就把这匹马送给了东胡。过了不久，东胡又派使者来对冒顿说："我们想得到单于的一位阏氏。"冒顿再次询问左右群臣，群臣都愤怒地说："东胡太不像话，竟敢索求阏氏，请发兵攻打它！"冒顿说："怎么能与人相邻，却舍不得一个女子呢！"于是就选取了自己所宠爱的阏氏送给东胡。

东胡王越来越骄纵。在东胡与匈奴之间，有一块被丢弃的土地，无人居住，方圆一千多里，双方各自占据了地的一边，设立戍守的哨所。

东胡又派出使者对冒顿说："这块无人居住的土地，我们想得到它。"冒顿还向群臣询问，群臣中有人说："这是块荒地，给他们也可以，不给也可以。"谁知冒顿却勃然大怒，说："土地，是国家的根本，怎么

能给别人呢？”于是就把那些说可以给的人都杀了。冒顿骑上战马，下令说：“都城里有晚出发的人，斩首！”随即率领军队袭击东胡。东胡一开始非常轻视冒顿，没有防备，冒顿也因此很快就灭掉了东胡。冒顿凯旋之后，又往西进攻月氏，将月氏赶跑；往南兼并了居住在黄河以南的楼烦、白羊二王的领地；随即入侵燕、代地区，重新收复了当年被蒙恬夺取的全部匈奴旧地，并夺取了原来中原控制的一大片土地。

这时，汉军正与项羽相持，中原被战争拖累，疲惫不堪，因此冒顿得以强大起来，能弯弓射箭的士兵有三十多万，威势慑服了周边各国。

相关链接

〔1〕冒顿：公元前234年－公元前174年，姓挛鞮，于公元前209年杀死其父头曼单于而自立，后统一了蒙古草原，建立匈奴帝国，对华夏民族构成了一定的威胁。

〔2〕响箭：又称“鸣镝”，一种带哨的箭，射出去时有响声，故名。

叔孙通制礼仪

制礼作乐，周有周公旦，汉有叔孙通。通过征召儒生、制定礼仪，叔孙通不但给西汉的官员们制定了“行为规范”，而且得到了高祖刘邦的赏识。

汉高帝刘邦开始时把秦朝烦琐的礼仪全部废除，力求简单易行。群臣一起喝酒争功，醉了，有人就胡言乱语，拔出剑来砍宫殿里的柱子，刘邦对这些现象越来越讨厌。

叔孙通[1]劝刘邦说：“那些儒生，很难和他们一起打天下，但可以和他们一起守天下。我愿意去征召鲁地的儒生，与我的弟子一起制订大臣朝见皇帝的礼仪。”

刘邦说：“该不会很麻烦困难吧？”

叔孙通说：“五帝的乐舞不一样，三王的礼仪也不相同。礼制，是根据时世、人情的变化而制订出来，用以约束人的言行，修饰人的仪表的。我想采用许多古代的礼制，再和秦朝的礼仪杂糅到一起来制订新的。”

刘邦说：“可以试着做一下，要让人们容易理解。你估计我能做得到的，就可以去制订。”

于是叔孙通就奉命出使到鲁地，征召了三十多个儒生。

鲁地有两个儒生不肯去，说：“你所侍奉的君主大概有十个了，你都是靠着阿谀逢迎获得亲近富贵。如今天下刚刚平定，死去的人还没有安葬，受伤的人也还没有康复，你却又要制作礼乐。礼乐的产生是很不容易的，要德行积累上百年之后才会兴起。我们不忍心做你所要做的事。你走吧，不要玷污了我们！”

叔孙通笑着说：“你们真是浅陋的儒生，不懂得时势的发展变化！”

叔孙通和征召的三十个儒生一起西行入关，加上刘邦身边学习礼仪的人，还有自己的弟子，一共一百多人。他们用绵绳拦出场地，插茅束表示尊卑，在野外反复演练。过了一个多月，叔孙通告诉刘邦说：“可以试看了。”刘邦就让他们进行礼仪表演，看完后说：“这些我能做到。”于是命令群臣进行练习。

汉高帝七年（公元前200年）十月，长乐宫[2]落成，诸侯、群臣都来参加朝贺典礼。仪式在天亮之前举行，谒者主持典礼，按次序将所有人员引入殿门，排列在东、西两侧。侍卫官有的在台阶两边站立，有的排列在大殿里，都握着兵器，张开旗帜。然后传呼警戒，皇帝乘坐辇

车出房，诸侯王以下至六百石俸禄的官员，在引导下按照次序朝拜祝贺，无不惶恐肃敬。等到典礼仪式完毕，又置备正式酒宴。官员在殿上陪坐的，都低身，垂首，按尊卑次序起身给皇上敬酒祝寿。酒已喝过九遍，谒者就宣告“罢酒”。

御史做纠察，举报不合乎礼仪的人，就将他们带出去。一直到酒宴结束，没有出现敢大声喧哗、不合礼仪的人。

这时，刘邦说：“我到今天才知道身为皇帝的尊贵啊！”于是任命叔孙通为太常，赏赐黄金五百斤。

相关链接

〔1〕叔孙通：西汉时薛国人。西汉建立后，他根据形势变化和实际需要，为帝王制定了很多礼仪章程，被太史公司马迁称为“汉家儒宗”。

〔2〕长乐宫：位于长安城内东南部，高祖五年（公元前202年），在秦兴乐宫原址上改建。据记载，它“周回二十里”，规模很是庞大。

韩信谋反被杀

高祖十年，韩信与人串通谋反，未遂，被吕后诛杀。

当初，汉高帝刘邦任命阳夏侯陈豨为相国，监管赵、代二地的边境部队。陈豨拜访淮阴侯韩信，向他辞行。

韩信握着他的手，屏退左右，与他在庭院中散步。韩信仰天长叹，说："有些话可以跟你说吗？"

陈豨说："对于将军您，我唯命是从！"

韩信说："你所就任的地方，是天下精兵聚集之处；而你本人，是陛下所信任宠爱之臣。如果有人说你造反，陛下一定不相信；第二次有人这么说，陛下心里就会怀疑了；如果再有第三个人这么说，陛下一定会大怒，将亲自率领军队前来讨伐你。你还不如率领边界的军队造反，然后让我在腹地起兵响应你，那么天下都是可以谋取的。"

陈豨一向知道韩信的能力，所以相信他的话，说："谨此接受您的指教。"

汉高帝十年（公元前197年）九月，陈豨起兵反叛，自称代王，攻打劫掠赵、代二国。刘邦亲自率领军队往东讨伐他。到第二年的冬天，陈豨军队溃败。

韩信假称生病，不跟从刘邦攻击陈豨，暗地里却派人到陈豨那里，与他串通谋划。韩信计划在夜里与家臣伪造诏书，赦免官府里的役工以及奴仆，想把他们发动起来袭击吕后[1]和太子。一切都已安排妥当，只等陈豨的消息。

韩信手下有个舍人曾得罪韩信，被囚禁起来，将要处死。次年正月，那个舍人的弟弟上书举报，将韩信想要谋反的情况报告给吕后。吕后想把韩信召来，又担心他可能会不服从，就与相国萧何商量，让人假装从刘邦那儿来，说陈豨已经就擒，且被处死。

列侯及群臣听到消息，都来朝中祝贺，萧何又骗韩信说："你虽然病了，也应当勉强撑着入朝道贺一下。"韩信入朝，吕后便让武士将他捆起来，在长乐宫钟室里将他斩首。

韩信将要被斩首的时候，说："我真后悔没有用蒯彻的计策，竟被小人、女子所骗，这难道不是天意吗？"吕后下令诛韩信三族[2]。

刘邦回到洛阳，听到韩信谋反被杀，心里又是高兴，又是怜惜。他

○ 品画鉴宝

彩绘骑马俑（汉） 骑俑下跨一彩绘健马，整体造型夸张，体现了汉人激越昂扬的精神。

问吕后：“韩信死前说了什么？”吕后说：“韩信说后悔没有用蒯彻的计策。”刘邦道：“哦，他说的是齐国的辩士蒯彻啊！”于是下诏命令齐国逮捕蒯彻。

蒯彻被押来后，刘邦问他：“你曾经教韩信谋反吗？”

蒯彻回答说：“是的，我确实说过。但那小子不听从我的计策，所以才自取灭亡，落到这个地步。如果他用了我的计策，陛下怎么还能捉住他，并诛他三族呢？”

刘邦大怒，下令：“烹了他！”

蒯彻连忙叫喊：“哎呀！冤枉啊！居然要把我烹了！”

刘邦说：“你教韩信造反，有什么冤枉的？”

蒯彻说：“秦朝丢失他们的鹿，天下人一起去追，长得高、跑得快的人就能先得到。古代盗跖的狗对着尧吠，并不是尧不仁，而是狗本来就是要对不是它主人的人吠的。在那个时候，我只知道韩信，不知道有陛下。何况天下人拿着刀剑想做陛下所做之事的人多着呢，只是力量不够罢了，您难道能把他们都烹了吗？”

刘邦听完，说：“别追究他了。”

后世有人认为，韩信为刘邦南征北战，汉朝能够得到天下，多半是靠了韩信的功劳。再看他拒绝蒯彻的建议，在陈迎接刘邦，哪里有造反的想法呢？实在是由于爵位被削，心里不平，所以才沦落到造反的地步。其实刘邦也有对不起韩信的地方。

相关链接

〔1〕吕后：公元前241年－前180年，名雉，字娥姁，单父县人，刘邦之妻。刘邦称帝，被其立为皇后，刘邦死后，惠帝年少，吕后消灭异己力量，大权在握，成为中国皇后专政第一人。

〔2〕当年韩信被刘邦重用，是由于萧何的推荐，而吕后诛杀韩信的方法，也是萧何出的主意，所以人们说“成也萧何，败也萧何”。

蕭何害功臣韓信

韩信等功臣被杀后，异姓诸侯人人自危，黥布就是其中的一个。他的谋反可以说是对周围环境的过敏反应。但无论如何，他也同样难逃一劫，因为现在刘邦是绝对不会对像他这样的人手下留情的。

淮阴侯韩信被杀后，淮南王黥布[1]心里很害怕。后来梁王彭越[2]也被诛杀，刘邦又把他的肉做成肉酱，分赐给各地诸侯。使者到达淮南，黥布正在打猎，见了彭越被做成的肉酱，非常恐慌，便暗中派人聚集军队，等待邻郡报警告急。

黥布有一个宠姬，生病去就医，医生与中大夫贲赫住对门，贲赫便通过这个关系送给黥布的宠姬很厚重的礼物，并且在医生家陪宠姬喝酒。黥布怀疑贲赫与宠姬私通，便想拘捕贲赫。

贲赫就乘机跑到长安举报，说："黥布想要造反，已有种种迹象，应该趁他发动判乱之前先将他诛杀。"刘邦读了他的举报信，对相国萧何说起，萧何说："黥布应该不会做这样的事，恐怕是仇人妄图诬告他。我请求先把贲赫抓起来，再派人暗中查探黥布。"

黥布见贲赫因为得罪自己而逃去向刘邦举告，本来就怀疑他会说出本国的预谋，而汉朝又派使者来，查出不少造反的证据，黥布便杀光贲赫全家，起兵造反。这时是汉高帝十一年（公元前196年）的七月。黥布造反的消息传到长安，刘邦就将贲赫赦免，任命其为将军。

刘邦召集将领们询问对策，大家都说："发兵讨伐，杀了这小子，他能做什么大事！"汝阴侯滕公召来原楚国的令尹薛公，向他询问。

薛公说："黥布当然要造反。"

滕公问："皇上分封他土地，又赐给他爵位让他称王，他为什么要造反呢？"

薛公说："皇上去年杀了彭越，前年杀了韩信，这三个人功劳相同，一荣俱荣，一损俱损，如今他自己疑心大祸将临，自然要造反。"

滕公将这些话告诉刘邦，刘邦就召见薛公，向他询问。

薛公回答说："黥布造反不足为怪。假如他采取上策，崤山之东便不再归大汉所有了；如果他采取中策，两方谁胜谁负还难以预料；如果他采取下策，那陛下就可以高枕无忧了。"

刘邦问他："上策是什么？"

回答："向东夺取吴地，向西攻占楚地，吞并齐地，占领鲁地，然后给燕、赵两国送去檄文，让他们在本国坚守，那么崤山以东就不再归大汉所有了。"

问："中策是什么？"

答："向东夺取吴地，向西攻占楚地，吞并韩地，占据魏地，控制敖仓的存粮，堵住成皋口通道，那么谁胜谁负就难以预料了。"

问："那下策是什么？"

答："向东夺取吴地，向西攻占下蔡，然后把辎重送回越地，自己回到长沙，那么陛下就可以高枕无忧，大汉就没有危险了。"

刘邦又问薛公："那黥布会采取哪个计策？"

薛公说："一定会采取下策。"

刘邦问："为什么他要舍弃上策、中策，反而采取下策呢？"

薛公回答："黥布这个人，原本是在骊山上为秦始皇修陵墓的刑徒，靠自己的努力，爬到今天万乘之王的地位，这些都说明他只顾及自身，而不顾及后代，也不会为老百姓作长远的打算。所以说他一定会采取下策。"

刘邦说："说得好！"于是封赏薛公一千户食邑。

这个时候，刘邦正好生病，想让太子前去进攻黥布。

太子的门客东园公、绮里季、夏黄公、角里先生对建成侯吕释之说："太子统率大军，就算有功劳，地位已不能再增高；万一没有功劳，恐怕从此就会遭殃。

"你为什么不赶紧向吕后请求，让她找个机会在皇上面前哭诉，说黥布是天下闻名的猛将，擅长领兵打仗。而我方众将领又都是过去与陛下平起平坐的旧人，若是让太子统率这些人，无异于让羊去驱使狼，没有人肯听命于他的。况且一旦黥布知道，一定会很高兴，击着战鼓，向西进攻。

"如今陛下虽然生病，也应该勉强坐在车子上，躺着监督大军，那么将领们就不敢不尽力。皇上虽然辛苦，可为了妻子儿女还是振作一下吧。"

于是吕释之马上连夜求见吕后。吕后找机会对刘邦哭诉，照四位门客的意思说了。刘邦说："我本来就知道这小子不足以担当这个重任，还是我自己去吧！"

于是刘邦亲自率领大军向东进发，大臣们留守朝廷，都到霸上送行。留侯张良病得很重，也勉强支撑，来到曲邮，对刘邦说："我本应随您出征，但病得实在厉害。黥布手下都是楚人，勇猛剽悍，希望陛下不要和他争胜！"又建议刘邦任命太子为将军，监督关中军队。

刘邦说："你虽然生病，请勉强躺着辅佐太子。"当时，叔孙通是太子的太傅，张良代理少傅事务。刘邦下令征发上郡、北地、陇西的战车和骑兵，巴、蜀两地的材官以及京师中尉的军队三万人，作为皇太子的警卫部队，驻扎在霸上。

黥布果然像薛公说的那样，向东进攻吴地的荆国，荆王刘贾败逃，死在富陵。黥布收编了刘贾的全部士兵，渡过淮河攻打楚国。

楚国征发军队，在徐县、僮县一带迎战，把军队分为三支，想以此靠互相援救来出奇制胜。有人劝说楚国领兵的将军："黥布善于用兵，人们一向惧怕他。而且兵法上说，'诸侯在自己的领土上作战，士兵容易逃散。'如今楚军分为三支，敌军只要打败其中一支，其余的就会逃跑，哪里还能互相援救呢！"楚将不听，果然，黥布攻破一支军队后，其他两支就自行溃散了。然后黥布又率领军队西进。

次年十月，刘邦与黥布的军队在蕲西相遇。黥布军队十分精锐，刘邦就在庸城坚守。远远望去，黥布军队的布阵就像当年的项羽，刘邦心里很是厌恶。他与黥布互相望见，远远地问黥布："你为什么要造反？"黥布说："想当皇帝而已！"刘邦怒声斥责他，于是双方军队大战。黥布军队战败逃走，渡过淮河，又屡次停下来再战，仍然不能取胜。他只好与一百多人逃到长江以南，刘邦另派一员将领追击。

汉朝另外的将领在洮水南、北追击黥布军队，都大获全胜。黥布过去与番君吴芮联姻，所以长沙成王吴臣就派人诱骗黥布，假装要和他一起逃到南越去。黥布相信了，就跟着使者前去，结果在布兹乡农民田舍被番阳人杀死。

相关链接

〔1〕黥布："黥布者，六人也，姓英氏。秦时为布衣。少年，有客相之曰：'当刑而王。'及壮，坐法黥。"（《史记》）

〔2〕彭越：？—公元前196年，字仲，昌邑（今山东巨野）人，西汉著名将领。西汉建立后被封为梁王，后以谋反罪被施以醢刑（剁成肉酱）。

吕后害如意母子

刘邦生前很宠爱如意母子，并想废掉吕后之子，立如意为太子，这招来了吕后的嫉恨。刘邦死后，如意母子就失去了靠山，于是吕后开始在他们身上暴露自己的残忍。

戚夫人[1]很受刘邦宠爱，并生下赵王如意[2]。刘邦因为太子刘盈性格软弱，而认为如意像自己，所以虽然如意的封地在赵，刘邦却常常把他留在长安。

刘邦出巡关东，戚夫人经常跟着去，日夜在刘邦面前哭泣，想立自己的儿子如意为太子。吕后因为年纪大了，总是在长安留守，与刘邦的关系日益疏远。

刘邦想废黜刘盈，改立如意为太子。大臣们劝阻，都没有说服刘邦。御史大夫周昌在朝廷上极力争辩，刘邦让他说说理由。

周昌口吃，当时又非常生气，说："我嘴里说不上来，但我就就就是知道不可以！陛下想废太子，我就就就是不接受！"

吕后在东厢房侧耳偷听，退朝以后，去见周昌，跪下来谢他，说："不是您，太子差点就要被废了。"

汉高帝十二年（公元前195年），刘邦讨伐黥布归来，伤病加重，就更加想换太子了。张良劝阻不被接受，就借口生病不再过问政务。

叔孙通劝谏说："从前晋献公因为宠爱骊姬，废黜太子，另立奚齐，结果晋国内乱了几十年，被天下人耻笑。秦朝因为没有及早确立扶苏为太子，使赵高得以用欺诈手段立胡亥为皇帝，使自己宗庙绝祀，这是陛下您亲眼所见的。如今太子仁爱孝顺，天下人都听说了。吕后又与陛下同甘共苦，艰难创业，又怎能相背弃？陛下一定要废黜嫡长子而立小儿子为太子，我愿先受诛杀，让脖子里的血溅在地上！"

刘邦说："你别这样，我只是开玩笑罢了！"

叔孙通又说："太子，是天下的根本；根本一旦动摇，天下也会震动。怎么能拿天下来开玩笑呢？"

当时大臣中坚决劝阻的人很多，刘邦明白群臣的心意都不向着如意，就没有改立。四月二十五日，刘邦在长乐宫驾崩，太子刘盈继位，尊奉吕后为皇太后。

吕太后下令把戚夫人关在深巷里，剃掉头发，扣住脖子，穿上赭色

的囚服，让她在那儿舂米。她又派使者去召如意，使者去了三次。

赵国国相周昌对使者说：“高帝生前把赵王托付给我。赵王年纪小，我听说吕太后怨恨戚夫人，想把赵王召回去一并杀掉，所以我不敢让赵王去。而且赵王也病了，不能接受诏令。”吕太后大为愤怒，先派人召周昌。周昌到长安后，就派人再去召如意。

如意还没有到达长安的时候，惠帝刘盈知道吕太后生如意的气，就亲自去霸上迎接如意，与他一起入宫，亲自带他一起吃饭睡觉。吕太后想杀如意，但始终找不到机会。

次年十二月，惠帝一早出去打猎，如意因为年纪小，不能早起，所以就没去。吕太后终于找到机会，便派人用毒药将如意毒死了。惠帝回来时，如意已经死了。

吕太后又下令砍断戚夫人的手脚，挖去眼珠，熏聋耳朵，灌下哑药，让她待在厕所里，称她为“人彘”（意思是“人猪”）。

过了几天，吕太后召惠帝来看“人彘”。惠帝见了，询问后得知这就是戚夫人，于是大哭，从此生了病，一年多不能起身。他派人向吕太后请求说：“这种事不是人做的。我作为太后您的儿子，终究不能再治理天下。”惠帝从此每天饮酒作乐，不理朝廷政务。

相关链接

〔1〕戚夫人：公元前224年－公元前194年，定陶（今山东定陶）人，刘邦的宠妃，善长歌舞。又称戚姬。

〔2〕如意：公元前201年－前194年，刘邦之子，为戚夫人所生。刘邦多次想立如意为太子，最终以吕后和大臣反对而作罢。刘邦死后，被吕后召至都城杀害。

吕后分封诸吕

当吕后把权力都握到自己手里时，就开始和自己的近人分享了。她违背和刘邦当初的盟誓，不顾大臣的反对，封了很多吕氏人为王，为刘家江山日后的混乱留下了隐患。

汉惠帝七年（公元前188年），八月十二日，惠帝刘盈在未央宫驾崩。当初，太后让张皇后抱别人的儿子来抚养，把孩子的亲生母亲杀死，又将这个孩子立为太子。惠帝下葬以后，太子继位为帝，因为年龄幼小，由吕太后到朝廷上行使天子的职权。

汉高后元年（公元前187年），吕太后与群臣商议，想要册封外戚[1]（吕家的人）为诸侯王。问右丞相王陵，王陵说："高帝刘邦曾经杀白马饮血盟誓，说，'不是刘氏而称王的，天下人可以一起消灭他。'现在封吕氏为王，违背当初的盟约。"

太后不高兴，又问左丞相陈平、太尉周勃[2]，他们回答说："高帝平定天下，分封刘氏子弟为王。现在太后临朝，分封吕氏为王。没有什么不可以的。"太后很高兴，就宣布退朝。

退朝后，王陵责备陈平、周勃说："当初与高帝饮血盟誓，你们难道不在场吗？现在高帝驾崩，太后一个女人主持朝政，要封吕氏为王，你们要是为了迎合太后而背弃盟约，还有什么脸面在九泉之下见高帝呢？"陈平、周勃说："今天在朝廷上当面谏阻太后，我们的确不如你；但将来保全社稷，确保刘氏子孙拥有天下，你却不如我们二人。"王陵没有话可以对答。

十一月，太后任命王陵为太傅，表面上升了他的职，实际上是剥夺了他右丞相的实权。王陵于是告病回家。

太后追尊她的父亲临泗侯吕公为宣王，追尊哥哥周吕令武侯吕泽为悼武王，想以此开始逐渐分封吕氏为王。

太后想封吕氏为王，就先封名义上是惠帝儿子的刘强为淮阳王，刘不疑为恒山王，又派大谒者张释委婉地劝说大臣。于是，大臣就奏请太后封悼武王吕泽的长子郦侯吕台为吕王，划出齐国的济南郡，立为吕国。

到了汉高后七年（公元前181年），吕氏封王的越来越多，姓吕的人逐渐把持了朝政。朱虚侯刘章，年方二十，身强力壮，对刘氏子弟得不到有实权的职位非常不满。

他曾经进宫侍奉太后宴饮，太后让他为监酒官，刘章自己请求说：“我是将军的后代，请太后允许我按军法监酒。”太后说：“好啊。”喝得差不多时，刘章请求为大家唱一首《耕田歌》，太后答应了。刘章就唱道：“深耕埋种，秧苗疏松；不是同种，锄头挖走。”太后沉默不语。

过了一会儿，吕家人里有一个人喝醉了，离席逃酒。刘章追上去，拔出剑斩杀了他，回来报告太后说：“有一人逃酒，我按军法将他处

○ 品画鉴宝

龙形玉觿（汉） 此器体扁薄，呈弧形，宽端雕琢成龙首，尖端为龙尾，全身浅勾连云纹。龙口空孔，用以系佩。

斩！”太后和身边的人都非常吃惊，但因为已经同意他按军法监酒，也没有办法治他的罪，于是结束宴会。

从此之后，吕家的人都很害怕刘章，朝廷大臣也依附于他，刘氏宗室的势力因此得到增强。

陈平担心吕家的人势力太过强大，自己的力量又不足以制约，担心大祸落到自己头上。有一天，陈平闲居在家，苦苦思索对策。正好陆贾来拜访，没有通报就直接进去坐下，而陈平竟然没有看见。

陆贾说：“丞相想什么这么专注？”

陈平说：“你猜我在想什么？”

陆贾说：“您富贵已到极点，没有其他欲望了。能让您忧虑的，不外乎担心吕家的人，还有年幼的皇帝。”

陈平说：“对啊。该怎么办呢？”

陆贾说：“天下安定，都看宰相的表现；天下纷乱，都看大将的表现。将相相处融洽，士人就会归附；那么天下即使有变故，大权也不会旁落。社稷的安危大计，就在将相二位的掌握之中。我曾想对太尉周勃说明这些道理，但周勃与我说说笑话，没有把我的话当一回事。您为什么不与太尉交好，紧密联合呢？”于是陆贾为陈平谋划对付诸吕的几个关键问题。

陈平采纳陆贾的计策，就用五百斤黄金为周勃祝寿，举办丰盛的宴席。周勃也以相当的礼节回报他。从此两人紧密团结，吕氏篡国的阴谋越来越难以得逞。

次年七月，吕太后病得很厉害，就任命赵王吕禄为上将军，率领北军，吕王吕产率领南军。太后告诫吕产、吕禄说：“吕氏受封为王，大臣心里都很不平。我就要去世，皇帝年纪还小，我担心大臣们会乘机发难。你们务必要牢牢掌握军队，守住皇宫，千万不要为我送丧，以免离开重地后被人制住。”

三十日，太后去世，留下遗诏：大赦天下，任命吕王吕产为相国，以吕禄的女儿为皇后。

相关链接

〔1〕外戚：也叫“外家”或“戚畹”，指帝王的妻族、母族的人。

〔2〕周勃：？—公元前169年，沛县（今江苏沛县）人，秦末汉初著名政治家、军事家，西汉开国功臣之一。

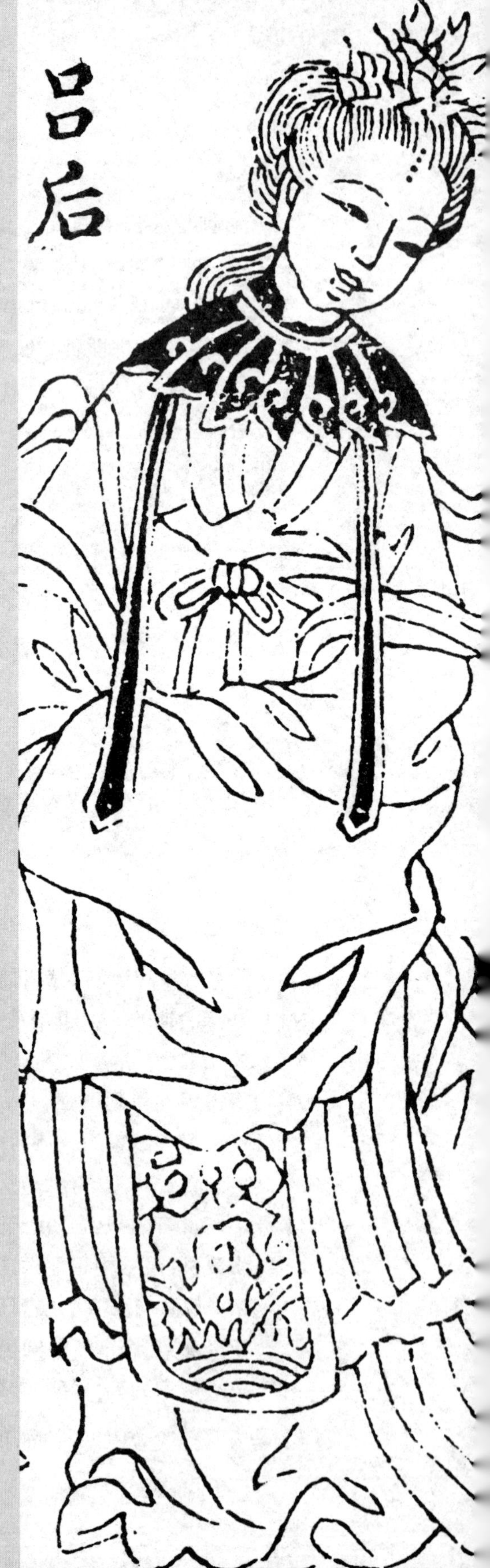

诸吕作乱受诛

大树底下好乘凉。吕后在时，吕氏被封了很多王，可吕后去世后，就没有人保障他们的利益了，于是出现了“天下人共诛之”的局面。

太后吕雉去世后，吕家的人想要作乱，因为惧怕大臣周勃、灌婴等人，所以没敢贸然行动。朱虚侯刘章娶吕禄的女儿为妻，所以得知了吕氏的阴谋，就暗中派人告知他的哥哥齐王刘襄，想让刘襄率领军队向西，自己和东牟侯在长安为他作内应，来诛灭吕家的人，立刘襄为皇帝。齐王就和他舅舅驷钧、郎中令祝午、中尉魏勃暗中谋划发兵起事。

齐国国相召平反对发兵，齐王准备派人将他杀了。召平得知后，就发兵包围王宫。魏勃骗召平说：“齐王想发兵，但他并没有朝廷的虎符，是违法的。您发兵包围王宫，做得很好，我请求为您带兵入宫围住齐王。”召平相信了，就让魏勃指挥军队。

魏勃掌握军队之后，就把相府包围起来，召平只好自杀。于是齐王任命驷钧为国相，魏勃为将军，祝午为内史，征发齐国所有的军队。

齐王派祝午到东面的琅邪国，骗琅邪王刘泽说：“吕氏发动变乱，齐王发兵准备西入长安诛杀他们。齐王因为自己年纪轻，不熟悉军事，希望把整个齐国都交给大王指挥。大王您在高帝刘邦时就已经开始带兵了，经验丰富，请您前往齐都临淄，与齐王一起商议大事。”

琅邪王相信了他的话，就迅速西去进见齐王。齐王趁机扣留了琅邪王，而让祝午征发琅邪国的全部军队，全由自己指挥。

琅邪王对齐王说：“大王您是高皇帝的嫡长孙，应当立为皇帝。现在各位大臣对拥立谁做皇帝犹豫不定，而我在刘氏宗族中年龄最大，大臣们当然应该等我来作决定。现在大王把我留在这儿，让我无所作为，不如派我入关，商议大事。”齐王认为他说得有道理，就准备了许多马车送走琅邪王。

琅邪王出发后，齐王就率领军队向西进攻济南国。齐王给各诸侯王送去檄文，历数吕氏的罪名，以及说明自己起兵的目的，就是要诛杀吕氏。

相国吕产等人听说齐王举兵，就派颍阴侯灌婴率领军队前去征讨。灌婴行军到达荥阳[1]，心里想：“吕氏在关中手握重兵，想要篡夺刘氏天下，自立为帝。现在我若打败齐军，回去报告朝廷，岂不是增加了吕氏谋反的资本。”

于是就在荥阳驻扎下来，并派使者告诉齐王以及诸侯各国，与他们相联合，静待吕氏发起变乱，然后一起诛灭吕氏。齐王得知以后，就退回到齐国的西部边境，等候大家一起依约行动。

吕禄、吕产想发起变乱，但朝廷内畏惧周勃、刘章等人，朝廷外害怕齐国和楚国的军队，又担心灌婴背叛他们，想等灌婴率领的军队与齐军交战之后再动手，所以一直犹豫，决定不下来。

周勃手中没有兵权。曲周侯郦商年老生病，他儿子郦寄与吕禄交好，周勃就与陈平谋划，派人劫持了郦商，让他儿子郦寄去骗吕禄说："高帝与吕后一起平定天下，姓刘的有九个人被立为诸侯王，姓吕的有三个人被立为诸侯王，这些都是朝廷里的大臣商议决定的，事情已经向天下的诸侯宣布，诸侯们都认为理应如此。

"现在太后驾崩，皇帝年幼，您身佩赵王大印，不立即返回封国镇守，却出任上将，率领军队留在京师，所以受到大臣和诸侯的猜疑。您为何不把将印交还给朝廷，把军队交给太尉，再请梁王吕产归还相国大印，然后你们二人与朝廷大臣订立盟约，各自回到封国？

"这样齐国的军队一定会撤走，大臣得以心安，您也可以高枕无忧，去做千里之地的诸侯王了。这是造福万世子孙的事啊。"

吕禄相信郦寄，认为他的计策有道理，就想把军队交给太尉，于是派人把这个打算告诉吕产和吕氏的长辈。结果有人认为这样做好，有人认为不好，一直犹豫不决，还是不能作出决定。

吕禄信任郦寄，经常与他一起外出游猎。有一次顺路拜访吕禄的姑姑吕媭，吕媭大怒说："让你当上将军，你却离开军队出来打猎，吕氏如今要无处容身了！"于是把家里的珍珠宝玉、贵重器皿全拿出来，扔到堂下，说："我不要再为别人守着这些东西了！"

九月初十清晨，正行使御史大夫[2]职权的平阳侯曹窋，来见相国吕产商议事情。郎中令贾寿出使齐国返回，数落吕产说："大王不早点去封国！现在就算想去，还去得了吗？"接着便把灌婴与齐、楚两国联合，想诛灭吕氏的事详细地告诉吕产，并且催吕产赶紧入皇宫据守。贾寿的话曹窋听到了不少，就骑马赶去，报告陈平和周勃。

周勃想进入北军军营，但被阻止。襄平侯纪通负责掌管皇帝符节，周勃就让他持符节，假称皇帝命令，让太尉进入北军军营。

在这之前，周勃命令郦寄和典客刘揭先去劝说吕禄："皇帝派太尉前去守护北军，想让您去封国。您快交出将印，告辞离去。否则的话，

大祸就将来临了！”吕禄以为郦寄不会欺骗自己，就解下将印交给典客，而把北军交给周勃指挥。所以周勃进入北军时，吕禄已经离去。

周勃进入营门，在军中下令说：“拥护吕氏的袒露右胳膊，拥护刘氏的袒露左臂膀！”军中将士全袒露左胳膊。太尉因此得以指挥北军，但还有南军没有被控制。

陈平召来刘章辅助周勃，周勃派刘章监守军门，派曹窋告诉统率禁卫军的卫尉，说：“不许让相国吕产进入殿门！”

吕产不知吕禄已经离开北军，就进入未央宫，准备作乱。吕产来到殿门前，却被禁卫军阻挡，无法入内，在殿门外走来走去。曹窋担心不能阻止吕产入宫，就骑马告诉周勃。周勃当时还怕不能战胜诸吕，没敢公开宣布诛灭吕氏，就对刘章说：“赶紧入宫护卫皇帝！”刘章请求给他士兵，周勃就拨给他一千多人。

刘章进入未央宫大门，看见吕产正在廷中徘徊。当时将近傍晚，刘章率领军队向吕产攻击，吕产逃走。天空忽然刮起大风，吕产所带的部属自己先慌乱，没有人敢上前战斗。刘章等人追逐吕产，在郎中府的厕所里将吕产杀死。

刘章杀死吕产后，皇帝派谒者持皇帝符节前来慰劳刘章。刘章要夺符节，谒者不肯放手，刘章就与谒者共乘一车，凭借皇帝的符节，驱车疾驰，斩杀长乐卫尉吕更始。

刘章回来之后，驾车驰入北军，报告周勃。周勃起身向刘章下拜，祝贺说：“令人所担忧的只有吕产。现在吕产已经伏诛，天下已定了！”于是派人分头逮捕吕氏男女，不论老少一律处斩。

相关链接

〔1〕荥阳：地名，位于现在的河南省郑州市以西。

〔2〕御史大夫：西汉时御史大夫掌副丞相，凡国家大事，皇帝一般都和丞相、御史共同商议。丞相位出现空缺时，可由御史大夫晋补。御史大夫属官有御史中丞、侍御史、绣衣御史等。

社稷之臣汲黯

汲黯耿直忠诚，敢于直谏，宁可失去自己的生命也不让君主置于不仁不义之地，被汉武帝誉为“社稷之臣”。

汲黯一开始担任谒者，因为严厉，大家都很忌惮。东越地方各部落互相攻击，汉武帝[1]派汲黯前去巡察。汲黯没有到东越，才走到吴地就回来了，向武帝报告说：“越人自己互相攻击，他们那儿本来就是这样的，不值得为此麻烦天子的使臣。”

河内郡失火，火势蔓延烧毁了一千多家民房，武帝派汲黯前去视察，回来之后，汲黯报告说：“百姓不慎失火，因为房屋相连而蔓延开来，不值得陛下担忧。我路过河南，看见河南的贫民遭受洪水、干旱之灾的有一万多家，有的甚至到了父子相食的地步。我就因地制宜，用陛下的符节，下令发放河南官仓的粮食赈济灾民。我现在请求归还符节，等待领受伪托天子命令的罪过。”武帝认为他做得好，就宽恕了他。

他在东海担任太守时，整顿官府，治理百姓，喜欢清静，先妥善地选择各级官吏，然后只决定大的方针，而不斤斤计较小事的处理。汲黯身体多病，躺在卧室里很少出来。过了一年多，东海治理得很好，百姓交口称赞。武帝听说后，召汲黯入朝，任命为主爵都尉，与九卿同列。汲黯处理政务讲究无为而治，从大的方面引导，而不拘泥条文细节。

汲黯为人，性格倨傲，不讲究礼数，常常当面指出错误，不能容忍别人的过失。当时武帝正在招揽文人学士和儒家学者，武帝说：“我想要这样这样。”汲黯回答说：“陛下心中有很多欲求，而表面上却施行仁义，这样怎么能像尧舜那样天下大治呢？”

武帝沉默不语，然后发怒，脸色很难看地宣布罢朝，公卿大臣们都替汲黯担心。武帝退朝回到寝宫，对左右侍从说：“汲黯也太憨直了！”

群臣中有人批评汲黯，汲黯说：“天子设立公卿等辅佐大臣，难道是让他们阿谀奉承、使君主陷入不仁不义的境地吗？况且我既然身在其位，虽然也爱惜自己的性命，但也不能为此让朝廷受辱呀！”

汲黯多次生病，病假的时间就要满三个月的期限了。武帝多次特别批准他延长休病假的时间，但最终还是不能痊愈。

最后一次病重的时候，庄助替他告假，武帝问：“汲黯是什么样的人？”

庄助说：“让汲黯当官，倒也没有什么超过常人的地方。但是如果让他辅佐年幼的君主，他一定会坚定不移。敌人用利禄引诱，不能把他招走；主公以恶言驱赶，也不能让他抛下责任。即使有人自以为是孟贲、夏育那样的勇士，也无法改变他的志向。”

武帝说：“是啊。古时候有所谓的社稷之臣，像汲黯那样，就差不多可以算是了。”

汲黯（？—公元前112年）字长孺，西汉濮阳（今河南濮阳）人，孝景帝时为太子洗马，武帝即位后为谒者，并先后任荥阳令、东海太守等官职。

相关链接

〔1〕汉武帝：公元前157年—前87年，名彻，七岁被封为太子，十六岁登基，在位五十四年，他是一位有着雄才大略的皇帝。

飞将军李广

李广不但善于打仗、武艺高强，而且体贴士卒，带领将士多次打败匈奴，人称“飞将军”。

汉景帝中六年（公元前144年）六月，匈奴攻入雁门关[1]，到达武泉县。还攻入上郡，抢走了牧马场里的马匹。汉朝将士战死的有两千人。

陇西人李广担任上郡太守，曾经率领一百名骑兵出巡，遇到几千名匈奴骑兵。匈奴人看见李广的部队，还以为是汉军派出来引诱敌人的，都吃了一惊，跑上山坡布下军阵。

李广手下那一百名骑兵都很害怕，想骑着马跑回去，李广说：“我们离大部队还有几十里，如果就这样往回跑，匈奴骑兵追射我们，很快就把我们全部消灭了。现在我们留在这里，匈奴人一定以为我们是诱敌的部队，不敢前来攻击我们。”

于是李广命令手下骑兵：“前进！”快到距离匈奴军阵二里远的地方，李广又让大家停下来，下令说：“全都下马，解下马鞍！”他手下骑兵说：“敌人很多，而且离我们很近，万一出现紧急情况，怎么办？”李广说：“敌人以为我们会逃走，现在我让你们都解下马鞍，向他们表示我们不会逃走，以此来坚定他们认为我们是诱敌部队的想法。”结果匈奴骑兵真的不敢进攻。

有一位骑白马的匈奴将领出阵，掩护匈奴军队。李广骑上马，和十多个骑兵飞奔而去，射死了骑白马的将军。然后又返回，回到他手下骑兵群中，解下马鞍，命令士兵解开战马，然后躺在地上休息。这时，正好太阳西下，匈奴骑兵对李广部队的行为迷惑不解，也不敢进攻。到了半夜，匈奴军队以为汉朝军队在附近有埋伏，想趁着夜色袭击他们，于是率领士兵离开了。黎明时分，李广的小分队才回归大部队。

武帝元光元年（公元前134年），卫尉李广担任骁骑将军，驻守云中郡。中尉程不识担任车骑将军，驻守雁门郡。李广和程不识都以边境郡守的身份指挥军队，在当时很有名气。李广行军没有固定编制，不讲究行列阵形，到了水草肥美的地方就驻扎下来，各人自便，夜间也不派敲着刁斗的士兵巡逻警卫，军中指挥系统的文书往来能简省就简省。不过，李广也很注意远远地派出侦察部队，从来没有遭受过突袭。

程不识则整顿部队编制，讲究行列队伍、营寨阵形，夜间派士兵敲

李广（？—公元前119年）
陇西成纪（今甘肃静宁）人，西汉著名军事家。做过骑郎将、骁骑都尉、未央卫尉、郡太守，镇守边郡使匈奴不敢犯多年，被称为“飞将军”。其一生未得封侯，或许时运不济，有历史典故“冯唐易老，李广难封”，公元前119年，随卫青出征匈奴，兵败，引颈自刎。

着刁斗巡逻，军队中的文吏要把文书整理得非常清晰，军队常常得不到休息，但也从来没有遭遇过危险。

程不识说：“李广的军队非常简单随便，一旦受到敌人突袭，就没有办法抵御了。但李广手下的士兵也很轻松自在，都愿意为李广效死卖命。我的军队虽然事务烦琐纷扰，但敌人也不能侵犯我。”不过匈奴人害怕李广的谋略，汉军士兵也多数愿意跟随李广打仗，而以跟随程不识打仗为苦差。

元光六年（公元前129年），骁骑将军李广从雁门关出击匈奴，被匈奴打败。匈奴活捉了李广，在两匹马中间用绳子结成网，把李广放在里面。李广躺着装死，走了十几里路，突然跃起跳到一个匈奴骑兵的马背上，把他推下马，夺了他的弓箭，赶着马往南跑，于是逃了回来。匈奴人惊叹不已，从此李广获得了“飞将军”美称。

元狩四年（公元前119年），汉武帝派出大军袭击匈奴。郎中令李广屡次请求让自己出征，开始武帝因为他年纪太大了，没有批准，过了很久才答应，任命他为前将军，跟随大将军卫青。

卫青大军出塞以后，捉来俘虏，从俘虏口中问出单于驻扎的地方，便亲自率领精锐部队急速进击，让李广与右将军赵食其合兵一处，从东路进军。

东路要绕道，路途遥远，水源和青草也比较少，李广就向卫青请求说：“我是前将军，应该做前锋，如今您却让我从东路进军。而且我从少年时就开始与匈奴作战，直到今天才有机会正面对付单于，所以希望能在大军前面做先锋，先去和单于决一死战。”

临行前，武帝私下里告诫卫青，说：“李广年纪老了，总是没有好运气，不要让他正面攻击单于，不然的话，我怕我们最后会捉不住单于。”而且公孙敖不久前失去侯爵爵位，卫青也想给他立功机会，让他与自己一起在正面与单于作战，所以将前将军李广调到东路。李广知道这个情况，坚决地向卫青推辞，卫青没有同意。李广心里十分恼怒，没有向卫青辞行，就率领军队出发了。

李广与赵食其率领的东路军因为没有向导，在沙漠中迷失了道路，所以落到了卫青的后面，没能赶上与单于的战斗。等到卫青率领军队回师，经过沙漠南部时，才遇到李广和赵食其二位将军。

卫青派长史责问李广和赵食其迷路的情况，并责令李广到军府完成书面报告。李广说："校尉们没有过错，是我自己迷了路，我现在自己写报告交到军府去。"

他又对自己的部下说："我从少年时开始，与匈奴大大小小打了七十多仗，这次有幸跟着大将军出征，能够与单于正面交锋。谁知大将军将我的部队调到东路，路绕而且远，结果还迷失了方向，这难道不是天意吗！况且我六十多岁了，总不能再去面对那些刀笔小吏吧？"于是拔刀自刎。

李广为人清廉，得到赏赐就分给他的部下，吃喝与士兵一起，在两千石俸禄的职位上做了四十多年，家里却没有多余的财产。

他的手臂很长，擅长射箭，估计射不中目标就不发箭。他带领军队，在困难的情境下找到水源。士兵们还没有都喝到水，李广就不喝；士兵们还没有都吃过饭，李广就不吃。士兵们因此都乐意为他所用。等到李广自杀，全军将士没有不哭的。百姓听说以后，不管认识的还是不认识的，无论老少都为他流泪。

相关链接

〔1〕雁门关：又名"西陉关"，位于现在的山西省代县西北约四十华里的地方，有"天下九塞，雁门为首"的说法。

刘安是一个沽名钓誉而又不自量力的人，他以淮南之地谋反，最后落了个身败名裂的下场。

淮南[1]王刘安[2]，喜欢读书写文章，好沽名钓誉，招罗的门客以及会各种技能的人达几千人之多。他的属官和门客，大多是江淮一带的轻薄之徒，他们常常用当年淮南厉王死于流放途中的事情来刺激刘安。

建元六年，天空出现彗星，有人劝说刘安："以前吴王刘濞起兵时，也有彗星，长只有几尺，尚且流血千里。现在的彗星横贯长空，天下兵马恐怕都要起事。"刘安觉得有道理，就造了许多攻城野战的器械，积攒金钱。

后来刘安被一件罪案牵涉，公卿们请求将刘安逮捕治罪。刘安的太子刘迁定下计策，派人身穿卫士服装，手持长戟站在刘安旁边，朝廷派来的使者如果要将刘安治罪，就上去将使者刺杀，然后起兵造反。朝廷派中尉段宏到淮南讯问刘安，刘安见段宏的态度一直很温和，就没有起兵。

到了元狩元年（公元前122年），刘安与他的门客左吴等人日夜谋划造反，察看地图，安排行军路线。各地使者有从长安回来的，如果胡乱编造，说"皇上没有儿子，朝政混乱"，刘安就很高兴；如果照实说"朝政清明，皇上已有儿子"，刘安就很生气，认为是使者胡说八道，而事实并不是这样。

刘安召来中郎伍被，与他商量谋反的事，伍被说："大王怎么能说这种亡国的话呢？我听了，就像已经看到宫中长满荆棘，露水打湿行人衣服的凄惨景象了。"刘安发怒，抓来伍被的父母，把他们关了起来。

过了三个月，刘安又将伍被召来询问，伍被说："当年秦朝治国无道，奢侈暴虐到了极点，百姓希望天下大乱的有十分之六七。高皇帝在行伍之中崛起，最终立为天子，这就是所谓的把握时机，乘人之弊，在秦朝土崩瓦解的时候举事发动。如今大王只见高皇帝得到天下似乎很容易，唯独不见近世'七国之乱'的吴、楚吗？

"吴王刘濞统辖四个郡，国家富强，人口众多，计划成熟，准备充分，然后才起兵西进。然而一旦在梁国战败，向东奔逃，不但自己丢了性命，连宗庙的祭祀也从此断绝，这是为什么呢？实在是因为他逆天行事，不了解时势啊。

"如今大王的兵力，还不到吴、楚的十分之一。而天下安宁稳定，却比吴、楚起兵时好一万倍。大王如不听从我的劝告，我今天简直就像亲眼看到了您丢掉千乘之国的王位，接到赐死的诏书，先于群臣死在东宫的景象啊。”

刘安听了，流着眼泪站起身来。

刘安有一个庶出的儿子，名叫刘不害，年龄最大，刘安不喜欢他，王后和太子也不把他当儿子、兄长看待。刘不害有一个儿子叫刘建，很有才华，而且年轻气盛，常常在心里怨恨刘迁，就暗中派人告发刘迁企图刺杀朝廷中尉的事，武帝将此事交给廷尉处理。

刘安很害怕，想起兵造反，又询问伍被，说：“你认为当年吴王起兵造反，是对还是不对？”

伍被说：“不对。我听说吴王后来非常后悔，希望大王不要像吴王那样后悔。”

刘安说：“吴王哪里懂得怎么造反！当年他居然一天之内就让四十多个朝廷将领经过成皋。如今我切断成皋的通道，占据险要的三川之地，再招募崤山以东的兵马。像这样举事，左吴、赵贤、朱骄如都认为有九成胜算，只有你认为是有祸无福，这是为什么呢？一定像你说的那样，不能侥幸成功吗？”

伍被回答说：“如果大王非要这么做的话，我有一个计策。现在各诸侯对朝廷都没有二心，百姓也没有怨气，大王可以伪造丞相、御史的奏章，说是请求皇上将各郡国的地方豪强和殷实富户迁到朔方，我们多派一些甲兵，将期限定得很紧，装出朝廷害怕他们反抗的样子。然后再伪造朝廷发给各地的诏狱书，扬言要逮捕各封国的太子和宠臣。这样一来，百姓就会抱怨，诸侯也会害怕，紧接着派能言善辩的说客到各地游说，说不定会有侥幸的希望吧。”

刘安道：“这倒是可以做。但我还是觉得没必要这么复杂。”

不过刘安还是照做了，他制作了皇帝的印玺，还有丞相、御史大夫、将军、军吏、中二千石及周围各郡的太守、都尉的官印，以及朝廷使者的符节。又打算派人假装在淮南国犯罪而逃到长安，投在大将军卫青的门下效力。一旦淮南起兵，他就立即刺杀卫青。刘安还说：“朝廷大臣中只有汲黯喜欢直谏，能够严守臣子的节操，为忠义而死，难以用歪理迷惑住他。至于游说丞相公孙弘等人，就像掀掉盖子、抖去落叶一样容易。”

刘安打算调动封国内的军队，怕朝廷派来的国相和二千石官员不肯服从，就和伍被商量，先把国相和二千石官员杀死。又打算派人身穿制

服，拿着加急文书从东边赶来，高喊："南越的军队攻入我国边界了！"以此为借口发动军队。

正好这时候，廷尉前来逮捕刘迁。刘安听说后，与刘迁密谋，将国相和二千石官员召来，想把他们杀了，然后起兵造反。于是召国相等人前来，国相一个人来了，内史、中尉都不来。刘安想，光杀国相一个人，也没有什么用处，就放他走了。刘安犹豫不决，拿不定主意，刘迁就自杀了，但没有死成。

伍被到负责官吏那里，告发自己与刘安图谋造反的种种情节。官吏就逮捕了淮南国太子、王后，包围住王宫，要把与刘安一起谋反的门客在淮南国的全部逮捕，并获取谋反的证据，好上报朝廷。汉武帝将刘安的党羽交给公卿处治，派宗正手持皇帝符节去淮南国处治刘安。

没等宗正赶到，刘安已经自刎而死。王后、太子被处死，所有参与谋反的人一律灭族。

相关链接

〔1〕淮南：西汉刘姓封国之一，辖地在今安徽寿县一带。

〔2〕刘安：公元前179年－前122年，刘邦之孙，淮南厉王刘长之子。公元前164年，文帝把原来的淮南国一分为三，封给刘安兄弟三人，刘安以长子身份袭封为淮南王。

张骞出使西域

西汉武帝时，张骞历尽艰难，两次出使西域，打通了丝绸之路，促进了中国与中亚、西亚、欧洲各国的往来以及经济文化交流，是中国走向世界的第一人。

匈奴投降汉朝的人说："月氏过去居住在敦煌和祁连山之间，是一个强国，匈奴的冒顿单于攻下了它。冒顿杀了月氏王，把他的头骨做成了夜壶，剩下的月氏部众逃到很远的地方去了。月氏人仇恨匈奴，但没有人与他们联合攻打匈奴。"武帝听到以后，就招募能出使月氏的人。

汉中人张骞[1]以郎官的身份应募，取道陇西，然后直接进入匈奴腹地。匈奴的单于擒获张骞，把他扣押了十几年。张骞得到机会逃脱，朝着西方月氏所在的地方跑，跑了几十天，到达了大宛。

大宛早就听说汉朝富饶，想与汉交通往来，但无法实现，所以见到张骞十分高兴，为他安排了向导和翻译，抵达康居，再由康居转送到大月氏。

大月氏原来的太子做了国王，攻打大夏国之后，瓜分了大夏国的土地，在那儿安居下来。当地土地肥沃，物产丰富，很少有外敌入侵，所以他们已经没有找匈奴复仇的念头了。

张骞待了一年多，最终也弄不明白月氏人到底怎么打算的，就返回了中原。张骞沿着南山走，想通过羌人的领地返回，结果又被匈奴捉住，扣押了一年多。

刚好伊稚斜驱逐於单，匈奴国内大乱，张骞就和堂邑氏的奴隶甘父逃了出来，回到中原。

武帝任命张骞为太中大夫，甘父为奉使君。张骞当初出发的时候有一百多人，去了十三年，只有他和甘父二人得以生还。

后来匈奴浑邪王向汉朝投降。汉军把匈奴的势力驱逐到大沙漠以北，盐泽以东再也不见匈奴的踪影，前往西域[2]的道路被打通了。

于是张骞向武帝建议："乌孙王昆莫本来是匈奴的属国，后来兵力逐渐强大，不肯再侍奉匈奴。匈奴派兵攻打，未能获胜，于是远离而去。

"如今匈奴单于刚刚受困于我们，而过去的浑邪王领地又无人居住。蛮夷之族的习俗依恋故土，又贪图我朝的财物，如果我们现在真的能用丰厚的礼物贿赂乌孙，招他们东迁，住到以前浑邪王的领地去，与我们结为兄弟之国，他们势必顺从我们，顺从我们就相当于砍断了匈奴的右臂。

“与乌孙结盟之后，乌孙以西的大夏等国也都能招过来，成为我们的属国。”

汉武帝认为有道理，就任命张骞为中郎将，率领三百人，每人二匹马，牛羊数以万计，和价值千万的黄金布帛。武帝又任命很多持着天子符节的副使，如果别的国家有方便的道路，就派一个副使前去通使。

张骞到达乌孙以后，乌孙王昆莫接见了他，但礼数不周，态度十分傲慢。

张骞转达汉武帝的谕旨，说：“如果乌孙能返回东边的故土居住，那么我们大汉将把公主许配给乌孙王为夫人，结为兄弟之国，共同抗拒匈奴，那么匈奴就不值一提了。”

然而乌孙认为自己距离汉朝太远，也不知道汉朝是大是小，而且做匈奴的属国已经很久了，与匈奴距离又近，手下的大臣都畏惧匈奴，不愿意东迁。

张骞在乌孙待了很久，得不到明确的答复，于是向大宛、康居、大月氏、大夏、安息、身毒、于阗以及附近各国分别派出副使进行联络。

乌孙派出翻译和向导送张骞回国，又派几十个人带了几十匹马跟随张骞到汉答谢，趁机了解汉的大小。当年，张骞回到长安，汉武帝任命他为大行。

又过了一年多，张骞派去出使大夏等国的副使也与那些国家的使臣一同归来。从此以后，西域各国就开始与汉交通往来了。

相关链接

〔1〕张骞：约公元前164年—前114年，中国西汉时期出色的外交家。公元前139年，他受命于汉武帝，率人前往西域，负责寻找曾被匈奴赶跑的大月氏，以期合力进击匈奴。

〔2〕西域：狭义上是指葱岭以东，阳关、玉门关以西，即今巴尔喀什湖东、南及新疆广大地区。而广义的西域则是指，凡通过狭义西域所能到达的地区，包括亚洲中、西部，印度半岛等地区。

苏武牧羊

苏武出使匈奴，宁可自杀也不投降。后来，他被流放到北海牧羊，在恶劣的条件下，手持汉朝节杖，十几年如一日，表现出宁死不屈的崇高民族气节。

天汉元年（公元前100年），汉武帝派中郎将苏武[1]，与副使中郎将张胜和暂时充任使团官吏的常惠等一同出使匈奴。

苏武等人到达后，正好碰上曾归降过汉朝的匈奴缑王和长水人虞常，与跟随卫律投降匈奴的汉朝人一起，谋划劫持匈奴单于的母亲阏氏回到汉朝。

卫律是汉朝的使节，他父亲原是长水地区的匈奴人，因为推荐他的李延年一家被收捕，害怕获罪，便逃到匈奴投降，很受单于重用。

虞常在汉朝时与张胜关系很好，就与张胜商量，说愿意为汉天子刺杀卫律，希望张胜回去多说好话，让他在汉朝的家人获得赏赐。张胜答应了，还送虞常许多财物。

过了一个多月，单于出去打猎，虞常等人想趁机发动。谁知他们中有一个人夜里逃出去告发，单于的子侄调兵镇压，缑王等人战死，虞常被活捉。

单于派卫律处理这件事。张胜听到后，担心此前与虞常合谋的事被查出，就把详细情况向苏武报告。

苏武说："事已至此，一定会牵连到我。我作为大汉的使节，如果到时受到侵犯，然后再死，将大大对不起国家。"于是准备自杀，张胜、常惠一起阻止了他。

虞常果然招出张胜，单于大怒，召集贵族一起商议，想把汉朝使者都杀了。左伊秩訾说："谋害卫律，就要将他们处死，如果是谋害单于，还怎么加罪呢？应该把他们都招降了。"

单于派卫律去招降苏武等人。苏武对常惠等人说："卑躬屈节，有辱使命，就算活下来，又有什么脸面回到汉朝？"于是抽出佩刀就刺进自己身体。

卫律大吃一惊，亲自抱着苏武，派人骑马去召医生。医生来了，在地上挖了一个洞，点起炭火，把苏武放在上面，用脚踩苏武的背，让淤血流出来。苏武呼吸都停了，过了很久才恢复过来。

常惠等人哭着将苏武抬回驻地。单于钦佩苏武的气节，早晚都派人问候，只将张胜逮捕，关进监狱。

苏武的伤渐渐好起来，单于派人来劝说苏武，想让他归降匈奴。这时，虞常刚好被定为死罪，单于就打算借此机会，逼苏武投降。

等到虞常的人头已被斩下后，卫律说："汉使张胜想谋杀单于的亲信大臣，罪当处死。单于现在正在招降，所以宽大处理，只要投降，就可以赦免。"说完举剑要刺张胜，张胜立刻投降。

卫律又对苏武说："副使有罪，你作为正使，应该连坐受罚。"

苏武回答说："我本来就没有参与谋划，与张胜又没有亲属关系，为什么要连坐受罚？"卫律举起剑威胁苏武，苏武仍然不为所动。

卫律说："苏先生，我以前背叛汉朝，归顺了匈奴。蒙单于大恩，赐号称王，拥有几万人众，满山的马匹牲畜，富贵至此！苏先生今天如果归降，明天就会和我一样。否则白白地牺牲自己，又有谁知道呢！"苏武不搭理他。

卫律又说："你要是听我的，归降了匈奴，我与你就像兄弟一般。如果不听，以后就算是再想见我，还能办得到吗？"

○ 品画鉴宝

苏李泣别图（明）陈洪绶／绘　此图表现的是汉代苏武和李陵的故事。左立者为苏武，虽衣衫破烂，但右手持节，不失汉室荣光。

苏武骂他说："你身为汉朝臣子，不顾恩义，背叛君主亲人，投降蛮夷异族，我为什么要见你？单于信任你，让你决定别人的生死，你不但不公平处理，反而想挑动两国君主争斗。以前南越国杀了汉使，被汉所灭，成为九郡；大宛王杀了汉使，结果他的人头被挂在长安宫廷的北门；朝鲜杀了汉使，即时被消灭；只有匈奴还没有做过这种事。你明知我不会投降，却想借此挑起两国的战争，只怕匈奴的灾难，要从我开始了。"

卫律明白苏武不会受他的威胁，只得禀报单于。单于听了，更想让他归顺，就把他囚禁在一个大地窖里，断绝饮食，想逼他就范。当时下着大雪，苏武躺在地上，把雪和衣服上的毡毛一起吞下去，过了几天竟然还没死。

匈奴人以为有神灵保护他，就把他放逐到北海[2]荒无人烟的地方，让他放牧公羊，说："等到公羊能产出羊奶，你就可以回国了。"常惠等其他不肯投降的官员，也被分别扣押在其他地方。

苏武被匈奴放逐到北海边上，没有粮食供应，只好挖掘野鼠洞里储存的草籽。他牧羊的时候手里总拿着汉朝的符节，起居都带着它，节杖上的毛缨都脱落了。

苏武在汉朝的时候，与李陵一起担任侍中。李陵投降匈奴以后，不敢求见苏武。过了很久，单于派李陵到北海边，李陵为苏武设了酒宴，还有歌舞助兴。

李陵对苏武说："单于听说我和你平素交情很好，所以派我来劝你。单于愿意恭敬地对待你。你终究无法再回汉朝了，自己在这里白白地受苦，在这荒无人烟的地方，又有谁能看见你的信义节操呢？

"你的两个兄弟，都因连坐获罪，已经自杀了。我来的时候，你的母亲也已经去世；你的夫人年纪尚轻，听说已经改嫁别人；剩下两个妹妹、两个女儿、一个儿子，现在又过了十几年，是否还在人世也不知道。人生就像早晨的露水一样短暂，何必长久地自讨苦吃呢？

"我刚投降的时候，狂躁得快要发疯了，痛恨自己辜负了汉朝，还连累老母亲被囚禁在监狱里。你不愿投降匈奴的心情，怎么比得上我？何况皇上老了，法令变化无常，大臣无罪而被灭族的有几十家。自己的安危都不知道，你要为谁这样做呢？"

苏武说："我们父子本来没有什么功德，蒙皇上厚恩，才有今天的地位。我们兄弟能够亲近皇上，愿意为皇上肝脑涂地。现在可以牺牲生命来报效皇上，就算是遭受斧钺砍杀，汤锅烹煮，也心甘情愿！身为臣子，侍奉君王，就像儿子侍奉父亲一样，儿子为父亲而死，没有什么遗憾。希望你不要再说了。”

李陵看到苏武的赤诚，叹着气说：“唉！你真是义士！我和卫律的罪过，真是上通于天！”说完眼泪便流下来沾湿了衣襟。李陵与苏武诀别离去，临行前赐给苏武几十头牛羊。

后来，李陵又到北海边，告诉苏武，汉武帝已经去世。苏武一连几个月，每天早晨和晚上都面向南方号啕痛哭，甚至吐血。

壶衍鞮单于即位后，他的母亲阏氏行为不正，国内分崩离析，害怕汉军袭击，于是卫律为单于谋划，要与汉朝和亲。

汉朝的使者来到匈奴，要求放苏武等人回国，匈奴骗他们说苏武已经死了。后来汉使又来匈奴，常惠偷偷见到汉使，教使者这样对单于说："天子在上林苑打猎，射下一只大雁，脚上系着一封帛书，说苏武等人在某处湖泽。"

使者非常高兴，就以常惠教的话责问单于。单于大吃一惊，环顾左右侍从，然后向汉使道歉，说："苏武的确还在人世。"于是把苏武放回。

李陵设酒宴为苏武祝贺，说："现在你返回汉朝，名声传遍匈奴，功劳显于汉朝，就算是史书里记载、丹青上描画的人物，又怎能比得上你？

"我虽然愚笨怯懦，如果当年汉朝能宽恕我的罪过，保全我的老母，我也能忍辱负重，像春秋的曹刿在柯会盟时那样，做出劫持齐桓公的壮举，这正是我念念不忘的志向。谁知汉朝竟将我满门抄斩，进行世上最残酷的杀戮，我还能再顾念什么呢？现在一切都过去了，我只是希望你明白我的心意罢了！”说完李陵泪流满面，与苏武诀别。

单于召集当年随从苏武的官属，除了已经归降和去世的，有九个人和苏武一起回到汉朝。抵达长安后，汉昭帝下诏，命令苏武用牛、羊、猪的太牢之礼，前去祭拜汉武帝的陵庙。封苏武为典属国，品秩中二千石，赏赐了苏武二百万钱、两顷公田、一处住宅。

苏武被匈奴扣押了十九年，去的时候还是壮年，回来的时候，头发、胡子全白了。

相关链接

〔1〕苏武：公元前140年－前60年，字子卿，杜陵（今陕西西安）人。

〔2〕北海：即现在俄罗斯境内的贝加尔湖。

霍光废帝

霍光是一位非常忠直的人，为了社稷江山和天下百姓，他竟然冒着以下犯上的危险废黜了无道的天子，这在整个中国历史上都是屈指可数的事情。

元平元年（公元前74年），四月十七日，汉昭帝在未央宫驾崩，没有儿子。当时汉武帝的儿子只剩下广陵王刘胥，大将军霍光[1]与群臣商议立新帝时，大家都认为应当立广陵王。广陵王原来因行为不合法度，以致汉武帝不立他为太子，所以霍光心里感到不安。

郎官中有人上书朝廷，说："周太王不立长子太伯，而立太伯的弟弟王季为继承人；周文王不立长子伯邑考，立伯邑考的弟弟周武王为继承人。这就说明，选择皇位继承人，只有人选适合，即使是废长立幼也完全可以。广陵王这个人，不能继承宗庙。"

这道奏章一上，正合霍光心意。霍光将奏章拿给丞相杨敞等人看，并提升这位郎官担任九江太守。当天，由上官皇后颁下诏书，派人迎接昌邑王刘贺，准备立他为帝。

刘贺在封国中一向狂妄放纵，所作所为毫无节制。汉武帝驾崩的消息传来，刘贺依旧出外游猎。征召刘贺的诏书到达后，刘贺中午出发，前往长安，黄昏时就到了定陶，走了一百三十五里，沿途不断有随从人员的马匹累死。

刘贺到达济阳，向地方索要长鸣鸡，又在途中购买积竹杖。经过弘农时，刘贺派一个名叫善的奴仆，用有帘子的车载美女。到达湖县时，朝廷派来迎接的使者以此事责问昌邑国相安乐。安乐转告郎中令龚遂，龚遂进去向刘贺询问，刘贺说："没有的事。"

龚遂说："就算并无此事，大王又何必为怜惜一个奴仆，而破坏礼义？请将善抓起来，交付官吏惩处，以洗清大王的名声。"于是立即抓出善，交给卫士长，将他处死。

刘贺抵达霸上，大鸿胪到郊外迎接，侍奉刘贺换乘皇帝的御车。刘贺命昌邑太仆寿成驾车，龚遂陪乘。

即将到达广明东都门时，龚遂说："按照礼仪，奔国丧的人望见国都时，就应该痛哭。这就是长安外城的东门了。"

刘贺说："我嗓子疼，不能哭。"

到了内城城门，龚遂再次提醒他。刘贺说："城门和郭门一样。"

将要到达未央宫东阙，龚遂说："昌邑国吊丧的行帐在东阙外驰道的北边，帐前有一条南北向的通道。有几步路马车开不进去，大王应当下车，面朝西边的宫阙，伏地痛哭，极尽悲哀，然后停止。"

刘贺答应说："好吧。"于是步行上前，依照礼仪哭拜。

六月初一，刘贺接受皇帝玺绶，承袭帝号，尊上官皇后为皇太后。

刘贺当皇帝后，淫乱放纵，没有节制。原昌邑国的官属都被征召到长安，很多人得到破格提升。龚遂等人向刘贺进谏，太仆张敞也上书劝说，刘贺不听。

霍光见到这种情景，忧虑烦恼，只向亲信的旧部、大司农田延年询问。田延年说："将军身为国家柱石，确信这个人不成，为何不禀告太后，另选贤明的人，立为皇帝呢？"

霍光说："我现在想这样做，只是不知道古代有没有人这样做过。"

田延年说："当年伊尹辅佐商朝，为了国家的安定而废黜太甲，后人称颂伊尹的忠诚。将军如果也能这样做，那你就是汉朝的伊尹啊。"于是霍光让田延年兼任给事中，与车骑将军张安世秘密策划此事。

刘贺外出巡游，光禄大夫夏侯胜挡在车驾前面劝阻说："天气阴了很久，却不下雨，预示臣下阴谋对付主上。陛下出宫，要到哪里去？"

刘贺发怒，认为夏侯胜口出妖言，让人把他绑起来交给官吏治罪。负责这件事的官吏向霍光报告，霍光没有依法处置。

霍光以为张安世泄漏计划，就责问他，结果发现张安世其实并未泄漏，于是召夏侯胜来询问，夏侯胜回答说："《鸿范传》上说，'君王若有过失，老天会以久阴不雨来惩罚他，那时就会发生臣下讨伐主上的事。'我不敢那样说，只好托言'臣下阴谋对付主上'。"霍光、张安世闻言大惊，因此更加重视经师和术士。

侍中傅嘉多次向刘贺进谏，刘贺也把他绑起来关进了监狱。

霍光、张安世计议已定，就派田延年报知丞相杨敞。杨敞听了又惊又怕，不知说什么好，汗流浃背，只是唯唯诺诺而已。

田延年起身去厕所，杨敞的夫人急忙从东厢房赶来，对杨敞说：“这是国家大事，如今大将军计议已定，派田延年来通知你，你还犹豫不决，就要被事先诛杀了！”田延年回来，杨敞夫人也参加谈话，许诺说：“一切听大将军吩咐！”

二十八日，霍光召集丞相、御史、将军、列侯、中二千石、大夫、博士在未央宫一起商议。霍光说：“昌邑王行为昏乱，恐怕会危害国家，该怎么办？”群臣一听，都大惊失色，谁也不敢发言，只是出声应和而已。

田延年离开坐席，走上前去，手按剑柄说：“先帝将年幼的孤儿托付给将军辅佐，并把国家前途委托给将军，是因为相信将军忠诚贤明，能够安定刘氏的江山。如今下面怨声鼎沸，社稷将要被颠覆。

“我大汉历代皇帝的谥号总有一个‘孝’字，为的就是社稷永存，令宗庙祭祀不断。如果汉家祭祀断绝，将军就算以死赎罪，又有何面目见先帝于地下呢？今天的事，决不能后退，群臣最后响应的，我请求用剑将他斩首！”

霍光向田延年认错，说：“田延年责备我，说得很对！如今国家不得安宁，我应当受处罚。”

于是参加会议的人都叩头说：“百姓的命运，都取决于将军，我们唯大将军的命令是从！”

霍光随即与群臣一起晋见太后，向太后禀告，详细述说昌邑王刘贺不能承继宗庙的理由。皇太后听了，命令车驾前往未央宫承明殿，下诏命令皇宫各门不准让昌邑国的群臣入内。

刘贺进殿朝见完太后，打算乘车返回温室殿。他进去时，中黄门宦官早已分别抓住门扇，等刘贺一进去，就将大门关闭，不让昌邑国的群臣入内。

刘贺问：“这是干什么？”

霍光跪着回答：“皇太后有诏令，不让昌邑国群臣入宫。”

刘贺说：“慢慢吩咐就是了，为何弄得那么吓人？”

霍光让人把昌邑国群臣全部赶出去，赶到金马门外面。张安世带着羽林军的骑兵，绑了赶出来的二百多人，全部送到廷尉负责的诏狱。

霍光让担任过昭帝侍中的宦官守护刘贺，并命令手下人：“小心守护！如果他突然死了，或者自杀了，我就会对不起天下之人，背上杀主的恶名。”

这时刘贺还不知道自己即将被废，对身边的人说：“我以前的群臣和属官犯了什么罪？大将军为什么把他们全部关起来？”

过了一会儿，太后下诏，召刘贺进见。刘贺害怕起来。

太后身穿珍珠串缀的短袄，华服盛装，坐在武帐之中，几百名侍卫手持兵器，与持戟的期门武士排列于殿下。文武群臣按照品位高低依次上殿，然后召刘贺，让他上前伏在地下，听候宣读诏书。

霍光与群臣连名上奏，弹劾刘贺，由尚书令宣读奏文：“丞相杨敞等冒死上奏皇太后陛下，孝昭皇帝过早去世，朝廷派使者征召昌邑王前来，主持丧葬礼仪。

“昌邑王虽然身穿丧服，却并没有悲哀之心，废弃礼义，在路上不吃素，还派随从官员掳掠女了，载在有帘幕的车里，送到驿舍陪宿。

“昌邑王到了长安，谒见皇太后，被立为皇太子，还经常私下购买鸡肉、猪肉食用。昌邑王在先帝灵柩前接受皇帝的印玺，回到住处，打开印玺后就不再封存。

“还派从官手持皇帝符节，前去召引昌邑国的从官、车马官、官奴等二百多人，常与他们一起居住在宫禁之内，游玩取乐。曾经写信说，‘皇帝问候侍中君卿，让中御府传令高昌奉上黄金千斤，赐给君卿，让他娶十个妻子。’

“先帝的灵柩还停在前殿，昌邑王竟搬来乐府的乐器，让昌邑国的乐师入宫，鼓吹弹唱，演戏取乐。又召来泰一祭坛和宗庙的歌舞艺人，遍奏各种乐曲。

“还驾着天子的车驾，在北宫、桂宫等处驱驰、玩猪、斗虎。擅自调用皇太后御用的小马车，命官奴骑乘，在掖庭游玩。又与孝昭皇帝宫女蒙等淫乱，给掖庭令下诏说，‘有敢泄漏的，腰斩！……”

太后听不下去了，说：“停！为人臣子，竟可以如此悖乱吗？”刘贺离开坐席，伏在地上请罪。

尚书令接着读道：“取来朝廷赐给诸侯王、列侯、二千石官员的绶带，以及黑色、黄色绶带，赏给昌邑国郎官及被免除奴仆身份的人佩带。取用皇家仓库中的金钱、刀剑、玉器、彩色丝织品等，赏给一起游玩的人。

“与从官、奴仆连夜狂饮，沉迷于酒醉之中。在温室殿设下九宾大礼，于夜晚单独接见其姐夫昌邑关内侯。还没举行祭祀宗庙的大礼，就私自颁发正式诏书，派使者携带皇帝符节，以三个太牢（太牢一般指牛、羊、猪三牲合用），前往祭祀其父昌邑哀王的陵庙，自称‘嗣子皇帝’。

“即位以来二十七天，使者不断，持皇帝符节、以诏令向各官署征发的共有一千一百二十七次。荒淫无度，昏庸迷乱，失去了帝王的礼义，败乱了大汉的制度。臣等多次规劝，昌邑王非但不肯更正，反而日益严重，这样下去恐怕将危害社稷，使天下不得安宁。

“臣等谨与博士商议，一致认为——

“当今陛下继承孝昭皇帝的帝位，却行为放荡，不守礼仪。《孝经》上说，‘五种死刑之罪中，以不孝罪孽最大。’昔日周襄王不孝顺母亲，所以《春秋》[2]上说‘天王出居郑国”，因为其不孝，所以放逐到郑国，被天下所抛弃。宗庙重于君王，陛下既然不能承受天命，奉持宗庙，爱民如子，应该废黜！

“因此，臣请求太后命有关部门用一个太牢，向高祖之庙祭告。”

皇太后下诏说：“可以。”

于是霍光命刘贺站起来，拜受皇太后诏书。刘贺说：“我听说，天子只要有七位忠直的谏臣，即使失道，也不会失去天下。”

霍光说：“皇太后已经下诏将你废黜，你哪里还能自称天子？”

当即抓住刘贺的手，将他佩戴的玺绶解下，交给皇太后。然后扶刘贺下殿，从金马门出宫，群臣跟随在后相送。

刘贺出宫后，面向西方拜别，说：“我愚蠢憨直，不能担负汉家大事！”起身，登上御驾的副车，霍光将他送到长安昌邑王的官邸。

霍光表示歉意，说：“大王的所作所为，是自绝于天。我宁可对不起大王，也不敢对不起社稷！希望大王自爱，我再也不能侍奉在大王左右了。”说完流泪而去。

相关链接

〔1〕霍光：？－公元前68年，字子孟，河东平阳（今山西临汾）人。是汉武帝的重臣之一。

〔2〕《春秋》：我国最早的编年体史书，相传是孔子根据鲁国史官所编著的《春秋》整理而成，记载了公元前722年－前481年间的鲁国历史。该书被后世奉为儒家经典之一。

郅支单于被斩

郅支单于骄傲蛮横，不但成了西域的一霸，而且挑衅汉朝。于是汉朝皇帝派陈汤、甘延寿出兵征讨。他们和西域痛恨郅支单于的国家联合起来，经过多次战争，终于除掉了这个祸害。

郅支单于[1]自以为匈奴汗国是个大国，声名远扬，很受尊重，又因为打了胜仗，更加骄傲。因为不被康居王礼遇，郅支一生气就杀了康居[2]王的女儿，以及康居的贵族、平民，共有几百人，有的还被肢解，扔到都赖水里。郅支征发康居人为他修筑城池，每天五百名工人，修了两年才完工。又派遣使节，要求阖苏王国与大宛王国每年进贡，两个国家都不敢不给。

汉朝派使者到康居国去，郅支单于关押汉朝使者，侮弄他们，不接受汉朝的诏书。又通过西域都护上书，故意说："居住的地方困顿，愿意归顺强大的汉朝，派遣儿子入汉朝作人质。"态度非常傲慢。

建昭三年（公元前36年），汉元帝派西域都护、骑都尉甘延寿，和副校尉陈汤一起出兵，讨伐郅支单于。

陈汤为人沉着勇敢，多思，有谋略，喜好建立奇功。他与甘延寿商量，说："各少数民族都畏惧匈奴，这是他们的天性。西域本来属于匈奴，现在郅支单于威名远扬，侵略乌孙和大宛，又经常给康居出谋划策，想降伏这两个国家。如果让郅支单于得到乌孙和大宛，几年之内，西域各国都会有危险。

"郅支单于剽悍骁勇，喜好战争，屡次取胜，时间长了，一定会成为西域的祸患。然而现在他们所处的地方遥远，没有坚固的城池和强劲的弓弩防守。我们如果征发屯田的队伍，再率领乌孙的军队，直接进军到他城下，他若想逃跑，也没有地方让他逃；他要坚守，又没有足够的兵力。这样，千载难逢的功业，一天就可以成就了。"

甘延寿认为陈汤说得很对，想上奏朝廷请求批准。陈汤说："圣上会召集众公卿商议，大计不是那些普通人能理解的，一定不会批准。"甘延寿有些犹豫，没有听从。

正好甘延寿病了很久，陈汤自己假传命令，征发各城以及诸侯国的军队、车师戊已校尉的屯田军士。甘延寿得知后，大吃一惊，想阻止他。陈汤大发脾气，按着剑斥责甘延寿，说："大军已经会合，你小子想打击士气吗？”甘延寿只好听从。

经过整编，共聚集四万多人的军队。甘延寿、陈汤上奏，弹劾自己假传命令的罪过，并说明了这样做的理由。当天，他们二人率领大军推进，分成六部，三部沿南道越过葱岭，穿过大宛；另外三部由甘延寿亲自率领，从温宿国出发，由北道进入赤谷，穿过乌孙，沿着康居边境，开赴阗池西岸。

当时，康居的副王抱阗率领几千名骑兵，在赤谷城东面劫掠，杀死和俘虏乌孙国大昆弥的几千人，抢走大批牛、羊、马等牲畜，又尾随汉军，夺取了汉军后部的大量辎重。

陈汤派西域兵进攻，杀了四百六十人，夺回抱阗俘虏的乌孙百姓四百七十人，放他们回大昆弥。那些马、牛、羊，就供给军队做粮食。还俘获了抱阗手下的贵族伊奴毒。

进入康居国东部边境后，陈汤命令军队不准掳掠，然后秘密召康居贵族屠墨前来会面，告诉他汉朝的威信，设宴盟誓，然后送他回去。

大军继续推进，在距离单于城大约六十里的地方驻扎。汉军捉来康居的贵族具色子男开牟，让他作向导。具色子男开牟，是屠墨的舅父，他们都痛恨郅支单于，愿意帮助汉军，汉军也因此详细掌握了郅支单于的情况。

第二天，继续进军，在距离单于城三十里的地方扎营。

郅支单于派来使者，问：“汉军为何而来？”

回答说：“单于上书，说‘居住的环境困顿，愿意归降强大的汉朝，亲自入朝’，皇帝哀怜单于，放弃那么大的国家，屈居在康居，所以派遣都护将军前来迎接单于及妻子儿女。担心惊扰左右，所以没敢直接抵达城下。”

双方的使者往来了好几次，甘延寿、陈汤责备单于说：“我们为了单于远道而来，但是到今天，还没有一位名王、显贵来晋见都护将军，接受诏令，单于怎么如此疏忽，没有主人待客的礼节？军队远道而来，人马困乏，粮草也快用尽，恐怕回程都不够用，请单于和大臣慎重考虑。”

第二天，大军前进到都赖河畔，在距离单于城三里的地方，扎营布阵。远远望见单于城上插着五色旗帜，几百人身披铠甲守卫城楼；又出来一百多名骑兵，在城下来回奔驰；一百多名步兵在城门两侧，排成“鱼鳞阵”演习。城上的卫兵甚至向汉朝军队挑战：“来打呀！”

一百多名匈奴骑兵冲向汉营，汉营的强弩全部张开对外，匈奴骑兵撤退。士兵射击城门外的匈奴骑兵、步兵，他们全部撤回城里。

甘延寿、陈汤命令军队：“听到鼓声就直冲城下，四面包围，各军都有自己防守的地方，挖掘战壕，堵塞门户。盾牌在前，戟弩在后，仰射城楼上的士兵。”汉军仰射，城楼上的士兵退了下去。

土城外面还有两层木头城墙，匈奴人从木城里射箭，汉朝军队伤亡很多。于是汉军放火，焚烧木城。

夜里，几百名匈奴骑兵想突围，汉军迎击，将突围的匈奴骑兵全部杀死。

郅支单于听说汉朝军队到达，想离开单于城。后来因怀疑康居王怨恨他，而做了汉军的内应，又听说乌孙各国的军队都被征发，认为无处可逃，所以离开单于城后，又回去了，说：“不如坚守。汉朝军队远道而来，不可能进攻很久。”

郅支单于身披铠甲站在城楼上，与他的阏氏、夫人几十人，都用弓箭射城外的汉军。汉军射中郅支单于的鼻子，他的夫人很多都死了。郅支单于就下了城楼。

过了午夜，木城被攻破。木城里的匈奴军退入土城，登上城头高呼。正好康居一万多名骑兵驰援赶到，分散在十几个地方，四下包围，和城上的匈奴守军互相呼应。夜里，匈奴兵几次进攻汉军的营地失利，每次都只能撤回。

天亮的时候，四面起火，官兵大喜，乘着火势大喊，锣鼓声惊天动地。康居军队又向后撤退。汉军推着盾牌，从四面一起冲进土城。郅支单于率领男女一百多人逃进王宫，汉军放火，官兵争先恐后地冲进宫殿，郅支单于受重伤身亡。

汉军斩杀阏氏、太子、名王以及以下官员，共一千五百一十八人，俘获一百四十五人，投降的一千多人，都分给出兵的十五个国王。

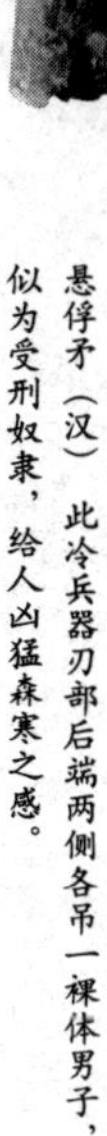

○品画鉴宝

悬俘矛（汉） 此冷兵器刃部后端两侧各吊一裸体男子，似为受刑奴隶，给人凶猛森寒之感。

相关链接

〔1〕郅支单于：？－公元前36年，匈奴南北两部分裂之后的北匈奴首代单于，曾打败大宛等国，一时之间称霸西域。

〔2〕康居：在大月氏北、安息西北方，属于土耳其系的游牧民族国家。

赵飞燕姐妹受宠

成帝时，将阳阿公主家舞女赵飞燕姐妹召进宫中，大加宠幸。后成帝又立飞燕为皇后，立其妹为昭仪；且听信谗言，对飞燕的荒诞行为充耳不闻。

许皇后与班婕妤都受到成帝的宠爱。有一次，成帝在后宫庭院游玩，想和班婕妤[1]同乘一辆车，班婕妤拒绝，说："观看古代的图画，圣贤的君王身边都是名臣相随，三代末世的君王身边才有宠妾。现在陛下想让我同乘一辆车，是不是有些类似呢？"成帝对她的回答很赞赏，于是作罢。

太后听说后，也非常高兴，说："古有樊姬，今有班婕妤！"班婕妤把侍从李平进献给成帝，李平受到宠幸，也被封为婕妤，赐姓卫。

后来，成帝微服出行，经过阳阿公主家，喜欢上公主家的舞女赵飞燕[2]，召她进宫中，大加宠幸。赵飞燕有个妹妹，姿色非常美艳，也被召进宫。左右的人见了她，都惊叹赞美。

汉宣帝时候的一位披香博士淖方成，当时正站在成帝身后，却唾骂她们，说："这是祸水呀，一定会灭了汉朝的火（按当时的五行学说，汉属火德）！"

赵飞燕姐妹都被封为婕妤，尊贵压倒后宫的其他人，许皇后、班婕妤都失宠了。赵飞燕还向成帝进谗言，说许皇后、班婕妤用妖术诅咒后宫的美人，蛊惑皇上。

鸿嘉三年（公元前18年）十一月，许皇后被废，搬到昭台宫居住。许皇后的姐姐许谒等人都被处死，亲属都被驱逐回原来的郡县。

成帝讯问班婕妤的时候，班婕妤回答说："我听说'死生有命，富贵在天'。行为正当的人还没有蒙受福祉，邪恶的更别想有什么指望了。如果鬼神能够明白，便不会听从蛊惑主上的诅咒；如果鬼神不能明白，向鬼神诅咒又有什么用？所以我是不会这样做的。"

成帝认为她说得有道理，赦免了她，还赏赐黄金百斤。赵氏姊妹骄横好妒，班婕妤害怕时间长了还是会被她们陷害，就请求到长信宫侍奉太后。成帝答应了。

成帝想立赵飞燕为皇后，皇太后嫌她出身卑微低贱，进行阻拦。太后姐姐的儿子淳于长任侍中，经常到东宫为成帝传话。过了一年多，才得到太后的旨意，答应了。

趙飛燕

赵飞燕当上皇后，成帝对她的宠爱有些减少。她的妹妹却倍加受宠，被封为昭仪，住在昭阳舍。昭阳舍中庭的墙全漆上朱红色，而殿上漆成黑色；门框全包上铜，再涂上黄金；台阶用白玉雕成；屋内墙壁的横木上嵌着黄金环，环里镶着蓝田美玉、明珠、孔雀的羽毛装饰。这是后宫从来没有过的华丽奢侈。

赵皇后住在另外的宫殿，经常和侍郎、宫奴私通。赵昭仪曾经对成帝说："我姐姐性格刚烈，如果被人诬陷，赵氏就要灭族了！"而且哭得很悲伤。成帝相信了，所以当有人报告皇后的奸情时，成帝就把他杀了。

相关链接

〔1〕婕妤：亦写作"倢伃"，妃嫔称号，汉武帝置，为妃嫔之首。

〔2〕赵飞燕：公元前45年—前1年，名宜主，擅长跳舞，因舞姿轻盈如燕飞凤舞，故称"飞燕"。

王莽专权

汉哀帝去世以后，外戚王莽应召进宫。从此，他就开始笼络自己的权力，一步一步往上攀升，很快权倾朝野。

元寿二年（公元前1年），汉哀帝[1]驾崩，太皇太后召来新都侯王莽[2]，让他辅佐大司马董贤办理丧事。王莽承太后旨意，让尚书弹劾董贤，随即以太后诏书罢免董贤，夺取他的大司马印绶，董贤自杀。

太皇太后下诏让公卿举荐大司马人选。王莽从前当过大司马，名声又好，所以满朝文武都举荐王莽。只有前将军何武、左将军公孙禄互相商量，认为外戚专权危害社稷，所以不举荐王莽，两人各自举荐对方为大司马。最后太皇太后亲自任命王莽为大司马，主管尚书事务。

王莽当上大司马后，就利用外戚的权力，在宫廷内外打击异己。王莽因大司徒孔光是著名的儒家学者，辅佐过三位君主，就极力尊崇孔光，引荐孔光的女婿甄邯担任侍中、奉车都尉。

王莽对自己平时不喜欢的人，就罗织罪名，牵强附会，写下弹劾的草稿，让甄邯拿给孔光，以太后的意思暗示孔光。孔光一向畏惧他，不敢不上奏。然后王莽再告诉太后自己的意见，太后总是批准奏请。于是，弹劾何武、公孙禄两人互相保举，都被免去官职，何武被遣送回原来的封国。

从此以后，依附和顺从王莽的人，就能被提拔；违背和怨恨王莽的都被诛杀。王莽任用王舜、王邑为心腹，甄丰和甄邯负责弹劾、管理司法，平晏掌管机要事务，刘秀负责起草文书，孙建掌管军事。甄丰的儿子甄寻、刘秀的儿子刘棻、涿郡人崔发、南阳人陈崇，都因为有才干而受王莽提拔。

王莽神色严肃，言语直接，想做什么，只要稍微暗示一下，党羽就会按照他的意思上奏。王莽却叩头涕泣，坚持推让。这样上迷惑太后，下以此获取众庶的信任。

大司空彭宣因为王莽专权，于是上书说："三公，像鼎的三只脚，承负国君，一只脚不能胜任，就会使鼎倾倒，毁坏里面的好东西。我才能不足，年纪也老了，经常生病，头昏眼花，记忆衰退，愿意缴上大司空、长平侯的印绶，请求让我辞官回乡，了却残生。"

王莽告诉了太后，让太后下诏，免去彭宣的官职，让他返回封国。王莽对彭宣辞官十分怨恨，故意不赐给他黄金、车马。彭宣返回封国，

几年后去世。

平帝当时只有九岁，太皇太后临朝听政，大司马王莽把持政权，群臣都听王莽的决定。

王莽的权势日益强盛，孔光很是忧惧，不知该怎么办，于是上书告老还乡。王莽对太后说，皇帝年纪还小，应该给他设师傅。于是调任孔光为皇帝的太傅，位居四辅，兼任给事中，负责宫里的护卫、供养，兼管宫中官署门户，检查皇帝的衣服、用品、食物。

元始元年（公元1年），太皇太后下诏，任命王莽为太傅，参与四辅之事，号称“安汉公”，加封采邑二万八千户。王莽接受了称号，但辞让加封的采邑，说：“希望等到百姓家家丰足后，再接受加赏。”

王莽既已讨好官吏百姓，想要专权。他知道太皇太后年纪大了，厌倦政事，就暗示公卿上书，说：“过去的规矩，是按照官吏的功绩，逐级提升到二千石。各州刺史所推荐的茂才和才能突出的官吏，很多都不称职，应该让他们去谒见安汉公。另外，太皇太后年老，不合适再亲自过问这些小事。”

于是让太皇太后下诏，说：“从今以后，只有封爵才可以禀告我，其他事务都由安汉公和四辅决定。新任命的州牧、二千石以及茂才担任官吏，就直接到安汉公官署考核，询问上任后的安排，并由安汉公考察他们是否称职。”

王莽挨个接见了这些人，施以恩德，赠送厚礼。对那些不迎合他的人，就公开上奏，免去官职。这样一来，王莽的权力几乎和皇帝一样了。

相关链接

〔1〕汉哀帝：公元前25年—前1年，名欣，字和，生前宠幸男侍董贤。

〔2〕王莽：公元前45年—23年，字巨君，魏郡元城人（今河北大名县东）人，篡汉建立新朝，公元8年—23年在位。

王莽篡汉称帝

在汉朝宫中，王莽的野心渐渐暴露出来。后来，他害死汉平帝，并且做好了称帝的准备。然后，他就真正登上了帝位，国号为“新”，并且去除汉朝的一切名号，汉朝大臣没有人敢反对。

元始五年（公元5年），泉陵侯刘庆上书，说：“周成王年幼，由周公[1]居位摄政。如今皇帝年纪还轻，应该让安汉公王莽代行天子职权，就像周公那样。”群臣都说：“应该照刘庆说的办。”

平帝[2]年纪渐渐大了，因为母亲卫后被王莽留在中山，不让他们母子见面，所以心中怨恨，非常不高兴。

十二月，王莽趁着腊日，向平帝进献椒酒，在椒酒里下毒。平帝中毒生病，王莽写了策书，请求到泰畤祈祷上天，愿意自己代替平帝。然后把策书藏在金縢里，放在前殿，敕令大臣们不准说出去。

平帝在未央宫驾崩，太皇太后与朝廷群臣商量册立子嗣。元帝没有后代，宣帝的曾孙为王的有五人，为列侯的有四十八人，王莽讨厌他们都已经成年，就说：“兄弟之间不能相互做后代。”于是征召宣帝的玄孙，挨个挑选。

当月，前辉光谢嚣上奏，通报武功县长孟通疏浚水井的时候，挖出一块白色的石头，上圆下方，上面有朱红色的文字，写着“告安汉公莽为皇帝”。于是符命之说，从此兴起。

王莽让大臣们把符命的事告诉太皇太后，太皇太后说：“这是欺骗天下，不能施行！”

太保王舜对太皇太后说：“事已如此，也没有办法，即使想阻止也没有足够的力量。王莽也没有别的企图，只想公开摄政，加强自己的权力，慑服天下罢了。”太皇太后知道不可以这样做，但又没有力量阻止，只好同意。

王舜等人一起让太皇太后下诏，说：“孝平皇帝短命驾崩，已经命令主管部门征召孝宣皇帝玄孙二十三人，挑选合适的做孝平皇帝的子嗣。玄孙年龄还小，如果没有道德达到极致的君子辅佐，怎么能安定社稷？

“安汉公王莽，辅佐三代，与周公世代不同，但功业相同。最近前辉光谢嚣和武功县长孟通上书，通报写在白石上的符命，我仔细思考，‘为皇帝’意思就是代行皇帝的职权。现在任命安汉公居位摄政，效仿周公。详细计划典礼仪式，然后上奏。”

于是群臣上书，要求让王莽登上皇位，穿戴天子的衣冠，南向朝见臣子，居位摄政。太皇太后下诏同意。

居摄元年（公元6年），三月初一，册立宣帝玄孙刘婴为皇太子，号称孺子。刘婴是广戚侯刘显的儿子，当时只有两岁，王莽假称卜卦的卦象显示他最合适，于是将他册立，尊王皇后为皇太后。

初始元年（公元8年），各地纷纷出现符瑞，显示要王莽做真皇帝。这些符瑞也不知是真是假，但王莽一概欣然接受。

王莽准备正式即位，先拿来各种符瑞报告太皇太后，太皇太后大吃一惊。当时孺子刘婴还没有即位，皇帝的御玺印绶仍然收藏在太皇太后的长乐宫。等到王莽即位，请求太皇太后交出御玺，太皇太后不愿授给王莽。王莽就让安阳侯王舜去劝说。

王舜一向严谨，太后很喜欢他，也很信任他。王舜进见太皇太后，太皇太后知道他是为王莽求取御玺的，大怒，骂他："你们父子宗族，蒙汉朝恩德，世代富贵，不但不回报，反而趁机夺取政权，不再顾念恩义。这样的人，连猪狗都不吃他剩的东西，天下怎么能容忍你们兄弟呢？

"你们自己以金匮符命做了新皇帝，更改历法、服饰、制度，也该自己另外刻御玺，万世流传，为什么要这个亡国不祥的御玺？我是汉朝的老寡妇，就快死了，要和御玺一起下葬。你们到头来也得不到！"

太后边说边哭，身边的侍从和下面的卫士都哭泣流泪，王舜也悲伤得不能自已。过了很久，王舜才抬头对太后说："我无话可说，但王莽一定要得到传国御玺，太后难道能不给他吗？"

太后听王舜说得诚恳，又怕王莽以武力胁迫，于是拿出御玺扔到地上，对王舜说："我老了，快要死了，但我知道你们兄弟会被灭族！"

王舜得到御玺，报告王莽。王莽大喜，为太皇太后在未央宫渐台设宴，让大家尽情作乐。

王莽想要更改王太后在汉朝的旧封号，更换她的玉玺印绶，又担心她拒绝。王莽的远支族亲王谏想讨好王莽，便上书说："皇天废除汉朝，建立新朝，太皇太后不适合再称尊号，应该跟随汉朝废除，以顺应天命。"

王莽把奏章给太皇太后看，太皇太后说："说得对啊！"

王莽却说："这是违背德义的臣子，罪该诛杀！"

冠军人张永献上玉璧形状的铜片，上面有符命文字，说太皇太后应

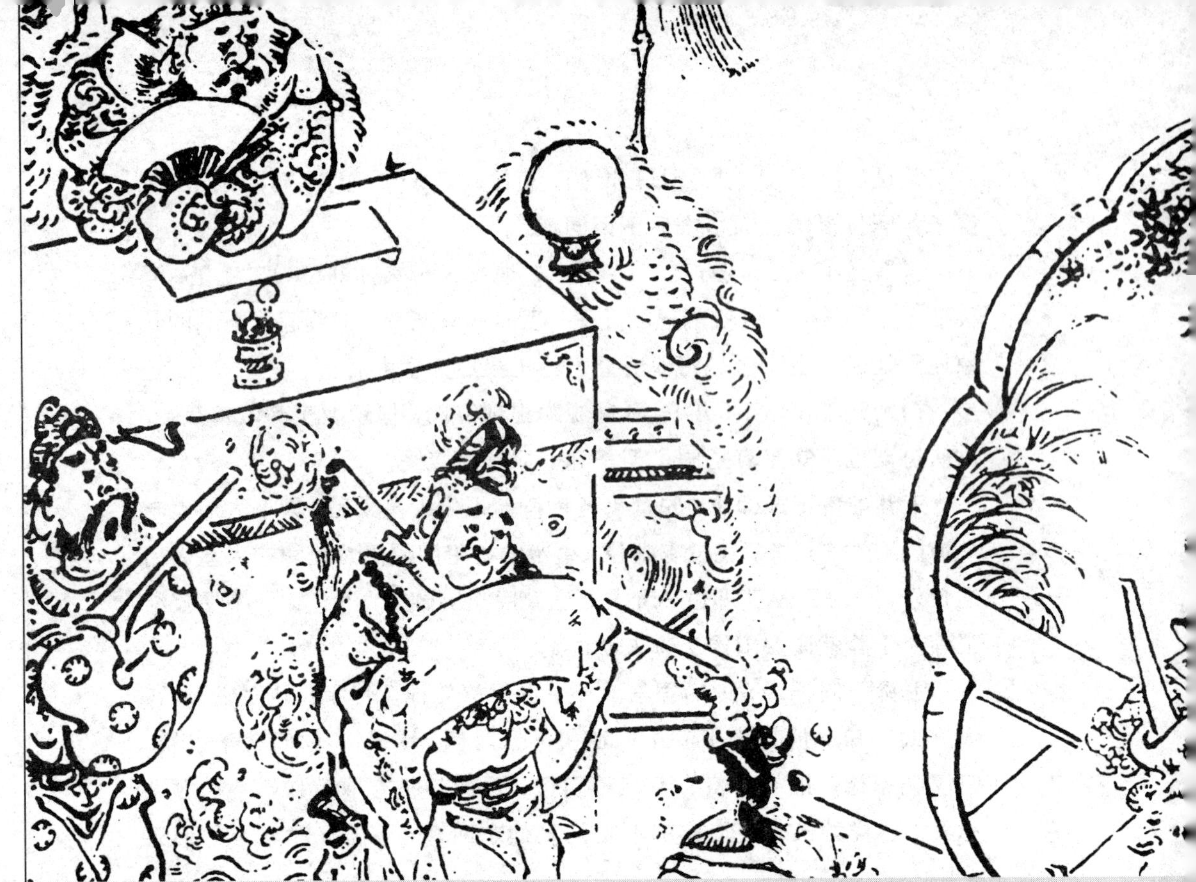

称为“新室文母太皇太后”。于是王莽下诏采纳，用鸩酒毒死王谏，封张永为贡符子。

始建国元年（公元9年），正月初一，王莽率文武百官向太皇太后奉上皇太后御玺，顺应上天的符命，去除汉朝的各种名号。

王莽颁下册书，册命孺子为定安公，封给他居民一万户，土地方圆一百里。让他在封国内建立汉朝宗庙，与周朝的后代一样，被允许使用自己的历法和服饰颜色。

册书宣读完毕，王莽亲自执着孺子的手，流着眼泪说：“当初周公摄政，最终能把政权还给周成王。如今独有我迫于上天威严的命令，竟不能按自己心里的意思，把政权交还给你！”说完悲伤叹息了很久。

中傅带着孺子下殿，面朝北方，对王莽称臣。百官陪在两旁，没有不受感动的。

相关链接

〔1〕周公：即周公姬旦，西周杰出的政治家和军事家，曾辅佐年幼的周成王治理天下。

〔2〕汉平帝：公元前9年－6年，名衎，原名箕子，中山王刘兴之子。

刘秀兄弟起兵

继绿林赤眉起义之后，西汉皇室后裔刘秀兄弟也在南阳揭竿而起，反抗王莽的统治，力图恢复刘姓江山。

刘秀[1]是汉长沙定王刘发的后代，父亲刘钦，曾担任南顿令，共生了三个儿子：刘縯、刘仲、刘秀。兄弟三人幼年丧父，由叔父刘良抚养长大。

刘縯性格刚强坚毅，慷慨大度，自从王莽篡夺汉朝政权之后，心中愤愤不平，有光复汉朝的大志。他不经营家业，反而卖田卖宅，结交天下的英雄豪杰，以致破产。刘秀长得鼻梁高耸，额角突出，种地十分勤劳。刘縯常嘲笑他，把他比作刘邦的哥哥刘喜。

刘秀的姐姐刘元，是新野人邓晨的妻子。刘秀曾经和邓晨一起拜访穰县人蔡少公，少公对图谶[2]颇有研究，说："刘秀应当做天子！"

有人说："是国师公刘秀吧？"国师公刘秀是王莽朝的大臣。刘秀开玩笑地说："怎么知道不是我呢？"在座的人哄堂大笑。只有邓晨心里暗自欢喜。

宛城人李守，喜好星象与谶纬，担任王莽的宗卿师。李守曾对他的儿子李通说："刘氏定当复兴，李氏将会辅佐。"等到新市、平林起兵，南阳郡人心惶惶，李通的堂弟李轶对李通说："现在天下动荡，汉朝应当复兴。南阳的刘姓宗族，只有刘伯升兄弟博爱宽容，可以和他们一起图谋大事。"李通笑着说："我正有此意。"正好刘秀到宛城卖粮食，李通派李轶迎接刘秀，和他会面，详细述说了谶文的事，并且互相订约结交，定下计谋。李通打算在立秋那天，趁武士骑马检阅的时候，劫持前队大夫甄阜和属正梁丘赐，让他们发号施令，聚众起兵，让李轶与刘秀回舂陵起兵呼应。

刘縯召集当地豪杰，与他们商议，说："王莽残酷暴虐，百姓分崩离析。现在连年大旱，战乱四起，这是上天灭亡他的时候，也是恢复高祖的大业、建立万世基业的时候！"大家都表示同意，于是分别派遣亲友宾客到各县起兵。刘縯自己发动舂陵的子弟。大家很害怕，都逃走躲了起来，说："刘縯要害死我！"等他们看到刘秀也穿着红衣，戴着武官的帽子，都吃惊地说："谨慎敦厚的人也这样做了呀！"心里这才稍稍安定。刘縯一共聚集了七八千人，部署给自己的手下，自称"柱天都部”。当时刘秀二十八岁。李通还没有发兵，计划就泄漏了，只好逃走，四处流亡。他的父亲李守与家人因连坐被处死的有六十四人。刘縯让同族人刘嘉说服了新市、平林兵，和他们的首领王凤、陈牧一起向西进发，进攻长聚。又进攻唐子乡，进行了屠杀，还杀死了湖阳县尉。这时军队里财物分配不公，大家很愤怒，打算调转兵器进攻刘姓的部队。刘秀集中同族人得到的财物，全部交出来分给他们，大家才高兴了。

起义军继续向前进发，攻占了棘阳。李轶、邓晨也都带着他们的宾客前来与起义军会合。

相关链接

〔1〕刘秀：公元前6年－57年，字文叔，南阳蔡阳（今湖北枣阳）人，汉高祖刘邦九世孙。公元22年起事，反对王莽的统治，力图恢复刘姓江山。公元25年称帝，定都洛阳，建立东汉。公元25年－57年在位，历史上称为光武帝。

〔2〕图谶：古代以看相或算命等来宣扬预言、预兆的书籍。

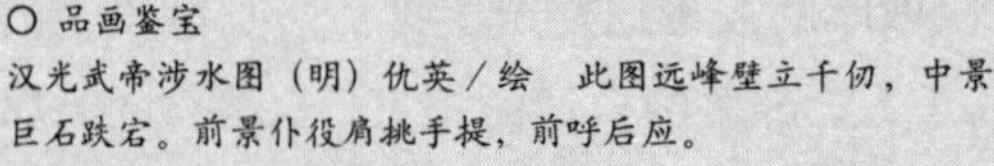

○ 品画鉴宝

汉光武帝涉水图（明）仇英／绘　此图远峰壁立千仞，中景巨石跌宕。前景仆役肩挑手提，前呼后应。

光武中興恢漢業

刘玄称帝

在起义军发展到一定规模时，便想拥立一个首领，于是他们选择了皇族刘玄，但这并不是一个很合适的决策。

更始元年（公元23年），反对王莽、复兴汉朝的起义军已经发展到十几万人，将领们商议，认为军队虽然力量强大，但没有一个共同的领袖。于是想拥立一个刘姓皇族，以顺从大家的愿望。

南阳郡[1]的豪杰与下江兵王常等人，都主张立刘縯。但是新市兵、平林兵的将领平时恣意妄为，不守军纪，害怕刘縯的威严。春陵戴侯刘熊渠的曾孙刘玄[2]，当时在平林兵里，称更始将军。新市兵、平林兵的将领们贪图刘玄的怯懦，于是先自行商定拥立刘玄，然后才召刘縯来，告知刘縯他们的决定。刘縯说："各位将军想尊立刘姓皇族，这很好！但是现在赤眉在青州、徐州兴起，拥有几十万人。如果听到南阳拥立了刘姓皇族，恐怕他们也会拥立一位刘姓皇族。王莽还没有消灭，刘姓皇族就先互相攻击，这会使天下人起疑，而损害自己的力量，这不是用来打败王莽的计策。春陵距离宛城只有三百里，突然自己称起皇帝来，会成为天下的目标，使后起之人得以利用我们的疲敝，这也不是好的计策。不如暂时称王，以此发号施令，权力足以斩杀将领。如果赤眉拥立的人贤明，我们就去投奔他，他们也一定不会剥夺我们的爵位。如果赤眉没有拥立皇帝，那等我们消灭了王莽，收服了赤眉，然后再称帝，也为时不晚。"大部分将领都说："好！"张卬却拔出佩剑，击在地上，说："怀疑自己做的事，一定不会成功。今天的决定，不允许有别的意见！"大家都只好顺从。

二月初一，在淯水岸边的沙滩上设置坛场，让刘玄即皇帝位，面南而站，接受群臣朝拜。刘玄非常羞愧，汗流满面，举起手，却说不出话来。刘玄即位后，实行大赦，更改年号，任命堂叔刘良为国三老，王匡为定国上公，王凤为成国上公，朱鲔为大司马，刘縯为大司徒，陈牧为大司空，其他将领都是九卿将军。英雄豪杰感到失望，很多人都不服气。

相关链接

〔1〕南阳郡：始设于秦朝昭王三十五年（公元前272年），治所在宛县（今河南南阳市）。

〔2〕刘玄：字圣公，南阳蔡阳(今湖北枣阳)人，西汉皇室后裔，刘秀的族兄。

糟糠之妻不下堂

宋弘向刘秀推荐桓谭，是让桓谭用忠义之心辅导君主，并不是让他去弹奏靡靡之音。宋弘虽然富贵了，却坚持贫贱之交不可忘，糟糠之妻不下堂。

大司空[1]宋弘推荐沛国人桓谭做议郎、给事中。刘秀让桓谭弹琴，并且非常喜爱他那种复杂的曲调。宋弘知道后，很不高兴，听说桓谭从宫中出来，就穿上公服，坐在大司空府中，派官吏去召桓谭。

桓谭到了，宋弘不让他坐下就责备他，说："自己能改正过失吗？还是要我根据法律检举你？"桓谭磕头谢罪。过了很久，宋弘才让他回去。

后来，刘秀大会群臣，让桓谭弹琴。桓谭看见宋弘，便弹得颇失常态。刘秀很奇怪，就询问他原因。宋弘从座席上站起来，摘下帽子道歉，说："我推荐桓谭，是希望他能以忠义之心辅导君主，而他却让朝廷沉湎于靡靡之音，这是我的罪过。"刘秀听了，很是惭愧，一脸严肃地向宋弘道歉。

刘秀的姐姐湖阳公主新近守寡，刘秀和她一起评议朝臣，暗中观察她的心意。公主说："宋弘的威仪容貌，道德气度，没有人能赶得上。"刘秀说："我正在考虑这件事。"

不久，刘秀召见宋弘，让公主坐在屏风后面。刘秀对宋弘说："俗话说，'地位尊贵了，就换朋友；财富增加了，就换妻子。'这是人之常情吧？"宋弘说："我听说，'贫贱之交不可忘，糟糠之妻[2]不下堂。'"刘秀就回头对公主说："事情看来没有希望了。"

相关链接

〔1〕大司空：西汉成帝时，改御史大夫为大司空，和大司徒、大司马并称三公。

〔2〕糟糠之妻：比喻在贫贱之时和自己共患难的妻子。

家奴杀害彭宠

彭宠原来是刘秀的手下，后来却背叛了刘秀，于是他手下的人就把他杀了，并把他的人头送到了洛阳，他的家族也被诛灭了。

彭宠[1]原来是刘秀的将领，后来起兵反叛，建立独立势力。他死前，他的妻子多次做噩梦，又常常看见奇怪的现象，便去问占卜师和望气的术士，他们都说内部要起乱兵。

彭宠因为堂弟子后兰卿曾在洛阳作过人质，所以不信任他，派他率军驻守在外地，远离宫廷。

有一天，彭宠在便室里斋戒[2]，奴仆子密等三人趁他睡觉的时候，将他绑在床上，对外面的官员说："大王正在斋戒，官吏全部放假。"又假称彭宠的命令，把男女奴仆全囚禁起来，然后又请他的妻子来。其妻走进便室，大吃一惊，说："奴才反了！"家奴就揪着她的头，狠狠地打她耳光。彭宠急忙说："赶快为将军们整理行装！"于是两个奴仆押着彭宠妻子，到后宫收取珍宝财物，留下一个奴仆看守彭宠。彭宠对看守自己的奴仆说："你这个小孩，我平时很喜欢你。现在你不过是被子密胁迫，快替我解开绳索，我就把女儿彭珠嫁给你做妻子，家里的财宝都给你。"小奴仆想解开绳索，但看见子密在门外听他们说话，就不敢动了。子密等人收集了后宫的珍宝财物，回到彭宠所在的便室里装好，准备了六匹马，让彭宠的妻子用细绢缝制了两个口袋。天黑以后，家奴逼彭宠给守卫城门的将军写信，说"今天派子密等人到子后兰卿那里，不要留难他们。"然后，家奴就把彭宠和他的妻子杀了，把人头放到口袋里，拿着手令骑马出城，把人头送到东汉洛阳。

第二天，宫门没有人开，彭宠手下的官员翻墙进去，看到他的尸体，惊慌失措。尚书韩立等人共同拥立其子彭午为燕王；国师韩利杀死彭午，砍下他的头，带到东汉祭遵那里投降。祭遵把彭宠家族全部诛杀。

相关链接

〔1〕彭宠：字伯通，南阳人，曾跟随刘秀建立天下，后拥兵反叛，自称燕王。

〔2〕斋戒：古人在祭祀、战争等大事到来之前都要斋戒沐浴，以示敬诚。

耿弇大破张步

建武五年，刘秀派大将军耿弇讨伐张步。耿弇大破之，得到了刘秀的嘉奖，拿他和韩信比，说他的功劳甚至比韩信还高。后来张步归降。

汉建武五年（公元29年），光武帝刘秀命令建威大将军耿弇[1]前去讨伐张步。耿弇先在外围扫荡，平定了济南郡[2]，然后逐渐威胁张步。当时，张步以剧县作为都城。派他的弟弟张蓝率领精兵两万人在西安县驻守，各郡太守集合一万多人守卫临菑，两地相距四十里。

耿弇率领军队进军画中，画中位于西安和临菑之间。耿弇看到西安城虽然很小，却很坚固，张蓝的守军也很精锐；临菑虽然名为大城，但实际上很容易攻取。于是传令各将校，五天以后会合，攻打西安。张蓝听说后，日夜警戒。

到了预定的日期，半夜的时候，耿弇命令各将领让部队在睡觉的地方吃饭。到了天亮，军队开到临菑城。

护军荀梁等人对这一军事行动表示反对，说："攻打临菑，西安一定会派兵援救；攻打西安，临菑却不能救援。所以，不如攻打西安。"

耿弇说："不对！西安守军听说我们要去进攻，日夜戒备，正担心自己的安全，哪有工夫援救别人？临菑没有想到我们会去进攻，一定会惊慌失措。我用一天的时间，就一定能攻破。攻下临菑，西安就孤立了，和剧县的交通也被断绝，防守军队一定会弃城逃跑。这就是所谓的'击一而得二'。

"如果先攻打西安，不可能很快攻下，军队在坚固的城池下驻扎，伤亡一定会很大。就算攻破，张蓝也会率领军队逃回临菑，和那里的守军会合，观察我们的虚实。我们深入敌人腹地，后面没有补给，一个月之内，不用打仗也会受困的。"于是耿弇派军队进攻临菑，只用了半天时间，就将它攻下，军队进去占据了该城。耿弇下令，不许军队抢掠，要等张步来了以后再掠夺财物，以激怒张步。西安的张蓝听说后，非常害怕，就率领军队逃回了剧县。

张步听说临菑被攻下，大笑说："当初尤来、大彤有十多万人，我照样攻进他们的营垒，将他们打败。如今耿弇的军队比他们人少，又疲惫不堪，有什么可怕的？"于是联合三个弟弟（张蓝、张弘、张寿）以及前大彤军首领重异等人的军队，号称二十万，抵达临菑城东，准备进攻耿弇。

耿弇向刘秀报告，说：“我占据临菑，深挖战壕，高筑城墙。张步从剧县进攻，军队疲惫不堪。他要进军，我就引诱他进攻；他要撤退，我就追击。我依靠自己的营垒作战，比敌军精锐百倍，以逸待劳，以实攻虚，十天之内，就能斩获张步的脑袋。”

耿弇率领军队出营，到淄水边，遇上重异的军队。骑兵突击队想要进攻，耿弇害怕挫了敌军的锐气，让张步不敢再前进，就率军回到临菑城，在城内驻扎，派都尉刘歆、泰山太守陈俊分别在城下布阵。耿弇是故意表现自己的软弱，来助长对方的气焰。张步气盛，直接进攻耿弇的军营，与刘歆等人交战。耿弇登上原齐国宫殿残剩的高台，观察刘歆等人同张步交战的情况。时机一到，就亲自率领精锐部队，在东城下从侧面攻击张步，大败敌军。有流箭射中耿弇的大腿，耿弇用佩刀砍断箭杆，身边都没有人知道。天色渐黑时才收兵。

第二天早晨，耿弇又率军出营交战。此时，刘秀在鲁城，听说耿弇被张步攻击，亲自率领军队前去援救，但还没有抵达。

陈俊对耿弇说：“剧县敌兵士气旺盛，我们可以暂时关闭营门，休养士兵，等待皇上的到来。”耿弇说：“皇上就要到来，身为臣子的应当杀牛备酒，招待百官，难道要把贼寇留给皇上吗？”于是出兵与敌人交战，从早晨一直战到黄昏，再次大败敌军。杀伤敌人无数，尸体填满了水沟。耿弇料到张步失利后会撤退，预先在左右两翼设下了埋伏。深夜，张步果然率领军队撤退。埋伏的士兵发起进攻，一直追到巨昧河边，前后八九十里的路上留了一地的死尸。耿弇缴获张步的辎重几千车。张步逃回剧县，兄弟各自带兵撤回。

过了几天，刘秀抵达临菑，亲自犒劳军队，大会群臣。

刘秀对耿弇说：“从前，韩信攻破历下，开创了大业的基础。今天将军攻破祝阿，建功立业。两次战役都发生在齐国的西部边界，你们二人的功劳也足以相比较。韩信进攻的是已经投降的国家，将军却独自打败了强大的敌人，建功比韩信更为艰难。

“从前郦食其被田横烹杀，等到田横投降刘邦时，刘邦曾经下诏，让卫尉郦商不要报仇。张步以前也杀了伏隆，现在他若前来归顺，我也会下诏，消解大司徒伏湛的怨恨。这也是很相似的事情。

“以前在南阳的时候，将军你订下这个重大的策略，我总觉得计划庞大，难以成功。但现在证明，有志者事竟成啊！”刘秀进入剧县，耿弇则继续追击张步。张步逃奔平寿县，苏茂率领一万多人前来援救。

苏茂责备张步说：“凭南阳军的精锐，延岑那么善战，却被耿弇打败。大王为什么要前去进攻耿弇的阵地呢？您既然征召我来，就不能等等吗？”

张步说：“实在是惭愧，没有什么可说的。”

刘秀派使者告诉张步、苏茂，能诛杀对方并投降的，封侯。于是张步杀死苏茂，到耿弇的军营门口，脱去上衣，袒露臂膀，向汉投降。刘秀封他为安丘侯，让他与妻儿一起住在洛阳。

○品画鉴宝

骑俑（东汉） 此俑为护卫骑兵俑之一。骑士俑坐跨骏马之上，抬头挺胸，右手持戟，面容威严。

相关链接

〔1〕耿弇：公元3年—58年，字伯昭，扶风茂陵（今陕西兴平东北）人，东汉中兴名将，封好畤侯，“云台二十八将”之一。

〔2〕济南郡：汉初，设立济南郡，治所在东平陵（今山东章丘平陵）。晋时，移到历下，即现在的济南。

楚王谋反兴冤狱

东汉明帝时，楚王刘英谋反，事发自杀。明帝继续深究此案，把许多无辜的人都关进了监狱。后来由于寒朗等人的努力，很多冤者才得到平反。

明帝[1]永平十三年（公元70年），楚王刘英与方士制作金龟、玉鹤，刻上文字假造符瑞[2]，意图谋反。此事被人告发，朝廷进行追究，刘英自杀。

事后，朝廷极力追查楚王谋反一案，连续查了好几年。供词互相牵连，从京城的皇亲国戚、诸侯、州郡豪杰，直到审案的官吏，因为依附逆臣而被处死、流放的有上千人，关在监狱里的还有几千人。

刘英曾经暗中将天下名士的姓名记录成册。明帝得到这份名单，看见有吴郡太守尹兴的名字，就召尹兴及其所属官吏五百多人，到廷尉受审。属官们受不了酷刑，死了大半；只有门下掾陆续、主簿梁宏、功曹史驷勋，受尽各种毒刑，肌肉溃烂，却始终不改口供。陆续的母亲从吴郡来到洛阳，做了饭食送给陆续。陆续以往遭受拷打，言辞神色从不改变，面对饭菜却痛哭流涕，不能自已。狱吏问他原因，陆续说："母亲来了，我们却不能相见，所以伤心。"

狱吏问："你怎么知道的？"

陆续说："我母亲切肉总切得方方正正，切葱也是一寸长短，所以知道是她来了。"

狱吏将这一情况上报，明帝才赦免了尹兴等人，但终生不许他们为官。

○ 品画鉴宝　石走兽（东汉）石兽综合狮、虎等特点而成为一种凶猛形态的神兽，名“辟邪”，专司守卫坟墓。

颜忠、王平的供词牵连到隧乡侯耿建、朗陵侯臧信等人。耿建等人的供词则说从未与颜忠、王平见过面。明帝十分生气，审案的官员也都很惶恐。所有被牵连的人，几乎全被判罪定案，没有人敢根据实情考究。

侍御史寒朗心里同情耿建等人冤枉，就以耿建等人的音容相貌，单独讯问颜忠和王平。二人惊愕，不能回答。

寒朗知道其中有冤情，就上书说：“耿建等人没有罪过，是颜忠和王平诬陷。我怀疑天下无辜的罪人，像这样的很多。”

明帝问：“如果是这样，那么颜忠、王平为什么要牵连他们呢？”

寒朗回答说：“颜忠、王平知道自己犯了大逆不道的罪过，所以凭空牵连很多人，想以此表白自己。”

明帝问：“如果是这样，你为什么不早点奏明？”

寒朗回答说：“我担心天下还有人真能揭发出耿建等人阴谋的。”

明帝生气地说：“你这个墙头草！”于是让人把寒朗拉下去打。

左右侍卫刚要把寒朗拉下去，寒朗说：“我想说一句话再死。”

明帝问："谁和你一起写的奏章？"

寒朗答："是我一个人写的。"

明帝问："为什么不和三府商议？"

寒朗答："我知道自己一定会获罪灭族，不敢连累他人。"

明帝问："为什么会被灭族？"

寒朗答："我审查这件案子，查了一年，没能彻底查清奸谋，反而为犯人申冤，自知罪当灭族。但是我上奏，实在是盼望陛下能醒悟而已。

"我看到审问犯人的官员，都说叛逆大罪，臣子应该共同仇恨。如今判人无罪不如判人有罪，那样以后就不用承担责任。所以，审讯一个人就牵连出十个人，审讯十个人就牵连出一百个人。

"公卿上朝，陛下问起案情处理的得失，他们都跪着回答说，'依照以前的规定，大罪应当诛灭九族。陛下大恩，只处罚当事的人，天下的幸运啊！'等他们回到家里，口里虽然不说，却仰望屋顶暗自叹息。没有人不知道这里有很多冤屈，但没有人敢忤逆陛下说实话。我今天说出这番话，就是死也没有遗憾了！"

明帝怒意渐解，下令把寒朗放了。

过了两天，明帝亲自到洛阳监狱，审查囚犯，释放了一千多人。当时正值天旱，事后立刻下起了大雨。

马皇后也认为楚王的案子有很多是胡乱定罪的，乘机向明帝进言。明帝有所醒悟，感到悲伤，夜里起床徘徊，因此宽恕赦免了很多犯人。任城县令袁安升任楚郡太守。到达楚郡后，他不进太守府，而是先去审查楚王的案件，查出缺少确凿证据的犯人，登记上报，准备释放。

郡府的大小官员都叩头争相劝说，认为"依附叛逆，依法要和他们同罪，千万不能这样做"。袁安说："如果有什么不合朝廷心意，太守自己承担罪责，不会连累你们的。"于是分别详细奏明。

这个时候，明帝已经醒悟，于是批准了袁安的奏请。又有四百多家因此获释。

相关链接

〔1〕汉明帝：名庄，刘秀第四子，公元57年－75年在位。

〔2〕符瑞：这里指刘英和方士在金龟等物体上刻的预示刘英称帝的祥瑞符号、文字等。

班超出使西域

明帝永平时期，班超奉命两次出使西域，不但重新宣扬了汉朝国威，而且恢复了汉朝与西域各国已经中断了六十多年的交往。

永平十六年（公元73年），窦固派假司马班超和从事郭恂一起出使西域。班超到达鄯善国[1]，鄯善王广待他非常尊敬周到，后来忽然冷淡疏远了。

班超对他的手下说："有没有觉得广的态度冷淡了？"

手下说："胡人做事经常变化，没有什么特别的原因。"

班超说："一定是有北匈奴的使者来到，鄯善王犹豫不决，不知道该怎么办。明眼人在事情刚有端倪的时候就能看出来，何况现在事情已经很明白了呢！"

他召来胡人的侍从，骗他说："匈奴使者来了几天了，如今在哪儿？"

胡人侍从惶恐地说："已经来了三天，在离此地三十里的地方。"

班超就把胡人侍从全部关了起来，又召集手下的属官，一共有三十六人，和他们一起喝酒。酒喝到酣畅的时候，班超趁机激怒大家，说："你们和我在这么遥远的地方，现在北匈奴的使者才来了几天，鄯善王就冷淡疏远我们了，如果使者让鄯善王把我们抓起来送给匈奴，那我们的骨头都要喂豺狼吃了。我们现在该怎么办？"

属官都说："现在在这危险的地方，生死都听司马您的！"

班超说："不入虎穴，焉得虎子。现在能行得通的办法，只有在夜里火攻匈奴，让他们不知道我们到底有多少人马。他们一定会受惊害怕，这样就能把他们全部消灭。除掉北匈奴的使者，鄯善胆破，我们的事情就能成功了。"

大家说："这件事情应该和从事商量。"

班超很生气，说："吉凶就在今天决定，从事只是普通的文官，听了我们的计划一定害怕，就会泄露计划。那时，我们死得无名无分，就算不上壮士了！"

大家都说："好！"

当天夜里，班超就带领部下悄悄前往北匈奴使者的营地。正好刮起了大风，班超让十个人拿着鼓，藏在匈奴人帐房后面，并与他们约定："看见着火就一起擂鼓大喊。"剩下的人都拿着刀剑弓弩，埋伏在营门两边。

班超（公元32年－102年）
字仲升，扶风平陵（今陕西咸阳东北）人，东汉著名的军事家和外交家。班超是著名史学家班彪的幼子，其长兄班固、妹妹班昭也是著名的史学家。班超为人有大志，不修细节。但内心孝敬恭谨，居家常亲事勤苦之役，不耻劳辱。他口齿辩给，博览群书，能够权衡轻重，审查事理。

班超顺着风势放火，营帐前后一起大声呐喊。匈奴人惊慌失措，陷入混乱。班超亲手杀了三个人，下属斩杀北匈奴使者及其随从一共三十多人。剩下将近一百人，全被火烧死。

第二天，班超等人返回，告知郭恂。郭恂大吃一惊，脸色都变了。班超明白他的心意，举着手说："从事虽然没有参与行动，但是我怎么会独占功劳呢？"郭恂听完高兴了。

班超叫来鄯善王广，把匈奴使者的脑袋给他看。事情传开，鄯善全国都为之震惊。班超把汉朝的国威和恩德告诉鄯善王，说："从今以后，不要再和北匈奴来往。"

鄯善王叩头，说："愿意归顺汉朝，绝无二心。"于是把王子送到汉朝作人质。

班超回来后，报告窦固。窦固非常高兴，把班超的功劳详细上报，并请求重新选派使者出使西域。

明帝听了说："有班超这样的人才，为什么不派遣，却要另外挑选他人呢？现在就任命班超为军司马，让他完成先前的功业。"

窦固又让班超出使于阗，想增加他的随从，但是班超只要求带领原来跟随的三十六人。他说："于阗是个大国，路途遥远，现在如果率领几百人前去，对增强战斗能力并没有益处。万一有不测，人多反而累赘。"

当时于阗王广德在西域南道称雄，但于阗国仍然受匈奴使者的监护。班超到达后，广德待他十分冷淡。

于阗国迷信巫术，巫师说："神很生气，问我们为什么要归顺汉朝？汉朝的使者有一匹黑唇黄马，快去找来给我作祭品！"

于是广德派宰相私来比找班超，要求他把马送给于阗王。班超暗中得知了这件事情，就答应了，但要巫师亲自来取马。

不久，巫师来了，班超立刻将他斩首，并抓住私来比，鞭笞了几百下。班超把巫师的首级送给广德，趁机谴责他。

广德早就听说班超在鄯善斩杀北匈奴使者的事，十分惊恐，立刻杀了匈奴的使者，向汉朝投降。班超重重赏赐于阗王及其大臣，设镇安抚他们。

从此以后，西域各国都派王子到汉朝作人质。西域与汉朝的关系中断了六十五年，到现在才重新恢复交往。

相关链接

〔1〕鄯善国：《汉书·西域传》载："鄯善国，本名楼兰，王治扜泥城，去阳关千六百里，去长安六千一百里。户千五百七十，口万四千一百，胜兵二千九百十二人。"

张纲检举外戚

张纲检举外戚梁冀，梁冀心生怨恨，将张纲派到盗贼猖狂的广陵郡做太守。张纲到任以后，用仁义收服了盗首张婴。

汉安[1]元年（公元142年），朝廷派遣杜乔、周举、张纲等人到各州郡视察，表彰有才能、忠于职守的官员。有贪赃枉法的刺史或两千石俸禄的官员，就上奏弹劾，级别低的就自行处理。

杜乔等人接到使命，前往各州郡，只有张纲把车轮埋在洛阳的都亭，说："豺狼当道，为什么去追究狐狸？"张纲上奏弹劾大将军梁冀等人，列数了十五条罪状。奏章呈上去后，京都大为震惊。

当时，皇后梁氏得宠，梁氏亲戚遍布朝廷。顺帝虽然知道张纲说得对，却不能采纳。

梁冀痛恨张纲，想陷害他。广陵郡的盗贼首领张婴在扬州、徐州一带，作乱已有十几年，历任郡太守都不能镇压。梁冀就任命张纲为广陵太守。以前的广陵太守都请求朝廷多派兵马，张纲却独自乘了一辆车就去上任。到达广陵以后，张纲直接到张婴的营垒门口求见。张婴大吃一惊，急忙下令关闭营门。张纲把跟着他来的官吏和百姓都打发回去，只留下十几个亲信，然后写信给张婴，请他出来相见。张婴看到张纲十分诚恳，就出营拜见。

张纲让张婴坐在上座，劝他说："以前的历任太守，多数贪婪残暴，你们愤恨不满，才聚众起兵。郡太守的确有罪，但你们这样也不符合大义。

○ 品画鉴宝　陶水田附船模型（东汉）此模型生动地反映了古代珠江三角洲夏收夏种的繁忙景象。

“现在君主仁爱圣明，想用恩德降伏叛乱，所以才派我来，准备赐给你们爵位和官职，不想惩罚你们，这确实是灾祸转为福祉的好机会。

“若你们听了这些道理还不愿归附，天子发怒，云集荆州、扬州、兖州、豫州的大军，到时候你们就会身首分离，子嗣灭绝。其中的利害，你要仔细考虑清楚。”

张婴听了，流着泪说：“我们这些愚民，身处偏僻之地，发生事情，不能自己向朝廷通报，又不堪忍受迫害，才聚集起来，苟且偷生，就像鱼在锅里游，自己也知道不能长久，不过是苟延残喘罢了。今天听到您的话，真是感觉我们重生的日子到来了。”说完，向张纲告辞回营。

第二天，张婴率领手下的一万多人和妻子儿女，把双手绑在面前，来向张纲投降。张纲接受投降，独自乘车进入张婴的军营，设宴饮酒，然后遣散张婴的部属，任由他们选择愿意投奔的地方。张纲还亲自为张婴选择住宅，查看田地。张婴的子孙里有想做地方官吏的，张纲都加以任用。百姓心悦诚服，地方平和安定。

朝廷评论功绩，应当封张纲为侯爵[2]，但被梁冀阻挠。

张纲在广陵郡任职一年后去世。张婴等五百多人为他服丧，把他的灵柩送回家乡犍为，还为他运送泥土，修筑坟墓。

相关链接

〔1〕汉安：东汉顺帝刘保的年号。

〔2〕侯爵：公、侯、伯、子、男五等爵位的第二等。

党锢之祸

东汉桓帝时，由于宦官诬告，出现了中国历史上著名的“党锢之祸”事件，当时的很多名人都受到了牵连。

汉桓帝还未即位的时候，曾经跟随甘陵人周福读过书。等到他做了皇帝，就提拔周福担任尚书。

当时，与周福同郡的河南尹房植，在朝廷上名望很高，于是同乡们编了一首歌谣：“天下人的榜样啊，是房植；靠做老师当官啊，有周福。”

结果这两家的宾客，就开始互相讥笑、攻击对方。他们各自联结党羽，招收门徒，慢慢结下了怨仇。从此，甘陵的士人就分为南北两派，对党人的议论也从此开始。

党锢[1]之祸真正发生，是在桓帝延熹九年（公元166年）。当时太学学生共有三万多人，其中最为出色的是郭泰和贾彪，他们二人与当时的名士大夫李膺、陈蕃、王畅互相推重，在学生中流传这样一句话：“天下楷模是李膺，不畏强权看陈蕃，才智出众数王畅。”

朝廷内外受到这样的风气影响，纷纷以品评人物、交相褒贬为时尚。自三公九卿以下，满朝大臣没有不怕受到这些名人贬低的，所以争先恐后地登门与他们结交。

河南人张成，精通风水之术，他推算朝廷将会大赦，就教唆他的儿子杀人。担任司隶校尉的李膺督促有关部门逮捕了张成父子。不久，朝廷果然大赦，谁知李膺更加愤恨，处斩了张成父子。

张成平时靠方术结交宦官，有时候连桓帝也找他卜卦。于是宦官就指使张成的徒弟牢修上书，控告“李膺等人拉拢太学游士，结交各郡派到京都求学的学生，互相标榜结党，诽谤朝政，扰乱风俗”。桓帝大怒，下诏命令各郡、各封国逮捕党人，并布告天下，让天下人都憎恨他们。

诏书经过太尉、司徒、司空三府，太尉陈蕃退回了诏书，说：“这次要逮捕的人，都是天下称赞、忧国忧民的忠臣，可以宽恕子孙十代，怎么能罪名都没查清就逮捕呢？”

桓帝更加生气，把李膺等人关进了黄门北寺监狱。李膺等人的供词涉及太仆杜密、御史中丞陈翔，以及太学学生陈寔、范滂等二百多人。有的人逃走，未能抓捕，朝廷就悬赏捉拿，派出使者到处搜捕。

陈寔说："我不去投案，大家心里都会失去依靠。"于是自己投案，请求入狱。

范滂被送进监狱，狱吏对他说："凡是坐牢的犯人，都要祭拜皋陶[2]。"

范滂说："皋陶是古代正直的大臣，如果他知道我没有犯罪，就会为我向天帝申诉。如果我真的犯了罪，祭祀他又有什么用？"结果其他的囚犯也都不祭祀。

陈蕃又上书劝谏桓帝。桓帝嫌他言辞激烈，就以陈蕃推荐的官员不称职为借口，免去了他的官职。

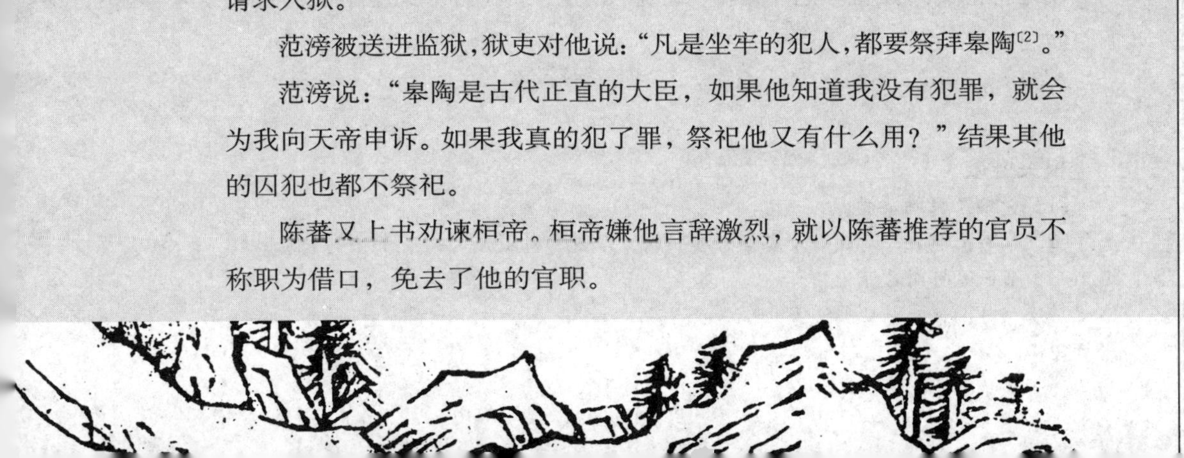

当时，因党人案被牵连入狱的，都是天下知名的贤士。度辽将军皇甫规，认为自己是西州的豪杰，却没有被列入名单，把这当作一种耻辱，就上书说："我以前推荐过前任大司农张奂，这是依附党人。我过去被罚到左校服苦役的时候，太学生张凤等人上书为我辩护，这是被党人所依附。所以我也应该连坐入狱。"朝廷知道情况，并不追问。

陈蕃被免去官职后，朝中大臣都很害怕，没有人再敢为党人说话。贾彪说："我要是不去一趟，这场大祸一定不能免除。"于是在次年五月，贾彪西行至洛阳，劝说城门校尉窦武、尚书霍谞等人，让他们出面营救党人。

窦武向桓帝上书，替党人求情。呈上奏章后，就称病辞职。霍谞也上书请求赦免党人。桓帝看了他们的奏章，怒气稍稍化解，就派中常侍王甫去监狱审问范滂等人。

范滂等人颈上戴着木枷，带着手铐脚镣，还用布袋蒙住头，站在台阶下面。王甫挨个审问，说："你们互相推举，互相袒护，到底有什么企图？"

范滂回答说："孔丘说过，'看到善，赶紧学习，唯恐来不及。看到恶，赶紧远离，就像手伸进滚水，会马上抽出。'我只是想称赞良善，让大家都来效仿高洁；贬斥奸恶，让大家都知道远离污秽。

"我本来以为朝廷会鼓励这样做，却没想到被认为是在结党。古人修德积善，可以为自己谋福；现在修德积善，却惹来杀身之祸。我死后，希望能把我的尸首埋在首阳山侧，上不负皇天，下不愧对伯夷、叔齐。"

王甫听了范滂的话，被深深地感动，让官吏解下了他们身上的刑具。

李膺等人的口供中，又牵连出许多宦官子弟，宦官们也怕事情扩大，就请求桓帝，以日食为借口，赦免了他们。

于是桓帝下诏，大赦天下。党人共有二百多人，都被遣送回家乡。朝廷把他们的姓名登记在太尉、司徒、司空三府之中，终生不许再出来做官。

相关链接

〔1〕党锢：指结集党派。

〔2〕皋陶：偃姓，皋城（今安徽六安）人，传说舜时被任为掌管刑法的官员，以刚正不阿闻名。

窦武陈蕃谋诛宦官

灵帝时，宦官专权，祸乱朝政，大臣窦武、陈蕃决定肃清皇宫，于是和宦官展开了一场激烈的斗争。

汉灵帝[1]时，窦妙被册封为皇后，陈蕃曾经出过力。等到窦妙临朝主持朝政，就把大小政事都交给陈蕃处理。陈蕃和窦武齐心协力，辅佐王室，征召天下闻名的贤士李膺、杜密、尹勋、刘瑜等人，共同参与朝政。天下的士人都殷切地盼望太平盛世的来临。

灵帝的奶妈赵娆和女尚书们，整天伺候在窦太后身边，和中常侍曹节、王甫等人互相勾结，谄媚奉承窦太后，得到窦太后的宠信。太后多次下诏，给他们封官。陈蕃、窦武对此十分痛恨。

有一次，在朝堂上商议政事的时候，陈蕃悄悄地对窦武说："曹节、王甫等人，从先帝的时候就操纵国家大权，扰乱天下，今天不杀掉他们，将来就更没有办法了。"窦武很是赞同。陈蕃非常高兴，推开坐席站了起来。

窦武就和志同道合的尚书令尹勋等人一起策划。

当时正好发生日食，陈蕃对窦武说："以前一个石显，就困住了萧望之，何况今天有几十个石显那样的人！我今年已经八十岁了，只想帮助将军铲除祸害。我们可以抓住发生日食这个机会，以顺应天意消除异象为由废黜宦官。"

于是窦武禀告太后，说："按照以前的规矩，黄门、常侍只负责宫内的职务，看守门户，保管财物。现在却让他们参与朝廷政事，掌握大权，结果家人子弟遍布天下，贪婪暴虐。天下议论纷纷，都是因为这个原因。应该把他们全部诛杀或者废黜，以肃清朝廷。"

窦太后说："汉朝以来的制度，世代都有宦官，只应该诛杀有罪的，怎么能全都消灭呢？"

当时，中常侍管霸，颇有才能谋略，在宫中独断专行。窦武请窦太后先逮捕管霸与中常侍苏康等人，论罪处死。

窦武又多次请求窦太后诛杀曹节等人，窦太后一直犹豫不决，事情耽搁了很久。

陈蕃又上书说："现在京城人心惶惶，议论纷纷，都说侯览、曹节、公乘昕、王甫、郑飒等人，和赵娆及尚书相互勾结，扰乱天下。依附他们的人，都能升官，违背他们的就会被陷害。满朝官员，就像河水里漂着的木头一样，随波逐流，一会儿东，一会儿西，只知道贪图俸禄，唯恐会遭到陷害。陛下现在不赶快除去这些奸佞小人，一定会有变乱发生，危害国家，灾祸难以估量。请把我的奏章宣示左右，让天下的奸佞小人都知道我对他们深恶痛绝。”窦太后没有听从他的意见。

侍中刘瑜精通天文，见金星侵犯房宿上将星，侵入了太微星座，认为这是不吉的征兆，就向窦太后上书说：“按照《占书》上所说，宫门将会关闭，将相都会遭遇不利，奸人就在身旁。应该紧急防备。”同时，又写信给窦武、陈蕃，认为星辰错乱，对大臣不利，应当迅速定下计策。

于是窦武、陈蕃任命朱寓为司隶校尉，刘祐为河南尹，虞祁为洛阳令。窦武奏请免除了黄门令魏彪的官职，而由他亲信的小黄门山冰接替。又让山冰上奏，弹劾并逮捕了长乐尚书郑飒，囚禁在北寺监狱。

陈蕃对窦武说：“这些小人就该当场诛杀，还用得着审问？”窦武没有听从，让山冰、尹勋、侍御史祝瑨一起审问郑飒。郑飒的供辞牵连到曹节、王甫。尹勋、山冰根据郑飒的口供，奏请逮捕曹节等人，奏章由刘瑜呈递。

建宁元年（公元168年），九月初七，窦武休息，出宫回府。

主管奏章的宦官得到消息，先报告了长乐五官史朱瑀，朱瑀偷偷拆阅窦武的奏章，大骂说：“宦官恣意妄为，自然应当诛杀，但我们有什么罪过，竟然要全部灭族？”然后大声叫喊：“陈蕃、窦武奏请皇太后，要废黜皇帝，真是大逆不道！”

连夜召集平时亲信长乐从官史共普、张亮等十七人，歃血盟誓，谋划杀害窦武等人。

曹节急忙禀报灵帝，说：“外面情况紧急，请陛下赶快登上德阳前殿。”并让灵帝拔出佩剑，做出刺杀的样子，派奶妈赵娆等人保护灵帝。曹节拿着符信，关闭宫门，又召来尚书台官属，用刀威胁他们写诏书，任命王甫为黄门令，拿着符节到北寺监狱，逮捕尹勋、山冰。

山冰怀疑诏书是假的，拒绝不受。王甫就杀了山冰，又杀了尹勋，把郑飒放出监狱。然后率领卫兵回宫，劫持窦太后，夺取皇帝的玺印。命中谒者守卫南宫，关闭宫门，截断通往北宫的各条道路。派郑飒等人持符节率领侍御史、谒者，去逮捕窦武等人。

窦武拒绝接受诏令，骑马逃到步兵校尉军营，和他的侄儿——步兵校尉窦绍一起射杀使者。他们召集了北军五校尉营的将士几千人，屯兵都亭，对将士们说："黄门、中常侍谋反，尽力作战的人，将会封侯重赏。"

陈蕃闻讯，带领部属官员和门生共八十多人，拔出刀剑，闯进承明门，一直闯到尚书台门前，振臂高呼，说："大将军忠心卫国，黄门反叛，怎么反说窦武大逆不道？"

王甫出来，正好和陈蕃碰面，听到他说的话，斥责他说："先帝刚刚去世，陵墓都还没竣工。窦武有什么功劳，兄弟父子三人竟然同时封爵？窦武在家里大摆筵席，挑选宫中美女陪伴，十天之内，财产累积巨万，身为朝廷大臣，竟然这样做，不是大逆不道，是什么？你身为宰辅大臣，胡乱依附他，还怎么肃清奸贼？"说完便命令武士逮捕陈蕃。

陈蕃拔剑斥责王甫，言辞脸色愈加严厉。可是武士终于把陈蕃逮捕，囚禁到北寺监狱。

黄门从官骑士用脚踢陈蕃，得意洋洋地说："死老怪，还能裁减我们的人吗，还能削减我们的俸禄吗？"当天就把陈蕃杀了。

这时，护匈奴中郎将张奂正好被召回洛阳。曹节等人认为张奂刚到，不知道他们的谋划，就假传圣旨，任少府周靖为行车骑将军，授予符节，和张奂率领五校尉营剩下的将士讨伐窦武。

这时天色微明，王甫率领虎贲、羽林卫士[2]等共一千多人，在朱雀掖门外布阵防守，与张奂等会合。不久，全部抵达宫廷正门，和窦武对阵。

王甫的兵力渐渐强大，他让士兵们向窦武的军队大喊，说："窦武谋反，你们都是宫中禁兵，应当保卫皇宫，怎么追随谋反的人呢？先投降的有赏！"

北军五营校尉府的官兵一向畏惧宦官，于是窦武的军队里开始有人投奔王甫，从清晨到早饭的时候，几乎全归降了。

窦武、窦绍逃走，各路军队追击包围，两人自杀身亡，人头被悬挂在洛阳都亭示众。

相关链接

〔1〕汉灵帝：公元156年－189年，名宏，公元168年－189年在位。

〔2〕虎贲、羽林卫士：这里指专门守卫王宫、护卫君主的士兵。

东汉黄巾起义

东汉末期，张角以宣扬“太平道”的宗教手段召集百姓，为甲子起义做准备。事发后，士兵都以黄巾扎头，号称“黄巾军”。

东汉末年，巨鹿人张角信奉黄老[1]之术，以法术传授门徒，号称“太平道”。他用念过咒语的符水治病，并且举行仪式让病人跪着忏悔自己的过错。不时有病人因此痊愈，人们都觉得他很神奇。

张角分别派遣他的弟子，到四方行走，招收信徒。通过口耳相传，诳骗引诱，经过十几年的时间，信徒多达几十万，青、徐、幽、冀、荆、扬、兖、豫八州，到处都有人响应。很多人抛弃家产，或者将家产变卖，背井离乡，前去投奔张角，人多得堵塞了道路。还没有到达就在半路上生病或死亡的也数以万计。郡县官员不明白张角的真实意图，反而向上报告说，张角教人行善，因而民心向着他。

太尉杨赐当时担任司徒，上书说：“张角欺骗百姓，虽然曾经受到赦免，但仍不思悔改，反而逐渐发展其势力。现在如果下令州、郡拘捕镇压，恐怕会发生骚乱，给自己招惹灾祸。

“应该命令刺史、郡守清查流民，派兵将他们分别遣回本郡，以孤立和削弱张角一伙的势力，然后再诛杀那些首领。这样，不必劳师动众，就可以平息事态。”正好这时杨赐离职，他的建议被搁置，未能实行。司徒掾刘陶再次上书，重提杨赐的建议，说：“张角等人正加紧谋划，各地私下传言，说张角等人偷偷潜入京城洛阳，窥探朝廷的动静，党徒们则在下面遥相呼应。

“州郡官员怕如实报告会受朝廷处分，不愿意上报，只在私下里相互转达，不肯落实到公文。陛下应该明确颁下诏书，悬重赏捉拿张角等人，许以封侯；官员中有敢逃避责任的，与张角等人同罪论处。”灵帝完全不当回事，反而下诏让刘陶整理《春秋条例》。

张角设置了三十六方。方，有点像将军，大方率领一万多人，小方率领六七千人，各自任命他们下面的各级头领。又讹称：“苍天已死，黄天当立。岁在甲子[2]，天下大吉。”并用白土在京城各官署及各州郡官府的大门上，都写上“甲子”二字。大方马元义等人先集结荆州、扬州的徒众几万人，约定在邺城会合起事。马元义多次前往洛阳，买通中常侍封谞、徐奉等人作内应，约定在次年的三月五日，京城内外同时发动。

汉中平元年（公元184年）正月，张角的弟子唐周向上面告发了这件事。于是朝廷逮捕马元义，在洛阳将他车裂处死。灵帝给三公和司隶校尉下诏，命令找出皇宫及各官署、禁军还有普通百姓中，信奉张角“太平道”的，处死了一千多人。同时还下令冀州的官员，让他们捉拿张角等人。张角等得知计划已经泄露，便派人昼夜兼程赶往各地，通知各方首领，一时之间全部起兵。他们都头扎黄巾作为标志，所以当时的人叫他们“黄巾贼”。

二月，张角自称天公将军，他弟弟张宝称地公将军，张梁称人公将军。他们焚烧当地官府，劫掠人口集中的乡邑。各州郡无力抵抗，官吏大多逃跑。不到一个月，天下响应，京师为之震动。

相关链接

〔1〕黄老：指黄帝和老子，道家把他们奉为祖师。

〔2〕岁在甲子：指甲子年起义。甲子：采取的是天干地支纪年法。十天干配十二地支，六十年为一轮。

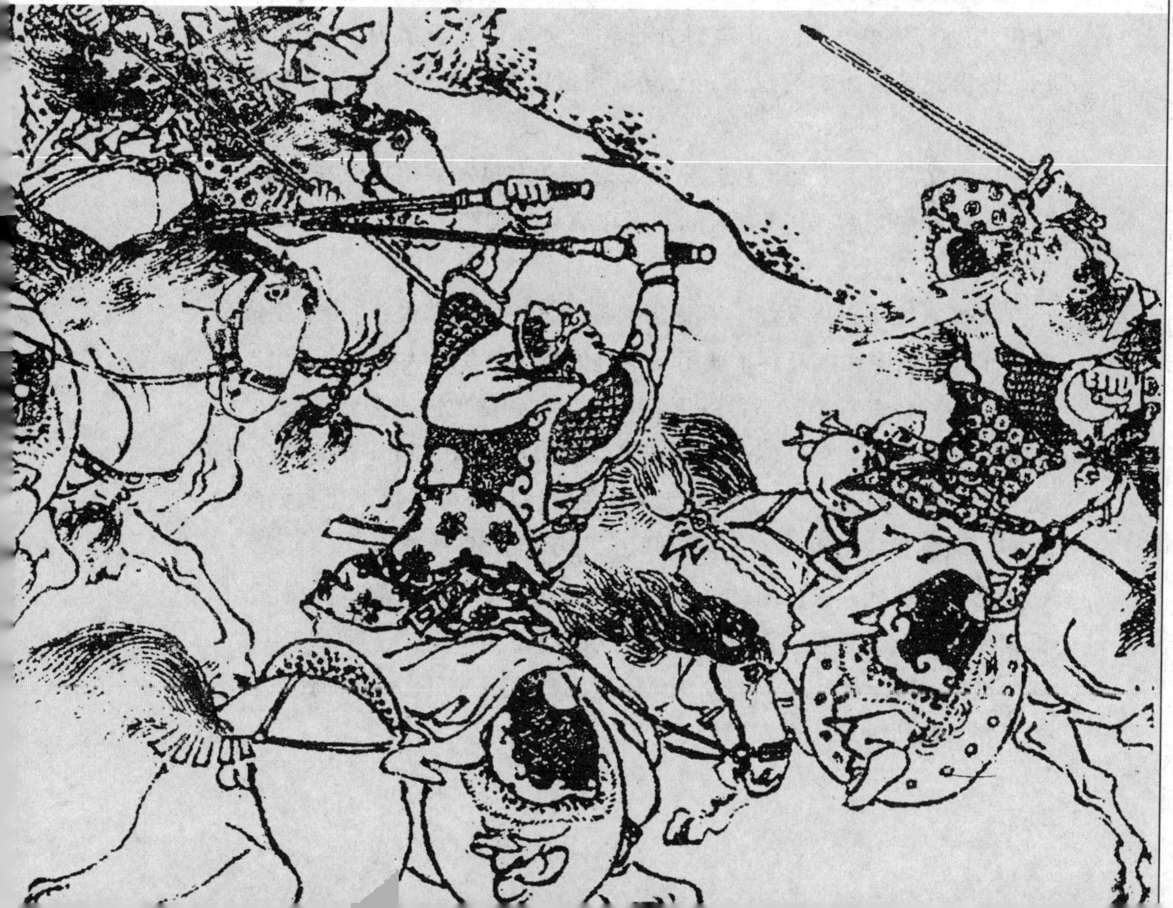

盖勋大公无私

盖勋与苏正和有仇，可当他有机会报复时，却没有那么做；在和羌人打仗时，他视死如归，其英勇和义气连羌人都感动了。

武威太守倚仗权贵的势力，肆意妄为，贪婪残暴。凉州[1]从事苏正和立案调查，举报了他的罪行。凉州刺史梁鹄感到害怕，想杀死苏正和，以免牵连自己，于是向汉阳郡长史盖勋[2]求教。

盖勋一向与苏正和有仇，有人劝盖勋趁此机会进行报复，盖勋说："借公事杀害有才能的官员，是不忠；乘人之危，是不仁。"

黄勋劝说梁鹄："豢养猎鹰，是希望它能够捕捉猎物；现在因为它捕捉猎物而将它杀了，那当初为什么要养它呢？"梁鹄因此打消了杀苏正和的念头。

苏正和听说这件事，前去求见盖勋，要向他道谢。盖勋不肯见他，说："我为梁使君打算，不是为苏正和。"他怨恨苏正和，仍旧像以前一样，没有改变。

后来，刺史左昌偷盗军粮几万石，盖勋进行劝阻，左昌非常生气，就让盖勋与从事辛曾、孔常另外带领一支军队，驻扎在阿阳抵御盗贼，想借此寻找盖勋的过错。但没想到盖勋屡立战功，一点小辫子也抓不到。

后来北宫伯玉叛变，攻打金城，盖勋劝左昌发兵援救，左昌不听。金城太守陈懿死后，边章等人的叛军在冀县包围左昌，左昌叫盖勋等人前去救他。

从事辛曾等心存犹疑，不想出兵援救。盖勋发怒说："从前庄贾身为监军，而不能如期赶到，被司马穰苴处死；如今的从事，难道比当时的监军还要尊贵吗？"辛曾等人害怕了，才跟随他前去援救。

盖勋到达冀县后，以背叛的罪名斥责边章等人，边章等都说："左使君要是肯早点听从您的建议，出兵攻打我们，或许还可以让我们改过自新。如今罪孽已重，不能再投降了。"于是撤围离去。

羌族人叛乱，在官府的畜牧场包围住了护羌校尉夏育。盖勋与州、郡集合兵力前去援救，到达狐槃时，被羌族人打败。

盖勋的部下剩了不到一百人，他自己身上三处负伤，却仍然安坐不动，指着路边的木牌说："就将我的尸体放在这里。"

○ 品画鉴宝

斧车（东汉） 此车是车队的前导车。据《后汉书·舆服志》，千石秩别以上官吏，导从置斧车，象征权力。

句就部落的羌人滇吾，手执兵器挡着，不让大家杀盖勋，说：“盖长史是贤人，你们要是杀了他，会得罪上天的。”

盖勋仰天骂道：“该死的叛贼，你懂得什么，快点来杀我！”

羌人大吃一惊，面面相觑。滇吾下马将马盖勋骑，盖勋不肯骑，结果被羌人俘虏。羌人佩服他的义气与勇敢，不敢加害，把他送回了汉阳。之后，凉州刺史杨雍上表，举荐盖勋兼任汉阳太守。

相关链接

〔1〕凉州：古地名，即现在的甘肃省河西走廊东端的武威一带。

〔2〕盖勋：字元固，敦煌广至人，年五十一而卒。

董卓入京为乱

当初何进召董卓进京，无异于引狼入室。董卓到达洛阳后，不但竭尽全力排除异己、扩张势力，还废立了皇帝，更有甚的，他自己也有做皇帝的念头。

汉中平六年（公元189年）八月，大将军何进被宦官杀死，他的部下吴匡、张璋进攻皇宫，与虎贲中郎将袁术一起率领部下攻入皇宫，诛杀宦官。

中常侍张让、段珪等人无计可施，只好带着少帝刘辩和陈留王刘协等十几个人逃出洛阳。当天夜里，逃到小平津，河南中部掾闵贡等也赶到与他们会合。

闵贡大声呵斥张让等人，说："你们要是还不快死，我就要把你们杀了！"并且亲自挥剑，砍死了几名宦官。张让等宦官非常害怕，拱手拜了两拜，向少帝叩头辞别，说："我们死了，请陛下自己保重！"然后投河而死。

闵贡扶着少帝与陈留王，循着萤火虫的微光向南走，想回到宫中。走了几里路，从百姓那里获得一辆板车，大家乘车继续前进，一直到洛舍才休息。后来又找到马匹，少帝单独骑一匹马，陈留王刘协和闵贡合骑一匹，从洛舍向南走。

董卓[1]听到消息，率军来到显阳苑，远远望见起火，知道变故已经发生，就率领军队迅速前进。天还没亮，董卓到达城西，听人说少帝在北边，就和大臣们一齐到北芒阪下奉迎少帝。

少帝看见董卓率领大军前来，吓得哭了起来。大臣们对董卓说："皇帝下诏，要军队撤走。"董卓说："你们身为国家大臣，不能辅佐王室，致使皇帝流亡在外，却为何要让军队撤走？"

董卓与少帝说话，少帝语无伦次，不知道在说什么。问陈留王刘协事变经过，刘协自始至终都回答得很清楚，没有什么遗漏。董卓听了很高兴，认为刘协有才能，而且是董太后养大的，董卓自以为与董太后是同一宗族，就想废黜少帝，改立刘协为皇帝。

少帝回到宫中，大赦天下。在混乱中，传国御玺丢失，但其他的玉玺都找到了。

骑都尉鲍信到泰山郡招募士兵，正好回来，他劝说袁绍："董卓兵力强盛，有造反的打算。现在不趁早谋取，将来一定会受制于他。应该趁他刚到，军队还很疲惫，赶紧偷袭，可以把他抓住！”袁绍害怕董卓，不敢攻击，鲍信就率领军队返回了泰山郡。

董卓到洛阳的时候，步兵、骑兵一共只有三千人。他害怕自己兵力单薄，大家不肯服从，每隔四五天就带着军队在夜里偷偷离开军营，第二天早上再大张旗鼓地回来，让人们以为凉州又有军队来了。洛阳城中的人都不知道真相。

不久以后，原先何进与何苗的队伍都投靠了董卓。董卓又暗中说动执金吾丁原的手下吕布，让他杀死丁原，自己顺势吞并了丁原的军队。这样一来，董卓的兵力大大增强。他暗示朝廷，以接连下雨为理由，让皇帝罢免司空刘弘的职务，而由自己接替。

董卓对袁绍说：“天下的君主，应该由贤明的人担任才对。我每次想到灵帝，就觉得愤恨不已。刘协看起来还可以，我想改立他为皇帝，不知他是否能胜过刘辩？有的人小事聪明，大事糊涂，不知道刘协是不是这样？如果他也不行，那我看刘氏的后代就不值得再辅佐了！”

袁绍说：“汉朝统治天下四百多年，恩德深厚，百姓拥戴。现在皇上年龄还小，没有什么过失让天下人埋怨。你想废嫡立庶，恐怕大家不会同意吧？”

董卓握着剑柄呵斥袁绍，说：“你小子敢如此放肆！天下的事，难道不是我决定的？我想这样做，谁敢不服从？你以为我董卓的刀刃不锋利吗？”

袁绍也勃然大怒，说：“天下的英雄豪杰，难道只有你董公一人吗？”拔出佩刀，横着作了个揖，就径直出去了。

董卓因为刚到洛阳，见袁家是大家族，历代都做高官，所以不敢害

袁绍。袁绍出去后，把司隶校尉的符节挂在上东门，就逃离洛阳，投奔冀州了。

九月，董卓召集文武百官，昂着头说："皇上没有能力继承宗庙，做天下人的君主。现在我想按照以前伊尹、霍光的做法，改立陈留王为帝，大家说怎么样？"公卿以下的官员都很惶恐不安，没人敢回答。

董卓又大声说："从前霍光决定废黜昌邑王，田延年手握剑柄，要诛杀后响应的人。现在谁敢反对，都以军法处置！"在座的人都很恐惧。

尚书卢植说："从前太甲继位后昏庸无能，昌邑王更是有几千条罪状，所以伊尹、霍光才会将他们废黜，另立新帝。现在皇帝还小，没有什么过失，不能和前代相比。"

董卓大怒，从座位上站起来，想杀了卢植。蔡邕为卢植求情，议郎彭伯也劝阻董卓，说："卢尚书是天下的大儒，为人们所尊重。现在杀了他，天下人都会震惊不安的。"董卓这才罢手，只免去卢植的官职。于是卢植逃到上谷郡隐居起来。

董卓又派人把废立皇帝的计划拿给太傅袁隗看，袁隗表示同意。

九月初一，董卓在崇德前殿召集百官，逼迫何太后下诏废黜少帝刘辩，说："皇帝为先帝守丧的时候，没有尽孝道，而且缺少君王应有的仪表。现在废他为弘农王，立陈留王为皇帝。"

袁隗把刘辩身上的玺绶解下来，进奉给陈留王刘协。然后扶刘辩下殿，向坐在北面的刘协[2]称臣。何太后见了哽咽流泪，群臣心里都很悲伤，但没有人敢说话。

董卓又主张："何太后曾经逼迫董太后，使她忧虑而死，违背了儿媳的礼数。"于是把何太后迁到永安宫。过了两天，董卓用毒药害死何太后，公卿及以下官员不准穿丧服；举行葬礼的时候，只穿白色的衣服而已。到了第二年正月，董卓又派郎中令李儒将刘辩毒死了。

董卓性情残忍，控制朝政以后，占据了全国的军队和珍宝，威震天下。他的欲望也还远远没有得到满足，他对门客说："看我的相，是至尊无上的相啊！"

相关链接

〔1〕董卓：？－公元192年，字仲颖，陇西临洮（今甘肃省岷县）人，东汉将领之一，曾在西部平定少数民族叛乱，后来又参与平定黄巾军起义。生性残暴。

〔2〕刘协：即汉献帝，公元189年－220年在位，是汉朝最后一个皇帝。

袁绍豪夺冀州

东汉末年，天下群雄并起，都想把董卓除掉，就推举袁绍为盟主。为了扩充自己的势力，同时给自己寻找一个根据地，袁绍就把目标放在了冀州。

东汉末年，天下群雄并起，讨伐董卓。大家一致推举渤海太守袁绍[1]为盟主，袁绍让冀州[2]刺史韩馥驻守邺城，负责供应粮草。

韩馥因为豪杰们大多拥戴袁绍，心里忌妒他，就私下减少对袁绍的军粮供应，想让他的士兵离散。恰好韩馥的部将曲义叛变，韩馥前去讨伐，反而被曲义打败了。袁绍就乘机与曲义联合。

袁绍的门客逢纪对袁绍说："将军想做大事，却要依靠别人供应粮草，这样是不行的。如果不占据一个州，就无法保全自己。"并劝他夺取冀州。

袁绍说："冀州兵力强盛，我的士兵又饥饿又疲倦，如果失败，就没有立足之地了。"

逢纪说："韩馥是一个庸才，您可以暗中联合公孙瓒，让他攻打冀州。趁韩馥惊慌恐惧之时，我们就派有口才的使者去为他分析利弊。韩馥迫于突然发生的危机，一定愿意把冀州让给您。"

袁绍认为有道理，就写信给公孙瓒。公孙瓒率领军队到达冀州，表面上声称讨伐董卓，暗地里却袭击韩馥。韩馥与公孙瓒交战，没有取胜。

适逢董卓进入函谷关，袁绍就退兵返回延津，派外甥高干与韩馥的亲信辛评、荀谌、郭图等人去劝说韩馥："公孙瓒统率燕、代两地的军队乘胜南下，各郡纷纷响应，势头锐不可当。袁绍又率军东进，意图不明，我们都为将军担心。"

韩馥很害怕，问他们："既然这样，该怎么办呢？"

荀谌说："您认为自己的宽厚仁义，在让天下豪杰归附方面，与袁绍相比怎么样？"

韩馥说："比不上他。"

荀谌又问："那么，临危决断、智勇过人，与袁绍相比呢？"

韩馥说："比不上。"

荀谌再问："那么先人世代施恩立德，使天下人家都受其恩惠方面，与袁绍相比呢？"

韩馥说："比不上。"

荀谌说："袁绍是一世豪杰，将军在三个方面都不如他，却一直在他之上，他一定不肯屈居将军之下。冀州是物产丰富的地区，如果他与公孙瓒合力夺取冀州，将军立刻就会陷入危亡的困境。袁绍是将军的旧交，又曾经结盟，一起讨伐董卓。如今的办法，不如把冀州让给袁绍，他必定会感激您的厚德，公孙瓒也没有力量与他争夺。这样，将军又有让贤的美名，而自身又能比泰山还要安稳。"韩馥生性怯懦，就同意了他们的计策。

韩馥的长史耿武、别驾闵纯、治中李历得知后，劝谏说："冀州有一百万正规军，储存的粮食足够支撑十年。袁绍只是一支孤军，没有自己的地盘，仰仗我们的鼻息，就像怀里的婴儿，不给他奶吃，立刻就会饿死。为什么要把冀州让给他呢？"

韩馥说："我本来是袁家的老部下，而且才能也不如袁绍，因此才决定让给他。衡量自己的德操，让给更加贤能的人，是古人称赞的行为，你们为什么要反对呢？"

此前，韩馥派从事赵浮、程涣率领一万名弓弩手驻守孟津，他们听到这个消息，就率领军队迅速赶回冀州。当时袁绍驻扎在朝歌清水口，赵浮等人从后面赶上来，有战船几百艘，士兵一万余人，军容严整，在夜里经过袁绍的军营，袁绍很是厌恶。

赵浮等赶到冀州，对韩馥说："袁绍军中没有一斗粮食，士兵将要溃散，虽然近来有张杨、於扶罗等归附于他，但也不见得肯为他效力，不是我们的对手。我们这几个小从事，愿率领现有的部队抵御他，不出十天，他们一定会土崩瓦解。将军您只需打开房门安心睡觉，没有什么可担心，也没有什么可害怕的！"

○ 品画鉴宝

百鸟朝凤熏炉（东汉） 炉体呈球形。盖镂空，顶部中央一立凤展翅欲翔，周边环饰六鸟作仰视状，美观大方。

韩馥还是不听，于是避开冀州牧的官位，从府署搬出，住在以前中常侍赵忠的房子里。并且派儿子把印绶送去给袁绍，让出冀州。

袁绍快要到达邺城，韩馥手下的十名从事争相离开韩馥，只有耿武、闵纯挥刀阻拦，但也无济于事，只得作罢。袁绍就将耿武、闵纯二人处死。袁绍兼任冀州牧，借皇帝的名义任命韩馥为奋威将军，但既不给士兵，也没有官属。又任命广平人沮授为奋武将军，派他监管所有将领，对他十分宠信。魏郡人审配、巨鹿人田丰因为正直而不被韩馥重用，袁绍任命田丰为别驾，审配为治中，与南阳人许攸、逢纪、荀谌一起成为袁绍的主要谋士。

袁绍任命河内人朱汉为都官从事。朱汉曾经受韩馥侮辱，又想迎合袁绍的心意，就擅自发兵包围了韩馥的住宅，拔出兵器走进屋去。韩馥跑上了楼，朱汉捉到韩馥的大儿子，打断了他的双脚。袁绍听说后，立即逮捕朱汉，将他处死。

韩馥仍然惊恐不安，向袁绍请求离去，投奔陈留太守张邈。后来，袁绍派使者去见张邈，有事情要商议。使者对着张邈耳边说话，韩馥当时在旁边，就以为是在打自己的主意。过了一会儿，韩馥起身去厕所，用裁书的刀自杀了。

相关链接

〔1〕袁绍：公元153年－202年，字本初，豫州汝南（今河南周口）人，后汉群雄之一。

〔2〕冀州：今为河北省衡水冀州市。

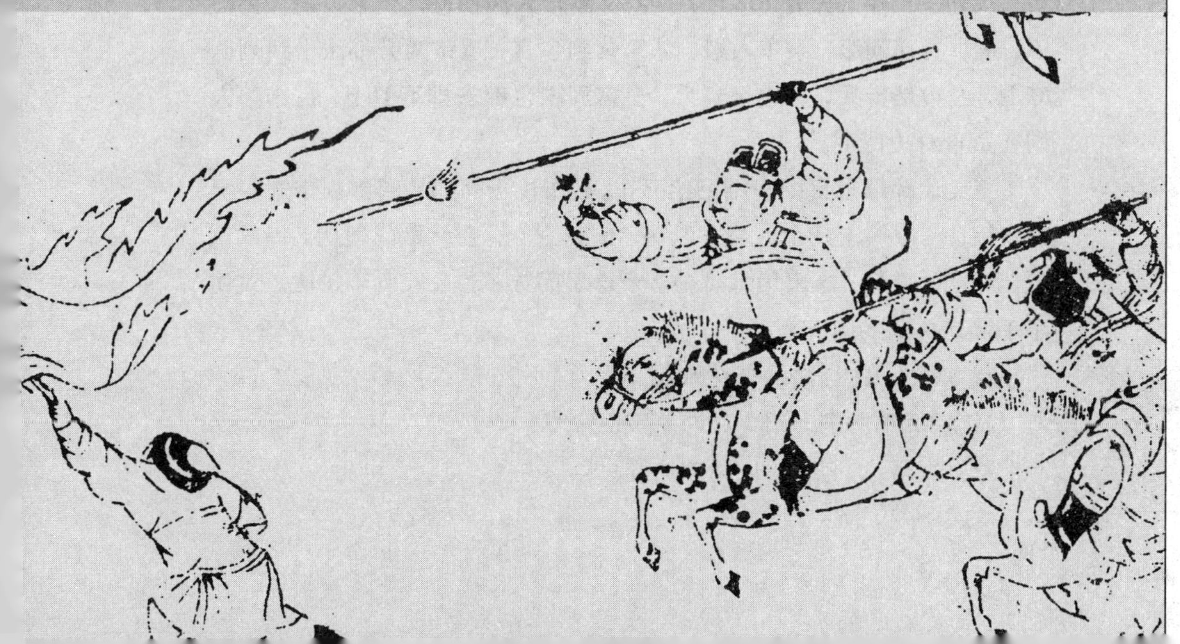

王允计除董卓

董卓因生性残忍，怕人报复，收武艺高强的吕布为义子，随从保护他的安全。可惜董卓恶名，惹得天下人不满，最终死在吕布手中，百姓为此畅欢庆祝。

董卓性情残忍，杀人如麻。手下的将领说话稍有差错，就被当场处死，以致每个人心里都惶恐不安。

中郎将吕布[1]擅长骑射，臂力惊人。董卓知道自己向来不以礼待人，怕人报复，平时总让吕布随从保护，对他十分宠信，并收他为义子。然而董卓性格暴躁，曾经因为一件小事不合心意，就拔出手戟掷向吕布。幸亏吕布身手敏捷，避开了手戟，又和颜悦色地向董卓道歉，董卓的怒气才得以平息。

吕布从此心里怨恨董卓。董卓又让吕布守卫中阁，吕布乘机与董卓的侍女私通，心里更加不安。

司徒王允[2]与司隶校尉黄琬、仆射士孙瑞、尚书杨瓒一起密谋诛杀董卓。王允向来对吕布很好，所以吕布见到王允时，告诉他自己差点被董卓杀掉的事。王允就趁机把诛杀董卓的计划告诉吕布，并让他作内应。

吕布说："可我们是父子，怎么办？"

王允说："你本姓吕，又不是他的骨肉。现在担心被杀都来不及，还谈什么父子？他拿手戟扔你的时候，又哪里有父子之情呢？"吕布就答应了。

汉初平三年（公元192年）四月，献帝大病初愈，在未央殿大会群臣。董卓身穿朝服，乘车入殿，从军营到皇宫，道路两旁都派士兵列队守卫，左边是步兵，右边是骑兵，皇宫周围也都安排了卫士，吕布等人则在董卓身边侍卫。

王允让孙瑞亲自撰写诏书给吕布。吕布让士同郡的骑都尉李肃与勇士秦谊、陈卫等十几个人身穿制服，假冒卫士，在北掖门埋伏，等候董卓。董卓一进门，李肃用戟刺他，董卓里面穿了铁甲，刺不进去，只伤了手臂，从车上摔下来。

董卓回头大叫："吕布在哪儿？"

吕布说："奉皇上诏令，诛杀贼臣董卓！"

董卓大骂："狗贼，你竟敢这样！"

○ 品画鉴宝

驭车出行图（东汉） 此墓室壁画反映了墓主人生前交际、出行等的生活情况，写实性强。

吕布没等董卓骂完，就用铁矛刺死了他，让士兵砍下他的头。主簿田仪和董卓的仆人扑到董卓尸体前，也被吕布杀了，一共杀了三个人。

吕布从怀里拿出诏书，对官兵宣布："皇帝下诏，只讨伐董卓一人，其他人一概不追究。"

官兵都笔直站着不动，高呼万岁。百姓知道后，在街上唱歌跳舞；长安城里的男男女女变卖衣服首饰，用来买酒买肉，互相庆贺的人群挤满了街道。

董卓的弟弟董旻、董璜及留在郿坞的董氏家族，无论老少都被他们的部下杀死。董卓的尸体被拖到街市当中示众。当时天气已经转热，而董卓身体肥胖，脂肪都流到了地上。看守尸体的小吏就做了个大灯芯，放在董卓的肚脐里点燃，从晚上烧到天亮，一连烧了好几天。袁氏家族的门生，把董卓的零星尸体收集起来，烧成灰，撒在了大路上。

相关链接

〔1〕吕布：？—公元199年，字奉先，五原郡九原（今内蒙古包头）人，擅长骑射，武艺超人。

〔2〕王允：公元137年—192年，字子师，东汉时期太原祁（今山西祁县）人。

刘备始领徐州牧

刘备是西汉皇族后裔，有着皇室血统。当年，刘备前往徐州帮助陶谦。陶谦死后，人们就推举他做徐州牧。

刘备[1]，涿郡人，是西汉中山靖王刘胜的后代。他小时候父亲就去世了，家境贫苦，和母亲靠贩卖草鞋为生。刘备身高七尺五寸，双手垂下来超过膝盖，耳朵很大，大到自己都能看到。他胸怀大志，平日少言寡语，喜怒不形于色。

刘备曾经与公孙瓒一起在卢植门下学习，因此后来投靠了公孙瓒。公孙瓒派他与田楷夺取青州，建立了战功，于是任命他为平原相。

刘备年轻时与河东人关羽、涿郡人张飞是好朋友，于是委任他们为别部司马，分别统领部下军队。他与关、张二人同榻睡眠，情同手足。但在人多的场合，或是在宴席上，关羽和张飞整天在刘备身旁侍立。跟随刘备应付周旋，就算艰难险阻也决不逃避。

常山人赵云率领本郡的队伍前去投奔公孙瓒，公孙瓒问他："听说你们冀州人都愿意归附袁绍，为什么只有你能迷途知返呢？"

赵云说："天下纷纷起兵，还不知道谁是天命所归。百姓现在遭受的苦难，就像被倒着吊起来一样。而我们冀州人的看法，是谁施行仁政，我们就跟从谁，并不是轻视袁绍而亲近将军。"

刘备见到赵云后，觉得这个人不同寻常，便与他结交。赵云就跟随刘备到平原，为他统领骑兵。

汉兴平元年（公元194年），徐州[2]牧陶谦受到曹操进攻，向青州刺史田楷求援。田楷与刘备率军前去援救。刘备自己有几千军队，陶谦又加给他丹阳的士兵四千，于是刘备离开田楷，归附陶谦。陶谦上表任命刘备为豫州刺史，驻扎在小沛。

当年十二月，陶谦病得很重，快要死了。他对别驾糜竺说："除了刘备，没有人能安定本州。"于是陶谦去世后，糜竺率领全州的官民迎接刘备。

刘备不敢接受，说："袁术就在附近的寿春，你们可以把徐州交给他。"

典农校尉陈登说："袁术骄横跋扈，不是能安定乱世的君主。现在，我们准备为您集结起步兵、骑兵十万人，上可以辅佐君主，拯救百姓；下可

以割据一方，守卫领土。如果您不答应我们，我们也不敢听从您的建议。”

北海相孔融劝刘备说：“袁术哪里是忧国忘家的人？不过是依仗祖上留下的威德，根本不值得顾虑。今天的事，是为百姓推选贤能。这是老天赐予你的，如果不接受，将来后悔就来不及了。”刘备就答应了兼任徐州牧。

相关链接

〔1〕刘备：公元161年－223年，字玄德，河北涿县（今河北涿州）人，西汉景帝之子中山靖王刘胜的后代，建立蜀汉，为三国之一。

〔2〕徐州：州名，治所在郯县（今山东郯城），古代九州之一。

孙策起兵震江东

孙坚死后，其子孙策起兵江东。孙策不但英俊潇洒，而且骁勇善战，一路所向披靡，很快在江东有了很大的名声。

孙坚娶钱唐人吴氏为妻子，生下四个儿子，他们分别是孙策[1]、孙权、孙翊、孙匡，此外还有一个女儿。孙坚出征在外，把家属留在寿春。

孙策十多岁时，就开始结交当地名流。舒县人周瑜与孙策同岁，也天生英武豪迈，听到孙策的名声，从舒县前来拜访。两人一见如故，推心置腹，结为生死之交。周瑜劝孙策把家搬到舒县，孙策同意了，周瑜就把路边的一座大宅院让给孙策住。

汉初平二年（公元191年），孙坚奉命讨伐刘表，在追击刘表的部下黄祖时，被黄祖设下伏兵射死。当时孙策才十七岁，他把父亲的棺木送回老家曲阿安葬，然后渡过长江，住在江都，结交英雄豪杰，立志要为父亲报仇。

汉兴平元年（公元194年），因为丹阳太守周昕与袁术互相敌对，袁术就上表推荐孙策的舅舅吴景兼任丹阳太守，率军进攻周昕。攻占丹阳郡后，袁术又任命孙策的堂兄孙贲为丹阳都尉。

孙策把他母亲和弟弟妹妹托付给广陵人张纮，自己直接到寿春去见袁术，流着泪对袁术说："先父当年从长沙起兵，入关讨伐董卓，与您在南阳相会，订立盟约，结下友谊。他不幸中途遇难，没能成就功业。我

○ 品画鉴宝

车马仪仗俑群（东汉） 俑群是一组排列有序的车马出行仪仗俑，生动展现了当时的礼仪制度。

很感念您对先父的旧恩，希望继续为您效力，请您体察我的一片诚心。”

袁术很欣赏孙策，认为他不同一般，但仍然不肯把孙坚原先率领的部队交还给他。袁术对孙策说：“我已经任命你舅舅吴景为丹阳太守，你堂兄孙贲为都尉。他们所在之处是出精兵的地方，你可以回去依附他们，在那儿自己招募兵马。”

孙策就与汝南人吕范、同族孙河将母亲接到曲阿，依附舅舅吴景。然后借着过去孙坚的影响，在当地招募士兵，得到几百人。就在这时，孙策遭到泾县本地的豪强祖郎袭击，几百士兵几乎没能幸免。于是他又一次前去求见袁术，袁术过意不去，把孙坚旧部一千多人还给孙策，并向朝廷上表推荐他担任怀义校尉。

孙策手下有一名骑兵犯了过错，逃入袁术大营，躲藏在里面的马房中。孙策派人进去，就地把那名骑兵杀了，然后亲自拜见袁术，向他谢罪。袁术说：“当兵的人喜欢叛变，我和你一样痛恨这种行为，你谢罪干什么？”从此以后，孙策军队里的人对他更加畏惧。

袁术最初曾答应任命孙策为九江太守，但不久却任用了丹阳人陈纪。后来，袁术想攻打徐州，要求庐江太守陆康提供三万斛米，陆康不给。袁术因此大发雷霆，派孙策去进攻陆康，对孙策说：“以前我错用陈纪为九江太守，以致常常后悔，没有按最初的想法做。这回你如果战胜陆康，庐江就真的归你管了。”

孙策进攻陆康，获得胜利。但是袁术又任用自己以前的部下刘勋为庐江太守，孙策对他更加失望。

丹阳人朱治曾经担任孙坚的校尉，他看到袁术政治混乱，不讲仁德，就劝孙策返回故乡，去占领江东[2]。当时他舅舅吴景攻打樊能、张英等人，一年多还未能攻克，孙策就趁机向袁术请求说：“我家在江东做过不少好事，当地的人都心怀感激。我愿意帮助舅舅进攻横江。攻下横江后，我就回到家乡去招募，可以获得三万人马，用来辅佐将军平定天下。”

袁术知道孙策对自己不满，又因为当时扬州刺史刘繇占据曲阿，会稽太守王朗据守本郡，他认为孙策未必能打败他们，就同意了，并上表推荐他为折冲校尉。孙策率领一千多名士兵，还有几十匹马，一边前进一边招兵，到达历阳的时候，已经有五六千人了。当时周瑜的伯父周尚担任丹阳太守，周瑜率军前来迎接孙策，并支援他军费和粮草。孙策喜出望外，说：“我有你的帮助，事情一定能成功！”

孙策进攻横江、当利，战无不克，樊能、张英战败逃走。

孙策渡江以后，辗转作战，所向披靡，没有人敢与他正面交锋。百姓听说孙策要来了，都吓得失魂落魄；地方官们纷纷弃城而逃，躲到深山之中。孙策到了以后，军队纪律严明，士兵们都不敢掳掠，百姓家里的东西，小到鸡狗蔬菜，丝毫不去侵犯。于是百姓万分喜悦，争着用牛肉和美酒去犒劳孙策的军队。

孙策容貌俊美，谈吐幽默，性情豁达，能听取别人的意见，善于任用人才。因此，无论士人还是百姓，没有不尽心尽力，乐意为他效死的。孙策进攻刘繇设在牛渚的军营，夺取了存在那里的全部粮草和器械。当时，彭城相薛礼、下邳相笮融都拥戴刘繇为盟主，薛礼驻守秣陵城，笮融驻扎在秣陵县南，他们都被孙策击败。孙策又在梅陵打败了刘繇的另外一支部队，转而进攻湖孰、江乘，也都攻克。于是孙策进军曲阿，攻击刘繇。

刘繇与孙策交战，军队战败，刘繇逃往丹徒。孙策进入曲阿，犒赏将士，发布宽大的命令，通知各县说：“凡是刘繇、笮融等人从家乡带来的私人军队，只要来自首归降的，一概既往不咎。愿意从军的，一户人家出一个人后，免除全家的徭役；不愿意从军的，也不勉强。”不到十天，前来投效的人从四面八方涌来，孙策得到士兵两万多人，战马一千多匹，声威震动江东。

相关链接

〔1〕孙策：公元175年－200年，字伯符，东汉末年吴郡富春（今浙江富阳）人，为汉末江东割据势力。

〔2〕江东：所指并没有确定的范围，可指南京一带，也可指安徽芜湖以下的长江下游以南地区。

曹操挟天子令诸侯

建安元年，汉献帝逃出长安到达旧都洛阳，曹操也很快率领军队抵达。后来，他听从董昭的建议，把献帝“迁”到了自己的驻地许昌。

汉建安元年（公元196年），献帝逃出长安[1]后，在韩暹、杨奉等人的护送下，回到东都洛阳。当时曹操在许昌[2]，打算迎接献帝，但手下都认为：“崤山以东还没有平定。韩暹、杨奉等人又仗着护驾有功，骄横跋扈，不能一下子就把他们制伏。”因而反对。

荀彧说：“从前晋文公重耳接来周襄王，诸侯纷纷响应；汉高祖为义帝服丧，天下人心归附。自从天子流离在外，将军率先倡导义军，只是因为崤山以东变乱没有平定，还来不及远行迎接圣驾。

“如今献帝车驾返回洛阳，然而旧都荒芜，义士百姓无不感慨。如果您真能借此良机，满足人家的期望，前去奉迎天子，是最顺应潮流的。以大公无私感服天下人心，是极重要的策略；扶助朝廷，弘扬大义，招揽天下英才，是非常了不起的德行。这样一来，即使四方还有叛逆者，他们又能有什么作为？

“韩暹、杨奉之流，有什么值得顾虑的？若不赶紧决定，让别的豪杰生出奉迎的念头，先走一步，以后哪怕再费心机，也来不及了。”

于是曹操派遣扬武中郎将曹洪率军往西，到洛阳迎接献帝。但是董承等人扼守险要阻拦，使曹洪不能前进。

议郎董昭认为杨奉的兵力最强盛，只是缺少同伴援助，就以曹操的名义写信给杨奉，说：“我对将军闻名已久，仰慕您的义气，愿意跟您推心置腹。如今将军在危难之中救出天子，护送回旧都洛阳，护卫天子再加上辅佐朝廷的功勋，盖世无双，难以用语言赞美！

“现在，各地的强盗扰乱中原，天下不得安宁，那么最重要的就是君主的平安，而主要靠辅佐的大臣。必须让众多贤士一齐努力，才能扫清君王道路上的障碍，这绝不是一个人的力量所能办到的。

“身体与四肢是互相依存的，缺少了任何一部分，都会成为残废。将军应当在朝廷主持大政，我则在朝廷之外援助。如今我有粮草，将军有兵马，互通有无，足以成就大事。我们应该紧密团结，生死与共。”

杨奉接到信后十分高兴，对将领们说：“兖州刺史曹操的军队，近在许昌，有兵有粮，朝廷正应当倚仗他们的支援。”于是联名上表，推荐曹操担任镇东将军，并承袭他父亲曹嵩的爵位费亭侯。

韩暹凭借护驾的功劳，专横放肆，董承对他非常不满，就暗中派人征召曹操，曹操就亲率大军到达洛阳。曹操到达后，向献帝奏报韩暹、张杨的罪过。韩暹害怕被杀，单人匹马投奔杨奉。献帝因为韩暹、张杨护驾有功，所以下诏，一律不加追究。

八月十八日，献帝下诏，让曹操兼任司隶校尉、录尚书事。于是曹操处罚有罪之人，诛杀尚书冯硕等三人；奖赏有功之臣，封卫将军董承等十三人为列侯；表彰死难烈士，追赠射声校尉沮俊为弘农太守。

曹操请来董昭，让他与自己坐在一起，问他说："现在我到了这儿，应当采取什么措施？"

董昭说："将军发起义兵，讨伐乱臣贼子，入京朝见天子，辅佐王室，这是春秋五霸一般的功业啊。洛阳的各位将领，心中打算各不相同，未必肯服从将军的调遣。现在如果留在洛阳辅佐朝政，情势上会有很多不利因素，最好的办法只有请天子移驾到许昌。

"但是天子流离在外已经很久了，现在刚刚回到旧都，远近之人都盼望从此能够安定。如果再要移驾，倒不符合人心。不过，要做不同寻常的事，得采

取不同寻常的手段，希望将军衡量利弊，作出最佳的选择。”劝曹操将献帝迁往许昌。

曹操说：“这正是我本来的打算。只是杨奉就在附近的梁，听说他的军队强盛，该不会成为我的障碍吧？”

董昭说：“杨奉缺少同党，没有外援，所以是真心与将军联合。任命您为镇东将军，封费亭侯，这些事情最终都是杨奉决定的。您应该不时派遣使者，带上厚礼前去表示谢意，让他安心。并告诉他迁都的理由，就说，‘洛阳没有军粮，想让献帝暂时移驾鲁阳；鲁阳靠近许昌，运输较为方便，可不必担心军粮匮乏。’杨奉虽然作战勇猛，但为人缺心眼，一定不会怀疑。在使者往来过程中，我们的大事早都办成了，他怎么能成为您的障碍呢？”

曹操说：“很好！”于是立即派使者去见杨奉，按计策行事。

二十七日，献帝车驾出轘辕关，向东进发，迁都许昌。任命曹操为大将军，封武平侯。

○ 品画鉴宝

彩绘陶翼兽（汉） 该兽形如虎体，为虎的加翼变形，是当时人们将虎视为瑞兽的反映。

相关链接

〔1〕长安：今陕西西安。献帝为董卓废灵帝所立，为了远离东方诸侯的反对和讨伐，后董卓带领献帝离开洛阳移都长安。

〔2〕许昌：现在的河南省许昌市。旧称许，又称许县，魏黄初二年（公元221年），曹丕以“汉亡于许，魏基昌于许”，改许县为许昌。

白门楼斩吕布

吕布有勇无谋，注定在群雄逐鹿的年代不会有所建树。曹操水灌下邳，他就只能做困兽之斗了。虽然自降，但终究难免一死。

汉建安三年（公元198年），曹操打算亲自去攻打吕布，诸将都说："刘表、张绣在后面虎视眈眈，您若再远道袭击吕布，那必定会发生危机。"荀攸说："刘表、张绣刚刚打了败仗，形势摆在那儿，他们不敢轻举妄动。吕布骁勇善战，又倚仗袁术的势力，如果让他在淮河、泗水之间形成势力，豪杰们一定会起来响应他。应该现在就去攻击他，趁他刚刚起兵反叛，大家还不能齐心协力，我们肯定能打败他。"曹操听了说："很好！"

曹操大军出发时，泰山驻军的首领臧霸、孙观、吴敦、尹礼等都归降了吕布。曹操在梁地遇到刘备，与他一起进军彭城。

陈宫对吕布说："应该进军迎击他们。我们以逸待劳，无往而不胜！"吕布却说："不如等待他们自己前来，我把他们逼到泗水里去。"

十月，曹操攻下彭城，进行了屠杀，然后进军到下邳[1]。吕布亲自率领部队，与曹操屡次交战，均大败，只好退守城池，不敢出战。

曹操给吕布写信，向他讲清楚利害关系。吕布害怕，打算投降。

陈宫说："曹操远道而来，势必不能坚持很久。将军率领步兵、骑兵到城外驻扎，我率领剩下的军队守卫城池。如果曹操进攻将军，我就领兵从他们的背后进攻；如果曹军攻城，则将军在城外援救。这样，用不了一个月，曹军的军粮吃完，我们再大举进攻，就可以打败敌人。"

吕布认为他说得对，就准备留陈宫与高顺守城，自己率领骑兵切断曹军的运粮通道。

吕布的妻子对吕布说："陈宫与高顺一向不和，将军一出城，万一他们俩闹起矛盾来，谁要是打开城门投降了曹操，将军以后在哪里立足呢？况且曹操对待陈宫，就像父母对待怀里的婴儿一样，陈宫还丢下曹操来归附我们。你待陈宫不如曹操待他那么好，现在把全城交给他，把妻儿老小丢在这里，孤身一人率军远出。一旦发生变故，我哪里还能再做你的妻子呢？"吕布听了，又打消了原来的计划，偷偷派下属官员许汜、王楷向袁术求救。

袁术曾和吕布订下儿女婚姻。后来吕布与曹操联合，又拒绝了这桩婚事。如今袁术见吕布向自己求援，就说：“吕布不肯把女儿给我嫁过来，反而去联合曹操。现在被曹操攻打，失败了也活该，还来找我干什么？”

许汜、王楷说：“您现在不救吕布，是让自己败亡啊。吕布一旦被灭，您也就难以自保了。”于是袁术让军队作好准备，造出要援救吕布的声势。

吕布担心袁术因为自己不嫁女儿，就不肯发兵救援。于是用丝绵将女儿身体裹住，绑在马上，夜里亲自送女儿出城。结果与曹军士兵遭遇，经过短兵相接和弓箭往来后，仍然无法通过，只好又退回到城里。

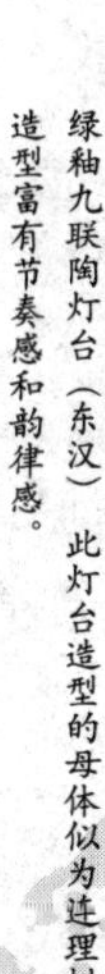

○品画鉴宝
绿釉九联陶灯台（东汉） 此灯台造型的母体似为连理树，造型富有节奏感和韵律感。

曹操挖掘壕沟包围下邳城，过了很久也没能攻下，士兵疲惫不堪。曹操打算撤军，谋士荀攸、郭嘉说：“吕布有勇无谋，现在接连打了败仗，锐气已衰。主将是三军的灵魂，主将锐气一衰，则三军都没有斗志。陈宫虽然有智谋，但应变能力不足。现在应该趁吕布锐气还没有恢复，陈宫的策略还没有决定，迅速发动猛攻，一定可以消灭吕布。”

曹操认为说得对，就命令曹军开凿沟渠，引来沂水、泗水灌城。

过了一个多月，吕布更加窘迫，登上城墙对曹军将士说：“你们不要这样逼我，我要向明公自首。”陈宫在一旁劝谏说：“曹操只不过是个逆贼，怎么配称明公？我们现在投降他，就像把鸡蛋扔到石头堆里，哪里还能保全呢？”

吕布的部将侯成丢失了他的宝马，幸好不久后又找了回来，将领们一起送礼向他道贺。侯成把礼物里的酒肉分出一份，献给吕布。谁知吕布却发了怒，说：“我下令禁酒，而你们竟敢偷偷酿造，难道想借酒来一起算计我吗？”侯成又气又怕。

十二月二十四日，侯成与宋宪、魏续等将领一起捉住陈宫、高顺，率领部下向曹操投降。吕布与手下亲兵登上白门楼[2]，曹军四面包围，攻得很急。吕布命令手下砍下自己的脑袋，然后投降曹操。手下们不忍心下手，吕布就自己下楼向曹操投降。

吕布见到曹操，说："从今以后，天下就可以平定了。"

曹操说："为什么这么说？"

吕布说："您所担忧的人，没有比得上我吕布的。如今我已归顺，如果让我率领骑兵，您自己统率步兵，天下有谁能抵挡得住呢？"

吕布又回头对刘备说："刘玄德，如今你是座上客，我是阶下囚。我身上的绳子捆得这么紧，难道你就不能帮我说句话吗？"

曹操笑着说："捆猛虎，不能不紧。"于是叫人给吕布松绑。

刘备说："不可以。您难道忘了吕布是怎么侍奉丁原和董卓的吗？"

曹操听了，点头同意。

吕布瞪着刘备说："大耳朵的小子，最不能相信！"

曹操又对陈宫说："你平生自认为智谋多得没地方用，现在怎么落到这个地步？"

陈宫指着吕布说："这个人不听我的话，所以落得这样的下场。如果他早听我的话，也不见得就会被你捉住。"

曹操爱惜他的才能，想招降他，就说："你的老母该怎么办？"

陈宫说："我听说以孝治天下的人，不伤害他人的双亲。我老母能否活下来，取决于您，而不取决于我。"

曹操说："那你的妻子儿女怎么办？"

陈宫说："我听说在天下施行仁政的人，不会让他人祭祀中断。我妻子儿女的生死，也取决于您，而不取决于我。"

曹操再没有话说。陈宫请求行刑，就走出门去，不再回头，曹操忍不住为他落泪。

陈宫与吕布、高顺全被绞死，他们的头颅都被送往许都。曹操把陈宫的母亲召来，一直赡养到她去世；又把陈宫的女儿嫁出去，抚慰并照顾他的家人，比当初陈宫跟随自己的时候还要好。

相关链接

〔1〕下邳：今江苏睢宁县古邳镇。

〔2〕白门楼：今江苏睢宁一带。

孙权继承孙策

孙策英年早逝，临死时把江东交给了弟弟孙权。群臣都认为孙权可以成就大业，所以都愿意为他效力。

孙策杀死了吴郡太守许贡，许贡的家奴和门客躲在民间，打算为许贡报仇。

孙策喜欢打猎，经常出外追猎鸟兽。孙策骑着一匹骏马，速度非常快，卫士们的马根本跟不上。有一次，孙策快马疾驰，把卫士们都抛在后面，结果遇到许贡的三个门客，他们用箭射孙策，射中了孙策的面颊。很快后面的卫士骑马赶到，将门客全部杀死。孙策伤得很重，就把张昭等人叫进来，对他们说："中原正逢战乱，而吴、越人口众多，三江地区防守坚固，足以脱身事外，看他们斗个你死我活。你们一定要好好辅佐我弟弟！"

孙策又叫孙权[1]进来，把印绶给他挂上，对他说："统率江东的军队，在战场上捕捉机会，与天下英雄争胜负，你不如我；选贤与能，任用人才，使他们效忠尽心，保住江东，我不如你。"说完不久，孙策就去世了，当时才二十六岁。孙权悲伤号哭，不去主持军政事务。张昭对他说："孙孝廉，这难道是哭的时候吗？"说完便给孙权换上官服，扶孙权上马，要他出去巡视军营。张昭率领文武官属，向朝廷上表奏报孙策的死讯，并通知所管辖的城镇，命令各官员和将军守住自己的岗位。周瑜[2]从巴丘带兵赶来奔丧，并留在吴郡担任中护军，与张昭一起主持各项事务。当时孙策虽然已经占据会稽、吴、丹阳、豫章、庐江、庐陵这几个郡，但边远偏僻的地区，还没有完全降服。从中原流亡，而客居江南的士大夫，也还抱着暂时躲避战乱的想法，与孙氏之间的君臣关系还不够稳固。但张昭、周瑜等人认为，孙权这人是可以一起成就大事的，所以都尽心尽意地为他效力。

相关链接

〔1〕孙权：公元182年－252年，字仲谋，孙坚之子，孙策之弟，建立吴国，为三国之一。

〔2〕周瑜：公元175年－210年，三国时期吴国将领。字公瑾，庐江舒县（今安徽庐江西南）人。美姿容，精音律，多谋善断，人称周郎。公元208年赤壁之战中大败曹军，奠定三分天下之基础。后攻入中原，不幸早逝。

官渡之战

公元200年，汉献帝建安五年，袁绍率领大军进攻许昌。曹操进军官渡抵抗，于是展开了历史上著名的官渡之战。

汉建安五年（公元200年），袁绍率领大军进攻许都，曹操进军官渡[1]抵抗。

七月，袁绍大军驻扎在阳武，沮授劝袁绍说："我军数量虽多，但不如曹军精锐；曹军粮草不足，物资储备比不上我军。因此，速战速决对曹操有利，而我军适合打持久战。应当相持作长期打算，用时间来拖垮敌人。"袁绍没有采纳。

八月，袁绍大军稍稍向前推进，靠沙丘扎营，东西达数十里。曹操也把军队分开驻扎，使两军营垒数量相当。

九月，曹操出兵与袁绍交战，没有取胜，又退回营垒，坚守不出。袁绍造起高楼，堆起土山，居高临下向曹营射箭。以至于曹军将士在营垒中，行走都要用挡箭板挡着。曹操就制造霹雳车，向袁绍的高楼发射大石头，将它们统统击毁。袁绍又挖地道进攻，曹操命令士兵在营内挖掘深沟，以抵御袁军的地下攻势。

曹操兵力缺乏，粮食吃尽，士兵都疲惫不堪，百姓交不起沉重的赋税，有很多人背叛曹操，向袁绍投降。曹操非常担忧，给荀彧写信，说准备退回许都，引诱袁军深入。

荀彧回信说："袁绍将全部军队调到官渡，打算与您一决胜负。您以弱抗强，如果不能制敌，就将为敌所制，这正是平天下的关键。而且袁绍只不过是布衣中的英雄罢了，能够招揽人才，却不能加以任用。以您的英明神武，加上尊奉天子，名义上我们以顺讨逆，做什么会不成功呢？

"如今粮食虽少，也还远没到楚、汉在荥阳、成皋之间对峙时的那种地步。那时刘邦、项羽谁也不肯先撤退，因为先撤退，形势就会向对方倾斜。您以袁绍十分之一的军队，拉开战线与敌军对峙，凭借扼守要害，使袁绍无法前进，已经有半年了。眼看僵持局面已经到了尽头，形势必定要发生变化，这正是出奇制胜的时机，一定不可错失。"曹操听从荀彧的劝告，坚守营垒，继续与袁绍相持。

○ 品画鉴宝
春食物俑（东汉）　此俑头、身分部模制，套合成形，塑造了古代劳动妇女勤劳、善良、可亲的真实形象。

曹操见到运送粮草的人，安抚他们说：“再过十五天，我为你们击败袁绍，不用再辛苦你们了。”

袁绍的几千辆运粮车来到官渡。曹操听取荀攸的建议，派偏将军徐晃与史涣绕到押运的将领韩猛的前面，在半路上截击运粮队，击退了韩猛，将辎重烧毁。

十月，袁绍又派出车辆运送粮草，让大将淳于琼等人率领一万多士兵护送，在袁绍大营北面四十里处宿营。沮授劝说袁绍：“可以派遣蒋奇另外率领一支军队，在车队的外围巡逻，以防曹操派军队袭击。”袁绍不听。

许攸说：“曹操军队本来就少，现在全部兵力又都集中在官渡，许都那儿剩下的守军一定很弱。如果另派出一支骑兵，星夜赶路，前去偷袭，一定可以攻陷许都。攻下许都后，就奉迎天子讨伐曹操，曹操就没有地方可逃了。假如许都暂时没有攻下，也能使曹操两头不能兼顾，疲于奔命，我军便一定能将他打败了。”

袁绍不同意，说：“总之我要先打败曹操。”

正在这时，许攸家里有人犯法，留守邺城的审配将他们逮捕。许攸知道后大为光火，就投奔了曹操。曹操听说许攸前来投奔，来不及穿鞋，光着脚出来迎接他，拍手笑着说：“许子卿，你远道而来，我的大事可以成功了！”

坐下后，许攸对曹操说：“袁绍军队很强，您拿什么对付他？现在还剩多少粮草？”

曹操说：“还可以对付一年。”

许攸说：“没有那么多，再说一次。”

曹操又说：“可以支持半年。”

许攸说：“您不想打败袁绍吗？怎么说的都不是实话！”

曹操说：“前面说的都是开玩笑的。其实只够坚持一个月了，该怎么办呢？”

许攸说：“您孤军独守，外面没有援军，粮草也已吃完，这是危急关头啊。袁绍辎重车有一万多辆，都停在故市、乌巢，守军戒备不是很森严，如果派骑兵前去偷袭，出其不意赶到，将他们的粮草与军用物资焚毁，那么不用三天，袁绍大军就会自行溃败了。”

曹操大喜，就留下曹洪、荀攸驻守营寨，自己率领五千名骑兵出发，一律打着袁军的旗号。士兵嘴里衔着木棍，并绑上马嘴，以防发出声音。骑兵夜里从小路行军，每人抱一捆木柴，路上遇到有人盘问，就回答说：

戰官渡本初敗績

"袁公担心曹操袭击后方辎重，派兵去加强守备。"听的人信以为真，都没有丝毫警惕。

到目的地后，曹军将安放辎重的军营围住，在四周放起大火，营中顿时乱作一团。这时天色开始发亮，淳于琼等看到曹军人少，就冲出营门摆开阵势。曹操率军猛攻，淳于琼抵挡不住，退回军营防守。于是曹军全力进攻辎重营。

袁绍听到曹操袭击淳于琼的消息，对儿子袁谭说："就算曹操攻破淳于琼，我只要攻破他的大营，他就无处可归了。"于是袁绍派遣大将高览、张郃等攻打曹军大营。

张郃说："曹操亲率精兵前去袭击，一定能攻破淳于琼。淳于琼一败，辎重被毁，那么大事就完了，请让我先去救援淳于琼。"

郭图坚持要求先攻曹操大营。张郃说："曹操营寨坚固，一定不能攻克。如果淳于琼等被捉，我们都将成为俘虏。"但袁绍只是派轻装骑兵援救淳于琼，而派重兵进攻曹军大营，结果没能攻下。

袁绍增援的骑兵到达乌巢，曹操身边有人说："敌人的骑兵离我们越来越近了，请分出士兵前去抵挡。"曹操发怒说："敌人到了背后，再来报告！"曹军士兵都拼死作战，结果大败袁军，斩杀淳于琼等。

曹操将袁军粮草全部烧毁，又将袁军士兵一千多人的鼻子割下，将牛马的嘴唇、舌头也割下，拿去给袁绍军队看。袁军将士看到后，大为恐惧。

郭图因为自己的计策失败，非常惭愧，又去袁绍那里诋毁张郃说："张郃对我军失利幸灾乐祸！"张郃听说后，又是愤怒，又是害怕，就和高览烧毁攻城的器械，到曹营投降。

曹操生怕中计，不敢接受他们投降。荀攸说："张郃因为计策不被袁绍采用，一怒之下前来投奔，有什么可怀疑的？"曹操听后便接受张郃、高览的投降。

辎重被烧，张郃降敌，袁绍军队惊恐不安，以致全军崩溃。袁绍与袁谭等人戴着头巾、骑着快马，率领八百骑兵渡过黄河逃跑。

曹操派人追赶，没有追上，于是将袁绍的辎重、图书和珍宝全部收缴。袁军剩下的士兵投降曹操，曹操将他们统统杀了，先后杀死七万多人。

相关链接

〔1〕官渡：今河南中牟县东北。

袁氏兄弟相争

官渡之战后不久，袁绍就去世了，为了争夺继承人的地位，他的三个儿子闹起了矛盾，于是曹操乘虚而入，渔翁得利，不但占据了广大的土地，还把袁氏兄弟赶尽杀绝了。

袁绍自从官渡之战失败后，又是羞愧又是愤恨，以致生病吐血。汉建安七年（公元202年）五月，袁绍去世。

袁绍有三个儿子：袁谭、袁熙、袁尚。袁绍的后妻刘氏偏爱袁尚，经常在袁绍面前称赞他。袁绍想让袁尚做继承人，但没有明白地表示过。他把长子袁谭过继给自己的哥哥，让他去青州担任刺史。

沮授劝袁绍说："人们经常说，一万个人追一只兔子，一个人捉到，其他人就停下来了，因为已经确定了归谁所有。袁谭是您的长子，本该做继承人，您却把他排斥在外，一定会引起祸乱的。"

袁绍说："我想让儿子各自管理一州的事务，以考察他们的能力。"于是又任命次子袁熙为幽州刺史，外甥高干为并州刺史。

逢纪、审配一向遭袁谭记恨，而辛评、郭图则依附于袁谭，都与逢纪、审配有矛盾。袁绍死后，大家都认为袁谭是长子，准备让他做继承人。审配等人害怕袁谭掌权后，自己会被辛评他们迫害，就假传袁绍的遗命，尊奉袁尚为继承人。

袁谭从青州赶来奔丧，没做成继承人，就自称车骑将军，把军队驻扎在黎阳。袁尚给袁谭很少的兵力，并且让逢纪去做他的下属。袁谭要求增加兵力，袁尚与审配等商量后，没有答应。袁谭大怒，把逢纪杀了。

次年二月，曹操进攻黎阳，与袁谭、袁尚在黎阳城下交战。袁谭、袁尚战败逃走，退回邺城[1]。

四月，曹操率领大军追到邺城，收割了邺城郊区的小麦。曹军的将领想乘胜攻击，郭嘉说："袁绍很喜欢这两个儿子，想不好立谁做继承人。现在，他们力量相当，各自都有党羽。外面情况危急的时候，就会互相援助；等外面的压力稍有缓和，他们又会互相争斗。不如先向南攻取荆州，等形势发生变化时，再寻找机会进攻，可以一举成功。"曹操说："好！"

五月，曹操回到许都，留下部将贾信驻守黎阳。

袁谭对袁尚说："我的装备不够精良，所以才败给曹军。现在曹军

長揖橫文出將
軍蓋代雄頭顱之千
里共計殺田豐

問渠

撤退，士兵都想回乡，在他们还没全部渡过黄河之时，出兵偷袭他们，可以大获全胜。这个机会绝不能错过。”袁尚怀疑袁谭，既不给他增加兵力，也不给他的士兵更换铠甲武器。

袁谭极其不满，郭图、辛评乘机对他说：“袁公把你过继给他哥哥，是审配出的主意。”袁谭就率军进攻袁尚，在邺城门外交战。袁谭战败，率军退回南皮。

袁谭的别驾王修，率领官吏和百姓从青州赶来援助袁谭。袁谭想再次进攻袁尚，王修劝他说：“兄弟就像人的左右手，如果一个人要与别人争斗，却先砍断自己的右手，还说‘我一定能胜’，可能吗？抛弃兄弟而不去亲近，天下还有谁能亲近？那些奸佞小人，挑拨他人的骨肉关系，只是为了追求一点眼前的利益。希望您塞住耳朵，不要听信。如果能杀掉几个小人，与兄弟和睦相处，齐心协力，抵御四方，就可以横行天下。”袁谭不听。

袁谭的部将刘询在漯阴起兵，背叛袁谭，附近各县城都响应他。袁谭叹息着说：“现在全州叛变，难道是我缺少恩德吗？”

王修说：“东莱太守管统，虽然远在海边，但这个人绝不会背叛，一定会来追随。”过了十几天，管统果然抛家弃子前来投奔袁谭，他的妻儿都被叛军杀了。袁谭任命管统为乐安太守。

八月，袁尚亲自率领军队进攻袁谭，袁谭大败，逃到平原，据城固守。袁尚把平原城包围起来猛攻，袁谭派辛评的弟弟辛毗到曹操那里求援。

刘表写信劝袁谭说：“君子逃难，也不会逃到敌国；与人绝交，也不会辱骂对方。何况你忘记先人之仇，抛弃兄弟之情，做出这种万世都会引以为戒的事，同盟的人也都为你感到耻辱。如果袁尚轻慢兄长，你也应该委曲求全。等到大事已定，再让天下人来评论是非曲直。这样，不也是高尚的节操吗？”

刘表又写信给袁尚，说：“金、木、水、火，因为刚柔相济，才能得到和谐，可以为人所用。袁谭脾气急躁，不能明辨是非；你器量宽宏，足以包容他。应当以大容小，以优容劣，先除去曹操，了却你父亲的遗憾。等到大事已定，再来评论是非，不好吗？如果执迷不悟，那么连胡人、夷人都会笑话你们，更何况我们这些同盟，谁还会再尽力帮助你吗？这正是韩卢犬和东郭兔自相追逐，结果陷入困境，而让耕田老农不劳而获啊！”袁谭、袁尚都不听。

曹操答应袁谭出兵救援，于十月抵达黎阳。袁尚听说曹军已经渡过黄河，便解除了对平原的包围，撤回邺城。

曹操知道袁谭不是真心投靠自己，就让自己的儿子曹整娶袁谭的女儿为妻，想以此安抚袁谭。

建安九年（公元204年）二月，袁尚又到平原进攻袁谭，留下部将审配、苏由镇守邺城。曹操乘机进攻，包围了邺城。

七月，袁尚率领军队一万多人赶回来援救邺城，结果被曹操打败，袁尚逃往中山。

八月，邺城被曹操攻破。

曹操围攻邺城的时候，已经归降曹操的袁谭又发动叛变，攻取了甘陵、安平、勃海、河间。然后袁谭进攻据守中山的袁尚，袁尚大败，逃到故安，投奔幽州刺史袁熙。袁谭将袁尚残余的部队全部收编，撤回龙凑驻扎。

曹操写信给袁谭，责备他违背誓约，与他断绝婚姻关系，并把袁谭的女儿送了回去，然后出军讨伐袁谭。

十二月，曹操率领大军到达其门，袁谭从平原撤出，退守南皮，在清河沿岸布防。曹操进入平原，占领周围各县。

次年正月，曹操进攻南皮，袁谭率军出战，曹军伤亡惨重。曹操准备稍微减缓攻势，议郎曹纯说："现在我们孤军深入，不能支持很久，如果不能上前攻下敌人城池，一旦后退，我军的威势就会大大受损。"于是曹操亲自擂动战鼓，催促部下进攻，攻克了南皮。袁谭弃城逃跑，被追上的曹军杀死。

同年，袁熙也受到自己部将的攻击，与袁尚一起投奔辽西的乌桓[2]。

建安十二年（公元207年），曹操征讨乌桓，袁熙与袁尚被迫投奔辽东太守公孙康。公孙康想借袁熙、袁尚立功，就设伏兵将他们捉住，砍下头颅送给了曹操。就这样，袁氏兄弟因为内部不和，互相争斗，结果被曹操渔翁得利，曹操也借机清除了河北袁氏的势力。

相关链接

〔1〕邺城：位于今邯郸市南临漳县漳河岸边。

〔2〕乌桓：又叫乌丸，中国古代民族之一，原为东胡部落联盟中的一支。

刘备三顾茅庐

刘备在荆州时，求贤若渴，于是有人向他推荐诸葛亮。刘备三顾茅庐，终于请得诸葛亮出山相助。

刘备在荆州时，询问襄阳人司马徽如何寻找人才。司马徽说："儒生俗士，哪里懂得天下大事，懂得天下大事的只有俊杰。要说这儿的俊杰，有卧龙与凤雏。"

刘备问是谁，司马徽说："就是诸葛亮[1]与庞统呀。"

徐庶在新野拜见刘备，刘备很器重他。徐庶对刘备说："诸葛亮乃是卧龙，将军想要见他吗？"刘备说："你带他一起来吧。"徐庶说："这个人，你可以去见他，但不能召他来，将军应当屈驾去拜访他。"

于是刘备亲自去拜访诸葛亮，一共去了三次，才见到他。

刘备让左右的侍从都出去，说："汉室已经衰微，奸臣窃位，控制大权。我自不量力，想为天下伸张正义，但是智谋短浅，以致遭受挫折，到了今天这个地步。但我的雄心壮志仍然没有被消灭，你认为应当怎么做呢？"

诸葛亮说："如今曹操拥有百万大军，挟天子以令诸侯，确实不可与他争锋。孙权占据江东已有三代，地势险要，民心归附，贤能人才都为他效力，可以与他联盟，但不能谋取他。

"荆州地区，北方有汉水、沔水为屏障，南方直通南海，东边连接吴郡、会稽，西边可达巴郡、蜀郡，正是英雄用武之地，但刘表却不能据守，这恐怕是上天赐给将军您的。

"益州地势险要，土地肥沃，是天府之国。益州牧刘璋昏庸懦弱，张鲁在北边作他的屏障，虽然百姓富庶，财力充足，却不知道珍惜，智士贤才都希望能有一个圣明的君主。

"将军您是汉朝王室的后代，信义闻名于天下，如果能占据荆州与益州，据守关隘险要，安抚戎、越等族，与孙权联盟结交，对内修明政治，对外观察形势变化，这样就能建立霸业，复兴汉朝王室了。"

刘备听了，连连说好。从此与诸葛亮的情谊日益亲密。

关羽、张飞心里不痛快，刘备解释说："我得到诸葛亮，就像鱼得到水，希望你们不要再说了。"于是关羽、张飞不再抱怨。

相关链接

〔1〕诸葛亮：公元181年－234年，字孔明，号卧龙，三国时著名的政治家、军事家。曾辅助刘备建立蜀汉。

○ 品画鉴宝

三顾一遇图（清）孙亿／绘　图绘刘备三顾茅庐邀请诸葛亮出山辅佐他完成宏图大业的故事。画中人物姿态各异，相互呼应。

刘备逃离荆州

公元208年，刘表去世，其子投降曹操，迫使刘备离开荆州，途中曹兵紧追不舍，致使刘备损失惨重。

汉建安十三年（公元208年），刘表在荆州去世，他的部下蔡瑁、张允拥立刘表的小儿子刘琮继任荆州牧，而将他的大儿子刘琦排斥在外。正好这时曹操率领大军南下，到达荆州，刘琮性格懦弱，听从手下人的建议，没有抵抗就投降了曹操。

刘备当时驻守在樊城，刘琮不敢把投降的事告诉刘备。过了很久，刘备才觉察出情形不对，就派亲信去问刘琮。刘琮命令下属宋忠去向刘备传达旨意。当时，曹操已经到达宛城。

刘备大惊失色，对宋忠说："你们怎么这样办事！早点不告诉我，如今大祸临头才讲，也太过分了！"并拔出刀指着宋忠，说："现在就是砍下你的头，也不足以解我心头的愤恨！况且我身为大丈夫，临别时若杀你们这样的人，岂不是一种耻辱。"于是就把宋忠放了回去。

刘备召集部属，共同商议对策。有人劝刘备进攻刘琮，夺取荆州。

刘备说："刘表临死的时候，曾把他儿子托付给我，像这种只考虑自己而违背信义的事情，我不能做！不然死后有什么脸面去见刘表呢？"刘备率领部下撤离，经过襄阳时，停下马来呼喊刘琮。刘琮害怕，不敢露面。刘琮的左右亲信和荆州的士民，很多都跟随刘备离去。刘备到刘表的墓前祭奠后，洒泪辞别。

刘备到达当阳时，跟随他的人已有十几万，还有几千车辎重[1]，每天只能走十几里路。刘备派关羽另外率领几百艘船，让他从水路赶到江陵会师。

有人劝刘备说："您应当迅速前行，保守江陵。现在虽然人数众多，但身穿铠甲的士兵很少，如果曹军来了，要怎么抵挡呢？"刘备说："成就大事，必须以人为本。现在众人来归附我，我怎么忍心抛弃他们呢？"曹操因为江陵储备了军用物资，害怕刘备抢先占据，就留下辎重，轻装前进。到达襄阳时，曹操听说刘备已经离开了，于是亲自率领五千名精锐骑兵紧急追赶，一天一夜跑了三百多里路，在当阳的长坂追上刘备。刘备抛下妻儿，与诸葛亮、张飞、赵云等几十人骑马逃走，曹操俘获了大量的人马和辎重。徐庶的母亲被曹操俘获。徐庶向刘备告辞，指着自

己的心说：“我本来要与将军共创大业，全赖这方寸之地；现在失去老母亲，方寸已乱，留下也没有什么帮助，请从此与将军分别。”刘备也不加阻拦，让徐庶去见曹操。

张飞率领二十名骑兵断后，只见他据守河岸，拆掉桥梁，瞪大眼睛，横握长矛[2]，对曹军大喊：“我是张翼德，谁敢来决一死战！”曹军士兵没有敢上前的。

有人对刘备说：“赵云往北边逃走了。”刘备听了大怒，把手戟朝那人扔过去，说：“赵子龙不会丢下我逃跑的。”不久以后，赵云抱着刘备的儿子刘禅，与关羽的船队会合，渡过沔水。后来又遇到刘琦所率领的一万多人，一起到达了夏口。

相关链接

〔1〕辎重：行军时运输部队所携带的粮草、兵器等物。

〔2〕长矛：古代兵器的一种，为枪（红缨枪）的前身，长柄尖头，多为马上使用。

周瑜火烧赤壁

曹操志在统一天下，所以，在北方打败袁氏以后，就把目标转移到了南方的孙氏身上。但是这一次，却没有那么顺利了，赤壁大战，使他大受挫折。

汉建安十三年（公元208年），曹操写信给孙权，说："我奉天子之命，讨伐叛逆之臣，挥师南进，刘琮已经束手投降。现在，我统率水军八十万人，准备与将军在吴地较量一番。"

孙权把这封书信给手下大臣看，他们都大惊失色。

长史张昭等人说："曹操是豺狼虎豹一般的人，他挟持天子，征讨四方，动不动就说是朝廷的命令。如今我们若是抵抗，情形可能更加糟糕。何况将军抵挡曹操，靠的是长江天险。现在，曹操占据了荆州，刘表经营的水军，几千艘大小战船，已经由曹操接管。曹操让全部战船都顺流而下，再加上步兵，一齐前进。这样，长江天险已是曹操与我们所共有的了。而兵力方面，我们又不如他们。照这样看，还是应该迎接曹操。"

只有鲁肃[1]没有说话。孙权起身上厕所时，鲁肃也追到房檐下。孙权知道鲁肃有话要说，就握着他的手问："你想说什么？"

鲁肃说："刚才我考虑大家的建议，其实都是在贻误将军。如果我现在投降曹操，曹操当然会让我回乡。凭我的名声地位，总可以做个小官，出门可以乘牛车，带几个侍从，结交些士大夫，官做久了，慢慢地还能升到州郡一级。如果将军投降曹操，准备到哪里去安身呢？希望您赶紧决定，不要听从大家的建议。"

孙权叹气说："这些人的话太让我失望了。你所说的，正和我想的一样。"

周瑜当时奉命去了番阳，鲁肃劝孙权召他回来。周瑜回来后，对孙权说："曹操名义上是汉朝的丞相，实际是汉朝的贼臣。以将军的英明神武、雄才伟略，再加上父亲和兄长奠立的基础，割据江东，地方几千里，军队精锐，物资充足，英雄们都愿意为您效力，正应当横行天下，为朝廷清除奸臣。如今曹操自己前来送死，又怎么能迎降？

“请让我为将军分析局势。现在北方还没有完全平定，马超、韩遂还驻守在函谷关以西，足以成为曹操的后患。曹操南来，舍弃鞍马，改用舟船，到吴、越之地来一争高下，地利上丝毫不占便宜。现在又正值严寒，战马缺少草料，骑兵的战斗力要打一个折扣。曹操驱使中原的士兵远道而来，到江河湖泊众多的水乡来打仗，水土不服，一定会生病。这都是用兵的大忌，曹操却都贸然不顾。现在正是将军打败曹操的绝好时机，又怎么能错过呢？请让我率领几万精兵，进驻夏口，保证能为将军攻破曹贼。”

孙权说：“曹操老贼早就想废黜献帝篡位了，只是顾忌袁绍、袁术、吕布、刘表和我而已。现在，那几位英雄都被消灭，只剩下我了。我与老贼势不两立！你主张迎战曹操，正合我心意，是上天把你赐给了我啊！”

当时群臣都在，孙权拔出佩刀，砍向面前的奏案，说：“不论武将文官，敢再说投降曹操的，就与这张奏案一样！”于是结束了会议。

当天晚上，周瑜又去见孙权，说：“大家只看到曹操信中说有军队八十万，慌乱恐惧，也不分析其中的虚实，就要投降曹操，真是太不像话了。

“现在我们根据实际情况分析一下。曹操率领的中原部队不过十五六万，而且经过长期征战，早已疲惫不堪。新近收编的刘表军队，顶多七八万人，而且士兵心里都还疑虑不安。一支疲惫的部队，再加上一些疑虑不安的士兵，人数虽然多一点，但也并不值得害怕。我只需要五万精兵，就足以制伏他们。请将军不必担忧！”

孙权拍着周瑜的背说：“周公瑾，你这样说，正合我的心意。张昭、秦松他们只知顾念自己的妻子儿女，为自己考虑，让我很失望。只有你和鲁肃与我的看法相同，这一定是上天派你们两个人来帮助我。

“五万精兵，不容易一下子集结，我已经选了三万人，战船、粮草和武器也都准备好了。你和鲁肃、程普先率领军队出发，我继续调拨人马，运送物资粮草，作为你的后援。你若觉得能打败曹操，就在战场上将问题解决；如果情况不妙，就先退回来，让我与曹操一决高下。”

于是，孙权任命周瑜、程普为左右二军统帅，带领军队与刘备联合，一起迎战曹操，并任命鲁肃为赞军校尉，协助筹划战略。

刘备驻守在樊口，每天派人巡逻，在江边眺望，等候孙权的部队。巡逻的人看到周瑜的船队，立刻骑马报告刘备。

刘备派人前去犒劳，周瑜说："我有军务在身，不能委派别人。如果刘备能屈尊前来相会就好了。"

刘备听了，就乘一只小船去见周瑜，说："抵抗曹操，真是一个明智的选择。你们有多少兵力？"周瑜说："三万。"刘备说："可惜少了点。"周瑜说："这就足够了，您只需看着我击败曹操就可以了。"

刘备想要召鲁肃等来一起商议，周瑜说："他也有军务在身，不能随便委托给别人。如果您想见鲁肃，可以去他那里。"刘备很是惭愧，但心里也很高兴。

周瑜继续前进，在赤壁[2]与曹操相遇。当时曹操的士兵中，已经有很多人因为水土不服而生病了。第一次交锋，曹军失利，退到长江北岸。周瑜等人在长江南岸驻扎。

周瑜的部将黄盖说："现在敌众我寡，很难长时间相持。曹军现在把战船连在一起，首尾相连，用火攻可以打败他们。"于是选了十艘战船，装上干草和枯柴，并在里边浇上油，外面用帐篷蒙起来，上边插着旌旗。另外还准备了快艇，系在船尾。

黄盖派人送信给曹操，假装向他投降。当时东南风正急，黄盖把十艘战船排在最前面，到江心时升起船帆，其余的船也跟在后面。曹军官兵都走出军营张望，指着船说黄盖来投降了。

黄盖等离曹军的船还有二里多远时，下令把十艘战船同时点燃。着火的战船借着风势，像箭一样向前飞驶，把曹军船只全部烧光，火势还蔓延到陆地上的营寨。一时之间，火光冲天，曹军人马烧死和淹死的不计其数。

周瑜等人率领精锐骑兵随后进攻，战鼓声震天动地，曹军大败。曹操率领剩下的部队从华容道撤退，道路泥泞不通，又刮起大风。曹操让伤病残弱的士兵背负柴草，垫在路上，骑兵才得以通过。垫路的士兵被人马践踏，又死了很多。

刘备、周瑜水陆并进，追击曹操，一直追到了南郡。

相关链接

〔1〕鲁肃：公元172年－217年，字子敬，临淮东城（今安徽定远）人，三国时吴国著名军事家、政治家。

〔2〕赤壁：位于今湖北省黄冈境内。

公元211年，曹操开始西进关中。关中虽将领众多，但势力分散，曹操很快就占据了大片土地。

汉建安十六年（公元211年）三月，曹操派司隶校尉钟繇讨伐张鲁，命令征西护军夏侯渊等人，率领大军从河东出发，与钟繇会合。

仓曹属高柔劝说曹操："大军西进，韩遂、马超会怀疑我们是去袭击他们，一定会互相煽动。应当先安抚三辅地区，平定了三辅，只要往各地区发发檄文，就可以平定汉中。"曹操不听。

关中的将领果然起了疑心，马超、韩遂、侯选、程银、杨秋、李堪、张横、梁兴、成宜、马玩等十支部队起兵反叛，加在一起有十万人马，据守潼关。曹操派安西将军曹仁统率各将领抵抗，让他们坚守营寨，不要出战。命令五官中郎将曹丕留下驻守邺城，让奋武将军程昱协助曹丕处理军务。任命门下督徐宣为左护军，在邺城统率各部。任命乐安人国渊为丞相府的居府长史，负责留守事务。

七月，曹操亲自率领大军，进攻马超等人。

许多参与军务的人都说："函谷关以西的士兵善用长矛，不挑选精锐的部队作前锋，是抵挡不住的。"

曹操说："战事的主动权在我，不在敌人。他们虽然善用长矛，我会让他们的长矛无法刺杀。你们就等着看好了。"

八月，曹操到达潼关，与马超等人隔着潼关安营扎寨。曹操急着控制局势，暗中派遣徐晃、朱灵率领步兵、骑兵四千人渡过蒲阪渡口，到黄河以西扎营。

闰八月，曹操从潼关向北渡过黄河，大军先渡，曹操与虎贲武士一百多人留在南岸断后。这时马超率领步兵、骑兵一万多人前来进攻，箭像雨点一样飞来，曹操仍然坐在折凳上不动。许褚扶曹操上船，撑船的人被流箭射中死了，许褚左手举起马鞍为曹操抵挡乱箭，右手撑船。校尉丁斐把曹军携带的牛马放出来引诱敌人，马超的军队大乱，士兵都争着去抢牛马，曹操才得以渡过黄河。

曹操大军从蒲阪渡过西河，沿河开凿甬道，逐渐向南推进。马超等人退守渭口，也就是渭水流进黄河的入口。曹操设下许多疑兵，暗中却用船载着士兵进入渭水，修筑浮桥，然后趁夜另派士兵到渭水南岸扎下

营垒。马超等人连夜进攻，被埋伏的士兵打败。马超等人到渭南驻军，派使者求和，说愿意割让黄河以西的土地。曹操不答应。

九月，曹操进军，军队全部渡过渭水。马超等人屡次挑战，曹操都不与他们交战。马超等人又一再求和，要割让土地，并送儿子作人质。贾诩认为可以假装答应，曹操问他下一步怎么办，贾诩说："离间他们。"曹操说："我明白了。"

曹操与韩遂以前有过交情，韩遂请求与曹操相见，曹操就答应了。他们骑着马聊天，聊了很久，并不讨论正事，只说些在京城的旧友往事，高兴时拍手欢笑。当时，当地的关中人与胡人都来看热闹，前前后后围了好多人。曹操笑着对他们说："你们来看曹操吗？曹操也是人，并不是有四只眼睛两张嘴，只是智谋多一些罢了。"

会面结束后，马超等人问韩遂："你们说了些什么？"韩遂说："没说什么。"马超等人开始怀疑韩遂。有一天，曹操给韩遂写了一封信，信中圈改涂抹了很多，弄得就像是韩遂改过一样，马超等因此更加怀疑韩遂。

曹操与马超等约定日期交战。曹操先派小部队挑战，与马超等交战良久，才派精锐骑兵夹击，大获全胜，斩杀了成宜、李堪等。韩遂、马超逃奔凉州，杨秋逃奔安定。将领们问曹操说："当初敌军据守潼关[1]，渭水以北的道路都没有设防。但您不从黄河以东进攻冯翊，反而在潼关附近驻扎，待了些日子才北渡黄河，为什么？"

曹操说："敌军据守潼关，如果我军进入河东，敌军就会据守各处渡口，我们就无法渡过西河了。我故意集中大部队开往潼关，敌军也就在那儿集中防守，西河的戒备松懈，所以徐晃、朱灵两位将军能够轻易夺取西河。然后我再率领大军北渡黄河，敌军无法与我争夺西河，因为已经有两位将军在那里驻军了。

"我连结车辆，打下木栅，开凿甬道往南推进，既是为了安全，也是向敌军示弱。渡过渭水后修筑营垒，敌人挑战而坚守不出，是让敌军骄傲自满，因此敌军没有修筑营垒，而只是请求割地。我答应他们，是为了使他们自以为安全而不加防备。同时，我们养精蓄锐，一旦进攻，就迅雷不及掩耳。用兵之道，变化莫测，本来就不能拘泥于一种方法。"

关中[2]各将领纷纷率军赶来，每来一支部队，曹操都很高兴。部下将领觉得奇怪，就问他原因，曹操说："关中地域辽阔，如果他们各自据守关隘险要，我们要征讨他们，不用上一年两年是平定不了的。现在他们自己集中在一起，人数虽多，但相互之间谁也不服谁。军队没主帅，可以一举消灭，比一个一个征讨要容易多了。所以我见他们来，自然会很高兴。"

十月，曹操从长安出发，向北讨伐杨秋，将安定包围。杨秋投降，曹操恢复他的爵位，让他留下来安抚百姓。

十二月，曹操从安定回师，让夏侯渊留在长安驻守，任命议郎张既为京兆尹。张既用怀柔的政策招集流亡难民重返家乡，兴建并恢复县城村镇，很受百姓的拥戴。

相关链接

〔1〕潼关：《水经注》载，"河在关内南流潼激关山，因谓之潼关。" 位于今关中平原东端，即陕西、山西、河南三省交界处。

〔2〕关中：古人对函谷关以西地区的泛称，现在指我国陕西秦岭北麓渭河冲积平原一带。

刘璋迎刘备入蜀

刘璋害怕曹操打败张鲁后对自己不利，于是迎接刘备入蜀，想借刘备打败张鲁后壮大自己的实力。但是刘备进入蜀地以后并没有立即进攻张鲁，而是开始着手巩固自己的力量。

扶风人法正担任益州牧刘璋[1]的军议校尉，没有受到刘璋重用，又被他一同客居益州的同乡瞧不起，心里郁闷，很不得志。法正与益州别驾张松关系很好，张松自负自己的才干，觉得与刘璋一起不能有什么作为，经常暗自叹息。

张松劝刘璋联合刘备，刘璋说："谁可以担任使者？"张松推荐法正。刘璋就让法正作使者。法正先是推辞，然后假装不得已的样子接受了任务。法正出使回来后，对张松说刘备有雄才大略，两人就密谋奉迎刘备为益州之主。

曹操派钟繇率军讨伐汉中的张鲁[2]，刘璋听说后，十分恐惧。

张松乘机劝他说："曹操的军队天下无敌，如果攻下汉中，利用张鲁的物资进攻益州，有谁能够抵挡呢？刘备是您的同宗，又是曹操的大仇人，擅长用兵。如果让刘备去讨伐张鲁，一定能打败他。张鲁一破，益州的势力就会增强，曹操就算进攻，也已无能为力。现在本州的将领如庞羲、李异等人，都仗着自己立过功劳，骄纵蛮横，都有投靠别人的想法。如果得不到刘备的帮助，那么外面有敌人进攻，里面有百姓叛变，一定会失败的。"刘璋听从了他的建议，派法正率领四千人去迎接刘备。

主簿黄权劝谏刘璋，说："刘备以骁勇闻名，现在把他请来只当部下对待，恐怕不能令他满意。如果像宾客那样礼待他，那么一国之中又难容二主，客人安如泰山，主人就会危如累卵。不如封锁边界，等待局势安定下来。"刘璋不听，并把黄权调出去担任广汉的长官。

从事王累把自己倒着吊在成都的城门，想以此劝阻刘璋，刘璋也一概不听。

法正到荆州后，暗地里向刘备献计说："以将军的英明神武，应该利用刘璋的懦弱无能。张松是益州的主要官员，有他作内应，攻取益州，易如反掌。"刘备存有疑心，所以犹豫不决。

庞统对刘备说："荆州荒芜破败，人才尽失，而且东有孙权，北有曹操，我方难以施展。现在益州的百姓有一百万，土地肥沃，财物充足，

○品画鉴宝　蜀道图（明）谢时臣/绘　图中『之』字形狭长栈道盘桓险峰巨石之间，不仅很好地贯穿了画意和气韵，也突出了『蜀道之难，难于上青天』的主题。

如果真能获得益州，以此为资本，可以成就大事！”

刘备说：“现在与我水火不容的只有曹操。曹操严厉，我就宽厚；曹操凶暴，我就仁慈；曹操诡诈，我就忠信；各方面都与曹操相反，才可以成就大事。如果现在因贪图小利，而在天下人面前失去信义，那还怎么办？”

庞统说：“天下混乱的时候，本来就不是一种方法所能平定的。而且兼并弱小，进攻愚昧，用不合礼义的方法取得，再用合乎礼义的方法治理，都是古人所崇尚的。等大事已定，再赐给刘璋一块大的封地，又哪里违背信义了？今天我们不去夺取，终究会落到别人手里。”

刘备同意了，留下诸葛亮、关羽等守卫荆州，任命赵云兼任留营司马，自已率领几万名步兵进入益州。

刘璋下令沿途各郡、县，让他们为刘备提供日常所需。刘备进入益州，就像回到家里一样，前后获赠的各种资财数以亿计。

刘备到达巴郡，巴郡太守严颜抚着胸口，叹着气说：“这真是所谓‘独坐穷山，放虎自卫’呀！”

刘备从江州往北，从垫江走水路到达涪县。刘璋率领步兵、骑兵三万多人，前来会见刘备，车辆帐篷在太阳底下闪闪发光。

张松让法正向刘备建议，在会面的时候袭击刘璋。刘备说：“这件事情不能做得那么仓促！”庞统说：“现在乘会面之机捉住刘璋，那么将军不用兴兵动武，就可坐得一州之地。”刘备说：“刚刚进入别人的地方，还没有表现出恩德与信义，这样做不行。”

刘璋推举刘备代理大司马，兼任司隶校尉。刘备也推举刘璋代理镇西大将军，兼任益州牧。两人部下的官兵也互相交往，在一起宴饮，达一百多天。

刘璋给刘备增加兵力，拨给他大量军用物资，让他去进攻张鲁，还让刘备指挥驻守在白水的益州部队。加上益州的士兵，刘备所指挥的军队总共有三万多人，车辆、铠甲、武器、粮草和军费都很充足。

刘璋回到成都，刘备则向北进发，到达葭萌。这时刘备并没有立即进攻张鲁，而是先广施恩德，收买人心。

相关链接

〔1〕刘璋：字季玉，江夏竟陵（今湖北潜江）人，益州牧。

〔2〕张鲁：字公祺，沛国丰（今江苏丰县）人，五斗米道祖师张陵之孙。

公元212年，刘璋让刘备进攻张鲁，刘备暂时将军队驻扎在葭萌。后来，刘备兵围成都，刘璋投降，刘备平定蜀中。

汉建安十七年（公元212年），刘璋让刘备率军进攻张鲁，刘备暂时将军队驻扎在葭萌。

庞统向刘备建议说："现在应该秘密挑选精兵，日夜兼程，直接袭击成都。刘璋不懂军事，又一向没有防备，大军突然到达，必然可以一举平定，这是上策。

"杨怀、高沛都是刘璋手下的名将，各自统领强大的军队，据守关头。听说他们曾多次劝刘璋把将军您遣回荆州。将军不如派人去告诉他们，说荆州有紧急情况，您准备回去援助，并让人整理行装，做出要回去的样子。这两个人既佩服将军的英名，又欣喜将军离去，估计一定会只带很少的人，骑马来见将军。趁这个机会抓住他们，吞并他们的部队，再进军成都，这是中策。

"退回白帝城[1]，联合荆州的力量，再慢慢想办法，这是下策。但若在这儿犹豫不决，无所作为的话，一定会陷入困境，难以坚持很长时间。"刘备同意采用庞统的中策。后来曹操进攻孙权，孙权要求刘备派军队援救。刘备给刘璋写信，向他说明自己必须回军援救孙权，并请求刘璋补充他一万兵力和物资粮草。

刘璋只答应给他四千士兵，其余的要求都只落实一半。刘备就借此激怒他手下的将士，说："我们为益州征讨强敌，士兵们都尽了自己的努力，而刘璋却积攒财物，舍不得犒赏，这样怎么能让士大夫为他战死呢？"

刘备一走，张松写信给刘备和法正说："大事即将成功，为什么丢下这儿离开呢？"

张松的哥哥、广汉太守张肃知道张松的计谋后，害怕会连累到自己，就向刘璋告发了张松。

刘璋知道后，就把张松抓起来，将他杀了。又向驻守各关口和要塞的将领发送檄文，命令他们都不要再与刘备往来。刘备非常生气，召见刘璋手下的白水军督杨怀、高沛，责备他们对客人无礼，还斩杀了这两个人。然后刘备率领军队进驻关头，吞并了杨怀、高沛的部队。又继续进军，占领涪城。

次年，益州从事郑度听说刘备起兵，对刘璋说：“左将军刘备孤军深入，他手下的士兵不到一万人，而且这些士兵不是全心全意地归附他。军队缺少给养，只能靠田野里的庄稼为食。

“对我们来说，最好的办法是把巴西与梓潼的百姓全驱赶到内水、涪水以西，把巴西与梓潼仓库中的粮食物资和田野里的庄稼全部烧掉。然后我们修筑营垒，深挖战壕，以逸待劳，等他们到来。

“刘备前来挑战，我们就坚守不出。他们没法得到粮草，不超过一百天，一定会自动撤退。我们趁他们撤退时实行追击，一定可以擒获刘备。”

刘备听说后，十分担心，向法正询问对策。法正说：“刘璋肯定不会采纳郑度的计策，您不必担心。”

刘璋果然对部下说：“我听说抵抗敌人是为了让百姓安居乐业，从没听说迁移百姓来躲避敌人的。”于是没有采用郑度的计策。

刘璋派手下的将领刘璝、冷苞、张任、邓贤、吴懿等人抵挡刘备，结果都被击败，退守绵竹，吴懿向刘备投降。刘璋又派护军李严、费观

统领驻守绵竹的军队，李严、费观也率领部下向刘备投降。

这样一来，刘备的兵力更加强大，就分派部下将领去占领周围的县城。

刘璝、张任与刘璋的儿子刘循一起撤退，在雒城驻守。刘备进军，包围了雒城。张任率领军队出城，在雁桥与刘备大军交战，结果大败，张任战死。

汉建安十九年（公元214年），刘备围攻雒城都快一年了，还没有攻下。其间，庞统不幸被流箭射中，伤重而死。

法正写信给刘璋，分析形势的强弱，向他劝降，说："左将军刘备起兵以来，对您仍有旧情，实际上没有恶意。我认为您可以考虑其他的选择，以保留您的家门。"刘璋没有回信。

刘备终于攻破了雒城，接着就包围成都。诸葛亮、张飞、赵云也率领军队前来会合。

马超〔2〕知道张鲁不足以一起图谋大事，张鲁的部将杨昂等人又多次诋毁他，心中抑郁不安。

刘备派建宁督邮李恢前去劝说马超，马超就从武都逃到氐人部落，秘密写信给刘备，请求归降。

刘备暗中派兵帮助他。马超到达成都后，刘备让他率军在城北驻扎，城里的人都很惊恐。刘备包围成都几十天，派从事中郎简雍进城劝降刘璋。这时城中还有精兵三万，粮草还可以支持一年，官吏和百姓都愿意抵抗到底。

刘璋说："我们父子统领益州二十多年，没有施给百姓什么恩德。百姓苦战三年，暴尸荒野，都是因为我刘璋，我怎么能安心呢？"于是下令打开城门，和简雍共乘一辆马车，出城投降，部下无不哭泣流泪。刘备把刘璋安置在公安，归还他的全部财物，让他佩带振威将军的印绶。

刘备进入成都，大摆酒宴，犒劳士兵。取出城中存储的金银，赐给将士，粮食和丝帛则物归原主。刘备兼任益州牧，任命军师中郎将诸葛亮为军师将军、益州太守。然后封官拜将，建立地方政权。

相关链接

〔1〕白帝城：位于今重庆市奉节县瞿塘峡口的长江北岸。

〔2〕马超：公元176年－222年，字孟起，扶风茂陵（今陕西兴平东北）人，归降刘备后成为其出色将领。

吕蒙计夺零陵

吕蒙本为习武之人，后听孙权劝，学兵书、读经史，计取零陵，成为历史佳话。

孙权曾经对吕蒙[1]说："你现在担任要职，掌管事务，不能不学习。"吕蒙以军中事务繁忙为借口推辞。

孙权说："我又不是要你研究儒家经典，去做博士！只是要你博览群书，了解历史。你说事务繁忙，难道比我还忙吗？我经常读书，自己认为得到了很多好处。"于是吕蒙就开始读书。

鲁肃路过寻阳，与吕蒙交谈后大吃一惊，说："你今天的才能谋略，已经不再是吴郡的那个阿蒙了！"吕蒙说："士别三日，当刮目相看，大哥这么晚才明白这个道理吗？"鲁肃就去拜见吕蒙的母亲，与吕蒙结为好友，然后才告辞离去。

刘备得到益州后，孙权派中司马诸葛瑾[2]向刘备要回荆州的郡县。刘备不答应，说："我正准备夺取凉州，等到平定凉州后，就把荆州都还给你。"

孙权说："这是借了不还，只是想找借口拖延时间罢了。"于是任命了长沙、零陵、桂阳三郡的地方长官。三郡长官前去上任，关羽把他们都驱逐了出去。

孙权大为恼火，派吕蒙率领两万士兵夺取三郡。吕蒙向长沙、桂阳发送檄文，这两郡都望风归降，只有零陵太守郝普据城坚守，不肯投降。刘备听说后，亲自从蜀地来到公安，派关羽夺取三郡。

孙权亲自坐镇陆口，指挥调度各路人马，派鲁肃率领一万士兵驻守益阳，抵挡关羽；又发出紧急书信传召吕蒙，让他放弃零陵，去帮助鲁肃。

吕蒙接到孙权的书信后，偷偷藏了起来。当夜，他召集部下将领，宣布自己的作战计划。第二天早晨，军队进攻零陵。

吕蒙对郝普的老朋友邓玄之说："郝普知道世间有忠义之事，也想那样做，但他不懂时势。现在刘备在汉中被夏侯渊包围，关羽还在南郡，有我们主公亲自讨伐。他们现在的处境，就像被倒着吊起来一样，救自己的命都来不及，哪里还有余力来援助零陵？

"现在我经过力量对比，安排战术，然后进攻零陵，用不了多久，一定可以攻进城去。城破之后，郝普送了自己的命，对事情也没有什么帮

助，还让年老白发的老母亲也牵连受诛，岂不让人痛心？我想郝普是因为得不到外边的消息，以为还可以等来救兵，所以坚守到现在。你为什么不去见他，给他说明利害祸福呢？”

邓玄之去见郝普，把吕蒙的话全告诉了他。郝普害怕，出城投降。

吕蒙亲自迎接郝普，拉着他的手一起下船，说完话，把孙权的书信给他看，然后拍手大笑。郝普见到书信，知道刘备已经到达公安，关羽也在益阳，惭愧后悔，恨不得钻到地下去。

相关链接

〔1〕吕蒙：公元178年－219年，字子明，汝南富坡（今安徽阜南）人，吴国著名将领。

〔2〕诸葛瑾：公元174年－240年，诸葛亮之兄。诸葛亮事蜀汉，其兄事东吴。

关羽大意失荆州

东汉建安二十四年，公元219年，刘备手下大将关羽失守荆州，兵败身亡，荆州被孙权占据。

汉建安二十四年（公元219年）七月，前将军关羽[1]率军向樊城的曹仁进攻。曹仁派左将军于禁、立义将军庞德等人到樊城以北驻扎。

八月，接连下了几场大雨，汉水泛滥，平地上水深数尺，于禁等人的七支部队都遭到水淹。于禁与将领们登上高处躲避大水，关羽的军队乘坐大船前去进攻。于禁等人走投无路，于是向关羽投降。庞德经过苦战，最后被擒，但他不肯投降，被关羽杀死。

关羽得到于禁等人的士兵几万人，粮食很快就吃完了，后续粮食供应不上。关羽擅自取走了孙权湘关粮仓的存粮。孙权听到这个消息后，就派遣军队进攻关羽。

孙权准备让征虏将军孙皎和吕蒙分别担任左、右两路军队的主帅。吕蒙说："如果您认为征虏将军有才能，就应该任用他做统帅；如果认为我有才能，就应该任用我。

"以前，周瑜和程普分别担任左、右两军主帅，率领军队攻打江陵。虽然决定权在周瑜那儿，但程普仗着自己是老将，而且和周瑜一样是主帅，结果两人相处不和睦，几乎坏了国家大事。这件事正是如今应该引以为戒的。"

孙权醒悟过来，向吕蒙道歉，说："以你为统帅，让孙皎作你的后援就可以了。"

曹操出兵汉中时，派平寇将军徐晃驻扎在宛城援助曹仁。等到于禁兵败，徐晃前进到阳陵陂。关羽调遣军队驻守偃城，徐晃军队到达后，使用计谋，围绕偃城挖了一道壕沟，假装要截断偃城守军的后路。于是关羽的守军就烧毁营寨退走了。徐晃占据偃城后，靠营寨相连，又往前稍稍推进了一点。

曹操派赵俨以议郎身份参与曹仁的军务，让他和徐晃一起前往。这时其他救兵尚未赶到，而徐晃的军队不足以解樊城之围，但将领们却责备徐晃，催促他去救曹仁。

赵俨对将领们说："如今敌人已经将樊城牢牢围住，水势仍然很大，我们兵力单薄，与曹仁隔绝，不能协同作战。

“现在如果上去强攻，恰恰会使城里城外一齐受困。如今不如向前逼近关羽的包围圈，然后派间谍通知曹仁，让他知道外面救兵已到，以此激励守城将士。

“算来曹仁被围不超过十天，还可以坚守一阵子。等时机成熟，然后城里城外一齐发动，一定可以打败敌人。将来若因援救不及而被问罪，由我一人替各位承担。”将领们听了都很高兴。

徐晃在离关羽的包围圈三丈远的地方，通过挖地道和射箭书等方式通知曹仁，多次互通消息。

孙权写信给曹操，要求讨伐关羽，为朝廷效力，并请求不要泄漏这个消息，以防关羽有所防范。

曹操向群臣询问，群臣都说应当为孙权保密。董昭却说：“行军打仗，讲究随机应变，要根据形势来制定策略。我们可以答应孙权为他保密，但暗中将消息透露出去。

“关羽听到孙权要进攻他，如果退兵自保，那樊城的包围也就解除了，我们可以获得很大的利益。而且能让孙权和关羽相互僵持，我们可以坐收渔利。

“如果保守秘密而不泄露，正好让孙权得志，这不是上策。再说，被围困的将士不知道又有救兵，看看城中粮食就快吃完，估计难以

○ 品画鉴宝

关羽擒将图（明）商喜／绘　图中关羽注视着战俘，周仓手提青龙偃月刀侍立一旁。作者通过对人物情态、动作的刻画，将具有冲突和张力的气氛渲染得十分出色。

坚守，一定会惊慌不安。万一生出投降的想法，那我们的损失就大了，所以还是透露出去好。况且关羽为人强悍，自恃江陵、公安两座城池防守坚固，一定不会立即退兵。”

曹操说：“董昭说得对！”于是立即让徐晃将孙权的书信用箭射入被围的城中，以及关羽的军营。围城里的将士得到书信后，士气旺盛百倍；而关羽果然犹豫不决，但没有撤兵回去。

关羽在围头和四冢都派出军队驻扎，徐晃就扬言要进攻围头，实际上却秘密攻打四冢。关羽见四冢危急，亲自率领步兵、骑兵五千人出战。徐晃上前迎击，关羽军队失利，逃回大营，徐晃率军紧追不舍。

关羽本来在包围圈的营垒周围设置了十重鹿角，用来阻挡敌军，但这次撤回来时，徐晃紧追关羽，跟着关羽进入樊城的包围圈，并打败了关羽军队，傅方、胡修都被杀死。关羽只好撤除包围圈，率军退走，但关羽的舰船仍然控制着沔水，去襄阳的水路隔绝不通。

吕蒙到达寻阳，把他的精锐士兵都藏在普通的船中，并让他们穿着商人的衣服，让百姓摇橹，日夜兼程。他又将关羽设置在江边据点里的侦察人员全捉了起来，所以关羽对吕蒙的行动一无所知。

麋芳、士仁一向对关羽不重用他们心怀不满。关羽军队出外作战，麋芳、士仁负责供应军需物资，没能全部按时送到，关羽说：“回去以后，一定要治他们的罪。”麋芳、士仁都感到很害怕。

吕蒙到达后，命令原骑都尉虞翻写信劝说士仁，为士仁指明利害得失。士仁收到虞翻的书信，立刻便投降了。虞翻对吕蒙说："这可以看作一支奇兵，应该带上士仁同行，留下自己的部队守城。"

于是吕蒙将士仁带上，到达南郡。麋芳在南郡守城，吕蒙突然叫士仁出来与他相见。麋芳一见之下，也立刻开城投降了。

关羽得知南郡失守后，立即向南撤退。曹操从弟曹仁召集将领们商议，大家都说："如今关羽处境危险，内心恐惧，可以派军队追击，一定能将他擒获。"

赵俨说："孙权借着关羽军队与我军作战的时机，想从关羽的后方实施偷袭，又顾忌关羽撤军回救，怕我军趁他们两败俱伤时从中渔利，所以才低声下气，表示要为我们效力，只不过是想趁乱观望，好占一些便宜罢了。

"如今关羽势单力孤，仓促逃走，我们更应该让他保存下去，去牵制孙权。我们若对关羽穷追不舍，将他抓住，那么孙权没有了关羽这个敌人，就要给我们制造麻烦了，魏王一定会对此深为忧虑的。"

于是曹仁不再追击关羽，下令军队戒严休整。曹操得知关羽败逃，唯恐将领们追击他，果然迅速给曹仁下达指令，就像赵俨所判断的那样。

关羽多次派使者与吕蒙联系，吕蒙每次都厚待关羽的使者，允许他们在城中各处游览，并向关羽部下亲属各家表示慰问。有人还亲手写信托使者带走，作为家人平安的证明。

使者返回后，关羽部属私下向他询问家中情况，尽知家中平安，所受对待超过以前，因此关羽的将士都无心再战了。

关羽自知处境孤独，陷入绝境，便向西退守麦城〔2〕。孙权派人诱降，关羽假装投降，把假人立在城墙上，然后弃城逃走，士兵们也都逃散，只有十几名骑兵跟随关羽。

孙权事先已派朱然、潘璋切断了关羽的退路，关羽和他儿子关平逃到章乡时，被潘璋手下的司马马忠擒获，将他们斩首。从此以后，整个荆州都被孙权占据。

相关链接

〔1〕关羽：？—公元220年，字云长，河东解良（今山西运城）人，三国时期蜀国著名将领，曾和刘备、张飞桃园三结义，以忠义闻名。死后备受民间推崇，被奉为关圣帝君，后来有统治者尊之为"武圣"，与"文圣"孔子齐名。

〔2〕麦城：在今湖北省当阳市境内。

魏武帝（公元155年－220年）

帝王世系表

魏武帝·曹操

魏文帝·曹丕

魏明帝·曹叡

魏齐王·曹芳

魏高贵乡公·曹髦

魏元帝·曹奂

魏纪

公元220年－265年

魏是三国时期最强大的国家，始于魏文帝曹丕，终于魏元帝曹奂。曹丕之父曹操未称帝，后被追封为魏太祖，又称魏武帝，计曹操在内，魏国历六帝，共四十六年。

三国初期，各国主要致力于整顿吏治，恢复社会秩序和发展经济。其中以曹魏的成就比较突出。随着北方的统一和屯田制、租调制的施行，北方社会秩序趋于稳定，生产逐渐恢复。政府修整道路，兴建水利，便利了交通和漕运。恢复了冶铁业，利用水力鼓风冶铸的水排得到推广。丝织业也兴盛起来。商品交换渐有起色，魏明帝时重新发行钱币。洛阳、邺城日趋繁华。魏国与日本境内的邪马台国保持着较频繁的交往，西域诸国也有使臣和商人往来。

文化方面，文学、哲学和科学技术都有重要成就。曹操、曹丕、曹植父子都是著名的诗人，另外，有以王粲、陈琳为代表的建安七子，他们为后世留下了许多名篇佳作。以何晏、王弼为代表的玄学的产生，代表了哲学思想的突出成就。华佗首创了用麻沸散作为手术麻醉剂的方法。数学家刘徽在圆周率计算上有重大贡献。

大事年表

- 公元 220 年 / 曹操死，其子曹丕代汉称帝，国号魏。
- 公元 221 年 / 刘备称帝，国号汉，史称蜀汉。
- 公元 222 年 / 吴陆逊大败刘备于夷陵。
- 公元 223 年 / 刘备卒，太子禅即位（后主），封丞相诸葛亮为武乡侯。
- 公元 225 年 / 诸葛亮平定南中叛乱。
- 公元 227 年 / 诸葛亮进驻汉中，上表请伐中原。
- 公元 228 年 / 诸葛亮第一次攻魏。马谡失街亭．诸葛亮还汉中。
- 公元 229 年 / 孙权称帝，国号吴。
- 公元 230 年 / 吴遣卫温、诸葛直航海求夷洲、亶洲。
- 公元 234 年 / 诸葛亮屯兵五丈原，病死。
- 公元 235 年 / 魏马钧作指南车。
- 公元 238 年 / 魏司马懿攻辽东，破襄平，杀公孙渊。
- 公元 249 年 / 司马懿发动高平陵政变。
- 公元 252 年 / 吴大帝孙权卒。太子亮即位，年十岁。
- 公元 260 年 / 朱士行赴于阗求经，为内地往西域求法最早的僧人。
- 公元 263 年 / 魏钟会、邓艾攻蜀，后主降，蜀汉亡。刘徽注《九章算术》成书。

公元220年正月，曹操于洛阳去世，为避免出现乱局，大臣司马孚辅助太子曹丕迅速登上王位，汉献帝也派去使者授以官印、玺绶等。

魏黄初元年（公元220年）正月，魏武王曹操到达洛阳。二十三日，曹操去世。

当时太子曹丕正在邺城，驻守洛阳的军队发生骚动。大臣们想先保守秘密，暂时不公布曹操去世的消息。谏议大夫贾逵认为事情不应该保密，才把丧事公布。

有人建议把各个城池的守将都换上曹操嫡系的谯县人和沛国人，魏郡太守徐宣大声说："现在不论远近，归于一统，人人都愿意为国效忠，为什么一定要任用谯县、沛国的人，而伤害原来那些守将的感情呢？"撤换的事情才被阻止。

青州籍的原黄巾军士兵擅自击鼓互相招呼离去，大家都认为应该阻止，如果有人不服从命令，就应当派兵讨伐。贾逵说："这样做不行。"于是他写了一篇很长的文告，命令青州兵所到之处的地方官府为他们提供饮食。

鄢陵侯曹彰从长安赶来，询问贾逵曹操的玺绶在什么地方。贾逵脸色严肃地对他说："国家已经确立了正式的继承者，先王的玺绶这些东西，不是君侯您应该打听的。"

噩耗传到邺都，太子曹丕放声痛哭，不能自已。中庶子[1]司马孚劝谏说："先曹操王驾崩[2]，天下大事都依赖殿下做主。您应当上为宗庙祭祀的延续着想，下为天下百姓的生计考虑，怎么能像普通人行孝一样，只知道号哭呢？"太子又哭了很久，才勉强止住，说："您说得对。"

这时群臣刚刚听到曹操的死讯，聚在一起痛哭，连上朝的行列也无法保持。司马孚在朝中大喊，说："现在君王去世，天下震动，应当尽早拜立新君，以稳定全国局势。你们难道就只知道哭吗？"于是他下令让群臣退朝，设置宫廷的警卫，料理丧事。

群臣认为太子即位应该等待皇帝的诏令。尚书陈矫说："大王在外地去世，全国上下惶恐不安，太子应当节哀，继承王位，以维持天下人的期待。况且还有先王宠爱的其他儿子在一边等待拥立的机

会，万一来去之间发生变故，那么国家就会有危机了。”于是群臣立即安排官员备办礼仪，一天之内全部准备齐全。

第二天早晨，借用王后的名义命令太子即位，大赦天下。汉朝皇帝也很快派遣御史大夫华歆带着诏书，授给曹丕丞相官印、魏王玺绶，让他兼任冀州牧。

相关链接

〔1〕中庶子：官职名，国君、太子等的侍从之臣。

〔2〕驾崩：指皇帝死亡。《礼记·曲礼》：“天子死曰崩。”

陆逊火烧连营

公元222年，为了给关羽报仇，刘备从蜀中顺江东下进攻孙吴。但他将驻扎的营寨相连很长，犯了兵家忌讳。陆逊以火攻之，刘备惨败。

刘备为了给关羽报仇而进攻孙吴。魏黄初三年（公元222年），刘备从秭归[1]出兵，治中从事黄权进谏说："吴人剽悍善战，而我们的水军顺长江而下，前进容易，撤退困难。我请求充当先锋，向敌人发动进攻，陛下您应该在后方坐镇。"刘备没有听从，反而任命黄权为镇北将军，让他统领长江以北各路蜀军。自己则率领军队，从长江以南翻山越岭，驻扎在夷道县的猇亭。

东吴的将领都想迎击蜀军。陆逊[2]说："刘备率领大军沿长江东下，锐气正盛，而且凭据高山，扼守险要，很难一下子攻取。即使攻击成功，也很难把他们完全打败。如果进攻失利，将会损害我们的整体布局，绝不是小小的失误。现在只需暂且鼓励将士，运用各种谋略，等待形势的变化。如果这一带是平原旷野，我们还要为互相之间的袭击追逐操心。现在他们沿着山岭行军，兵力无法展开，自己就已经被草木山石所牵制，等他们精疲力尽，我们再慢慢加以利用就可以了。"将领们仍然不理解，都以为陆逊惧怕刘备大军，各自心怀不满。

蜀军从巫峡建平直到夷陵附近，一连修筑了几十座营寨，以冯习为总指挥，张南为前军指挥，从正月开始与吴军对峙，到了六月，还没有决战。

刘备命令吴班率领几千人在平地扎营，吴军将帅都要求出击，陆逊说："这里一定有诡计，我们先观察一下。"

刘备知道他的计策没有效果，只好带领埋伏的八千人从山谷里出来。陆逊说："我之所以不让诸位进攻，是猜到刘备一定有计谋。"

陆逊向吴王上书说："夷陵这一军事要地，是进入我国的关口，虽然容易得到，但也很容易失去。失去它，不仅是损失一郡的土地，整个荆州都会受到威胁。如今我们争夺夷陵，一定要取得胜利。刘备违背常情，不守护自己的巢穴，却胆敢自己送上门来，我虽然没有大的本事，但凭借您的威灵，名正言顺讨伐逆贼，大破敌军就在眼前，没有什么可担忧的。我起初担心刘备会水陆并进，现在他却舍弃舟船，从陆路进发，到处设立营寨。就他的军事部署来说，一定不会发生什么不利于我们的变故的。希望大王您高枕而卧，不必为这件事担心。"

○ 品画鉴宝 陶独角兽（三国） 此陶兽造型古拙质朴，别具一格。

闰六月，陆逊要向蜀军发动进攻，部下将领都说："进攻刘备应当在一开始他还没有站稳脚跟的时候，现在已经让他深入我国五六百里，和我们对峙了七八个月，他的各个要害都已派兵固守，攻击他一定没有什么好处。"

陆逊说："刘备是个狡猾的家伙，经验又很丰富，他的军队刚刚集结的时候，考虑问题一定非常周详深入，不是我们发动攻击的时候。现在蜀军驻扎了那么久，仍然找不到我们的漏洞，将士疲劳，士气低落，再也无计可施。要想进攻这伙入侵者，就在今天了！"于是他率军先向蜀军的一座营寨发起进攻，战斗失利。

将领们都说："白白损失兵力罢了！"陆逊却说："我已经知道破敌的办法了。"于是命令士兵每人拿一束茅草，点燃后用火攻，终于将刘备的营寨攻克。

攻克了一座，又乘势通报其他各支军队，命令他们同时用这个办法发起进攻。最终，吴军斩杀了张南、冯习及胡王沙摩柯等人，攻破蜀军营寨四十几座。蜀汉将领杜路、刘宁等人走投无路，只好向吴军投降。

刘备登上马鞍山，环绕自己布置兵力。陆逊督促各路军队，从四面压缩，蜀军土崩瓦解，战死一万多人。刘备连夜逃走，驿站官员亲自挑着乐器铠甲在险要路口焚烧截断后路，刘备才得以逃到白帝城。

蜀军的船只、器械，水、陆军队的军用物资，全部损失殆尽，尸体布满长江江面，顺流而下。刘备非常惭愧，也非常愤怒，说："我竟然被陆逊折辱，这是天意啊！"

将军傅彤负责断后，部下全部战死，他却愈战愈勇。吴军劝他投降，傅彤叱责说："吴狗，哪有汉将军会投降的！"于是战斗而死。

从事祭酒程畿坐船逆流而退，部下说："后面的追兵就要到了，应该把连结两船的方舟解开，轻舟撤退。"程畿说："我从军以来，还没学过在敌人面前逃跑的。"最终也战斗而死。

先前，诸葛亮和尚书令法正的爱好、追求不同，但他们都看重对方为公

守义，诸葛亮总是很赞赏法正的智谋。刘备伐吴惨败的时候，法正已经去世，诸葛亮感叹说：“如果法正仍然在世，一定能阻止主上进攻东吴。就算最后还是去了，也一定不会惨遭失败。”

当初，魏文帝曹丕听说蜀军树桩立栅，营寨相连七百多里，就对他的大臣们说：“刘备不懂打仗，哪有营寨相连七百里还能与敌人对峙的！‘在杂草丛生、地势平坦、潮湿低洼、艰险阻塞等处安营的军队，一定会被敌人打败’，这是兵家大忌。孙权报捷的奏文，很快就要到了。”过后七天，吴军大破蜀军的捷报果然送到了。

相关链接

〔1〕秭归：在长江北岸卧牛山麓，又有石头城、葫芦城之称。

〔2〕陆逊：公元183年－245年，字伯言，吴郡吴县（今江苏苏州）人，三国时期吴国著名将领。

刘备托孤诸葛亮

公元223年，刘备在永安去世，临死时嘱咐诸葛亮辅佐少主刘禅。诸葛亮鞠躬尽瘁，在外交上，派邓芝前往东吴游说，于是孙权断绝了和曹魏的关系，转而和西蜀往来。

魏黄初四年（公元223年），汉主刘备病重，临终前嘱托丞相诸葛亮辅佐太子，让尚书令李严做诸葛亮的副手。

刘备对诸葛亮说："你的才能胜过曹丕十倍，一定能使国家安定，最终完成光复汉室的大业。

如果刘禅[1]还值得辅佐，那你就辅佐他；如果他不争气，你就取他的位置而代之吧。"

诸葛亮流着眼泪说："我怎敢不竭尽全力，以忠贞之节相报效？至死不渝！"

刘备又下诏给太子："人活到五十岁而死，就不能算'夭折'，我活了六十多岁，也就没有什么可遗憾的，只是心里放不下你们兄弟。要努力，再努力！不要因为坏事小而放任自己去做，也不要因为好事小而轻视不去做！只有贤明和德行，才能使人折服。你父亲德行浅薄，不足以令你效仿。你将来与丞相一起处理政务，要把他当父亲来对待。"

四月，汉主刘备在永安[2]病逝，谥号昭烈。丞相诸葛亮护送灵车返回成都，任命李严为中都护，留下来镇守永安。

五月，太子刘禅即位，当时十七岁。尊奉先主的皇后为皇太后，宣布大赦，改年号为建兴。

又封丞相诸葛亮为武乡侯，兼任益州牧。政事无论大小，都听诸葛亮的意见。于是诸葛亮精简官职，修订法制，向百官发下文告说："所谓参与政事，署理政务，就是要集合众人的智慧，广泛听取有益于国家的建议。如果因为一点小小的嫌隙而互相疏远，就无法听到不同的意见，对我们的事业将是重大的损失。听取不同意见并得出正确结论，这就好比丢弃破旧的草鞋而获得珍珠美玉。

"可惜人们往往做不到这一点，只有徐庶在这件事情上能不受困惑。还有董和，参与政事、署理政务七年，事情处理有不妥当的，他都反复向我征求汇报，甚至能有十几次。如果你们都能做到徐庶的十分之一，像董和那样勤勉，对国家尽忠职守，那么我就可以减少许多过失了。"

诸葛亮又说："过去我结交崔州平，他屡次指出我的优缺点；后来又结交徐庶，得到很多启发和教诲；原先和董和商议事情，他总能做到知无不言、言无不尽；之后又与胡伟度共事，他多次劝谏，阻止我犯错误。

"尽管我生性愚昧，见识浅陋，不能全部吸取他们的教益，但与他们四人始终相处融洽，这应该能说明我对直言劝谏是不会猜疑的。"

胡伟度，就是诸葛亮的主簿，义阳人胡济。

诸葛亮曾亲自校改公文，主簿杨颙走进来劝谏他说："治理国家是有体制的，上下的职权不能混淆。

"请允许我以治家为您打个比方：现在有一个人，让奴仆负责耕种，婢女负责做饭，雄鸡管报晓，狗看门防盗，牛拉车负重，马代步远行。这样家中事务没有荒废的，需要的都能得到满足，主人高枕无忧，所要做的只是吃饭饮酒而已。

"忽然有一天他想所有的事都自己来做，不再交给奴婢牲口，而代之以自己的辛劳，结果为这种种琐碎的家务，身体疲劳，精神困顿，还闹得一事无成。这难道是因为他的智力比不上奴婢鸡狗吗？当然不是，是因为他放弃了作为一家之主的职责。

"因而古人说，'坐在殿堂之上讨论治国方针的，叫王公；在下面辛辛苦苦实行具体政策的，叫士大

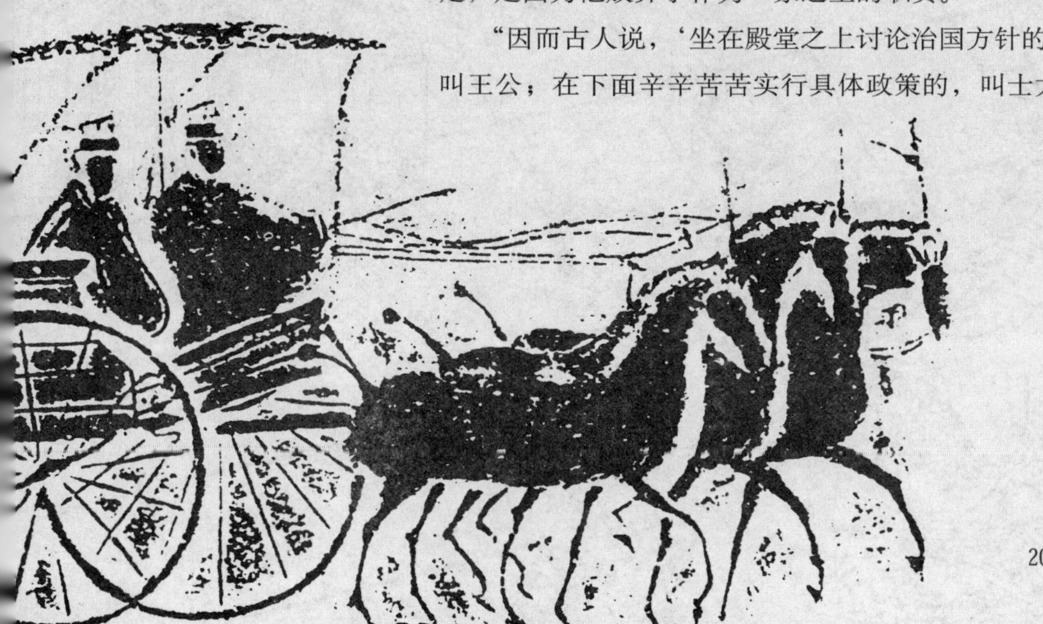

濮王正位續
大統
營邱逸史

夫。’所以丙吉不过问横在路中的死人，而担忧耕牛因天热气喘；陈平不想知道钱粮收入的具体数目，而说‘自有具体负责的人’，他们都真正懂得各司其职的道理。现在您要治理整个国家，却亲自去校改公文，整天汗流浃背，不是太辛劳了吗？”

诸葛亮为自己的错误向他道歉。后来杨颙去世，诸葛亮哭了三天。

尚书邓芝对诸葛亮说：“现在主上年幼，刚刚登上至尊之位，应该派遣重要使臣再次向东吴申明和好的愿望。”

诸葛亮说：“我考虑这个问题很久了，只是一直没有找到合适的人选，今天总算找到了。”邓芝问：“是谁呢？”

诸葛亮说：“就是使君你呀。”

于是诸葛亮派遣邓芝以中郎将的身份到东吴重建友好关系。

冬，十月，邓芝到达东吴。当时吴王还没有同曹魏断绝关系，正在犹豫之中，所以没有立即接见邓芝。

邓芝便自己上表请求接见，表文说：“臣下这次来，也是为吴着想，不仅仅是为蜀。”

于是吴王接见他，说：“我确实愿意与蜀和好，但是担心蜀主年幼，蜀国疆域狭小，势力不强，一旦被魏钻了空子，就不能保全自己了。”

邓芝回答说：“吴、蜀两国，跨有四个州的地域。大王您是当世的英雄，诸葛亮也是一代人杰；蜀国地势险要、防守坚固，吴国有长江等三条大江相阻隔。

“把两国的优势联合起来，如唇齿般互相依存，进可以兼并天下，退可以鼎足而立，这是很自然的道理。

“大王您现在若向魏送礼讨好，魏必定会得寸进尺，上则要求大王入魏朝拜，下则要求太子为人质侍奉。如果大王您不遵从，他们就会以讨伐叛逆为借口兴兵，蜀也会顺流而下寻找机会进攻。这样的话，江南这块地方将不再为大王您所拥有了。”

吴王沉默了很久，说：“先生说得对。”于是和魏断绝了关系，一心与蜀汉联合。

相关链接

〔1〕刘禅：公元207年－271年，字公嗣，小名阿斗，涿郡涿县（今河北涿州）人，刘备之子，刘备去世后即位，庸碌无能，为蜀国亡国之君，谥曰思。

〔2〕永安：在今重庆奉节一带。

七擒孟获平定南中

公元225年，诸葛亮征讨南中叛乱，其间七擒孟获，使他心服口服，甘愿为蜀汉效力，南中平定。

魏黄初六年（公元225年），汉诸葛亮到达南中[1]，征讨叛乱，所到之处，战无不胜。诸葛亮从越巂进攻，斩杀了雍闿和高定。派庲降督李恢从益州进攻，门下督巴西人马忠从牂牁进攻，占领了各个县城，再与诸葛亮会合。

孟获[2]收编雍闿残部抗拒诸葛亮。孟获向来为当地夷人和汉人所服膺，诸葛亮要求把他活捉。捉到以后，让他参观蜀军兵营军阵，然后问他："这样的军队怎么样？"

孟获回答说："先前我不了解虚实，所以失败。现在蒙您许可参观了兵营军阵，如果只是这个样子，我一定能轻易取胜。"诸葛亮笑了笑，放走孟获让他再来交战。

这样七次放走，又七次擒获，而诸葛亮还要再放他走，孟获留下不走了，说："您啊，天降的神威，南边的人不会再反叛了！"于是诸葛亮到达滇池。

益州、永昌、牂牁、越巂四个郡都平定了，诸葛亮仍然任用原来的部落首领为四郡的长官。有人为这件事劝说诸葛亮，诸葛亮说："如果留下外地人作四郡的长官，就要留下驻守的军队，军队留下来得有地方提供粮草，这是第一个难题。这些夷族刚刚经历过战争，父兄多有死伤，如果留下外地人而不留军队，一定会酿成祸患，这是第二个难题。另外，夷族多次废杀地方长官，自知有罪，如果留外地人为长官，终究难以令他们安心，这是第三个难题。

"现在我这样做，是想不用留军队，不用运粮草，而能使法纪大体确立，夷族和汉人大致相安无事啊。"

于是诸葛亮把孟获等本地人才全部收罗，任命为地方官吏，让他们缴纳金、银、丹、漆、耕牛、战马，以供给军队和朝廷使用。从此在诸葛亮有生之年，夷族再也没有反叛。

相关链接

〔1〕南中：大致在今四川、云南和贵州的西南部。

〔2〕孟获：生卒年不详，三国时期南中少数民族首领。

在外与吴国通好、内平南中之乱后，公元227年，诸葛亮出师北伐曹魏，力图光复汉室，上书刘禅，留下了千古流传的《出师表》。

魏太和元年（公元227年），蜀汉丞相诸葛亮出师北伐。三月，诸葛亮率领各路军队向北挺进，驻军汉中，让长史张裔、参军蒋琬留下来处理丞相府的各项事务。出发前，诸葛亮上书说：

“先帝刘备创立大业，还没有完成一半而中途去世。现在天下分而为三，就数益州的蜀国最为贫穷困乏，这实在是生死存亡的危急关头。然而陛下身边的近臣仍然兢兢业业在朝廷内尽职，忠诚的将士仍然奋不顾身在沙场上拼杀，他们之所以这样，是因为追念先帝不同寻常的礼遇，而想报答在陛下您的身上。陛下正应虚心听取各方面的意见，光大先帝遗留下的美德，振奋有志之士之气节；不应该妄自菲薄，讲出不合适的话来，以致阻塞忠臣进谏的渠道。

“宫廷和相府，应看作是一个整体，提拔、贬黜、表彰、批评，都不应该有什么区别。如果有作奸犯科，或者尽忠立功的人，应该交给有关部门按规定给予处罚、奖赏，以显示陛下您的英明公允；不应该偏心护短，使宫廷内外执法标准不一。

“侍中[1]郭攸之、费祎和侍郎董允等人，都善良诚实、忠心淳厚，所以先帝选拔他们来辅佐陛下。我认为宫中的事务，不论大事小事，都应当先向他们咨询一下，然后再付诸实施，这样就一定能弥补缺漏，获得更多的益处。

“将军向宠，生性善良而不偏颇，精通军事，以前领兵打仗，先帝也称赞他有本事，所以被大家推举为掌管禁兵的中部督。我认为军营中的事务，都应该向他咨询，这样就一定能使将士相处和睦，按能力的高低分派各人的职位。

“亲近贤臣，疏远小人，这是前汉之所以兴盛的原因；亲近小人，疏远贤臣，这是后汉之所以衰败的原因。先帝在世时，每当和我谈论起这件事，没有一次不叹息痛恨桓帝、灵帝两位昏君。侍中、尚书、长史、参军，他们都是正直贤良、能以死报国的忠臣，希望陛下亲近他们，信任他们，那么汉室的兴盛就指日可待了。

“我本是平民百姓，在南阳亲自耕作，只求能在乱世保全性命，并不奢望飞黄腾达、闻名诸侯。先帝不嫌弃我地位卑下、见识浅鄙，屈尊俯就，三顾茅庐来拜访我，向我咨询当今天下大事。我由此感激万分，于是答应先帝为他奔走效命。后来军事上遭遇失利，我在兵败之时承担重任，在危难之际接受使命，到今天已经有二十一年了。先帝知道我为人谨慎，所以临终前将辅佐之事托付给我。

“我自从接受先帝遗命，日夜叹息忧虑，唯恐辜负重托，而损害先帝的知人之明。因此前年五月我率领军队渡过泸水，深入到荒凉的不毛之地。现在南方已经平定，武器兵马也已充足，正应当激励将士，统率三军，北伐平定中原。我愿意竭尽自己平庸的能力，铲除奸贼，兴复我大汉皇室，重返故都，这正是我报答先帝，并且尽忠陛下的职责与本分。

“至于处理朝政，进谏忠言，则是郭攸之、费祎、董允他们的职责。希望陛下把讨伐国贼、兴复汉室的重任交付给我，如果我不能完成使命，则请您将我治罪，以告先帝在天之灵；责备郭攸之、费祎、董允等人疏忽职守，以表明他们的过错。陛下您自己也应该多加思考，征询好的治国方略，接受正确的观点，认真体会先帝的遗诏，我将受恩匪浅，不胜感激。眼看就要远离陛下，我写表[2]时忍不住流泪，不知道自己说了些什么。”

相关链接

〔1〕侍中：官职名，负责侍从皇帝。

〔2〕表：古代文体的一种。诸葛亮的《出师表》，不但表现出了他对国家、君主的忧虑和耿耿忠心，而且语言朴实，志尽文畅，历来得到人们的高度评价，被认为是“表”中的杰作。

刘备曾说马谡是一个好说大话、没有真才实学的人，但诸葛亮不那么认为，仍然加以任用。结果在北伐战争中，马谡不服从指挥，任意调遣军队，失守街亭，导致诸葛亮退兵汉中。

魏太和二年（公元228年）春，诸葛亮将要攻打魏，与部下商议军事行动。

丞相司马魏延说："听说镇守长安的夏侯楙是曹操的女婿，此人胆小而没有智谋。现在如果拨给我五千人的精锐部队，携带五千人的口粮，直接从褒中出发，沿着秦岭向东进发，到子午道后折向北方，用不了十天，就可以抵达长安。

"夏侯楙听说我带军队突然杀到，一定会弃城逃跑。这样长安城中就只剩下御史、京兆太守这些文官了。横门粮仓的存粮和百姓逃散所留下的粮食，足以供我的军队取食。等魏在东方集结起军队，还要二十多天时间，而您从斜谷出来接应，也够时间抵达。这样，一下子就可以平定咸阳以西各个地区。"

诸葛亮认为这个计划过于冒险，不如从安全角度出发，采取稳妥的方法，可以顺利夺取陇右地区，有百分之百的把握而没有风险，所以没有采用魏延的计策。

诸葛亮扬言从斜谷道进取郿城，命令镇东将军赵云、扬武将军邓芝充当疑兵，据守箕谷。魏明帝则派遣曹真统率关右诸军驻扎在郿城。诸葛亮亲自率领大军进攻祁山，军容整齐，号令严明。

起初，魏因为蜀汉昭烈帝刘备死后，几年来都没有什么动静，所以几乎没有做什么防备。结果突然听说诸葛亮出兵，朝野上下都非常恐惧，于是天水、南安、安定都背叛魏而响应诸葛亮，关中受到震动，朝中大臣都不知道该采取什么对策。

魏明帝说："诸葛亮本来依靠山岭阻隔进行固守，现在自己前来，正合兵书所说的诱敌出动的策略，我们一定能将他打败。"于是统领步兵和骑兵共五万大军，派右将军张郃监管军务，向西抵御诸葛亮。

越嶲太守马谡[1]才能气度都超过常人，喜好谈论军事谋略，诸葛亮十分器重他。刘备临终前曾对诸葛亮说："马谡这个人言语浮夸，超过他的实际才能，不能委以重任，希望你认识清楚。"

馬謖拒諫失街亭

招隱盦主

诸葛亮却认为刘备说得不对，还任命马谡为参军，时常召他来议论，从白天一直谈到夜晚。等到从祁山出兵，诸葛亮不任用旧将魏延、吴懿等人为先锋，反而让马谡统率各路军队在前面，与张郃在街亭[2]交战。

马谡违背诸葛亮的指挥调度，军政措施烦琐冗杂，舍弃水源到山上驻扎，而不在山下据守城池。张郃切断马谡的取水通道，发动进攻，大败马谡，蜀军溃散。诸葛亮失去了前军的据点，于是攻取西县一千多户人家后返回汉中。回到汉中后，把马谡关进监狱，并且杀了他。诸葛亮亲自前去吊丧，痛哭流涕，抚慰他的子女，恩待一如马谡生前。

蒋琬对诸葛亮说："过去晋楚相争，楚国杀了能干的臣子，晋文公喜形于色。现在天下尚未平定却杀掉有智谋的人，难道不觉得可惜吗？"诸葛亮流着泪说："孙子之所以能无往而不胜，是因为执法严明，因此扬干触犯法令，魏绛就杀了他的仆从。如今四海分裂，战争

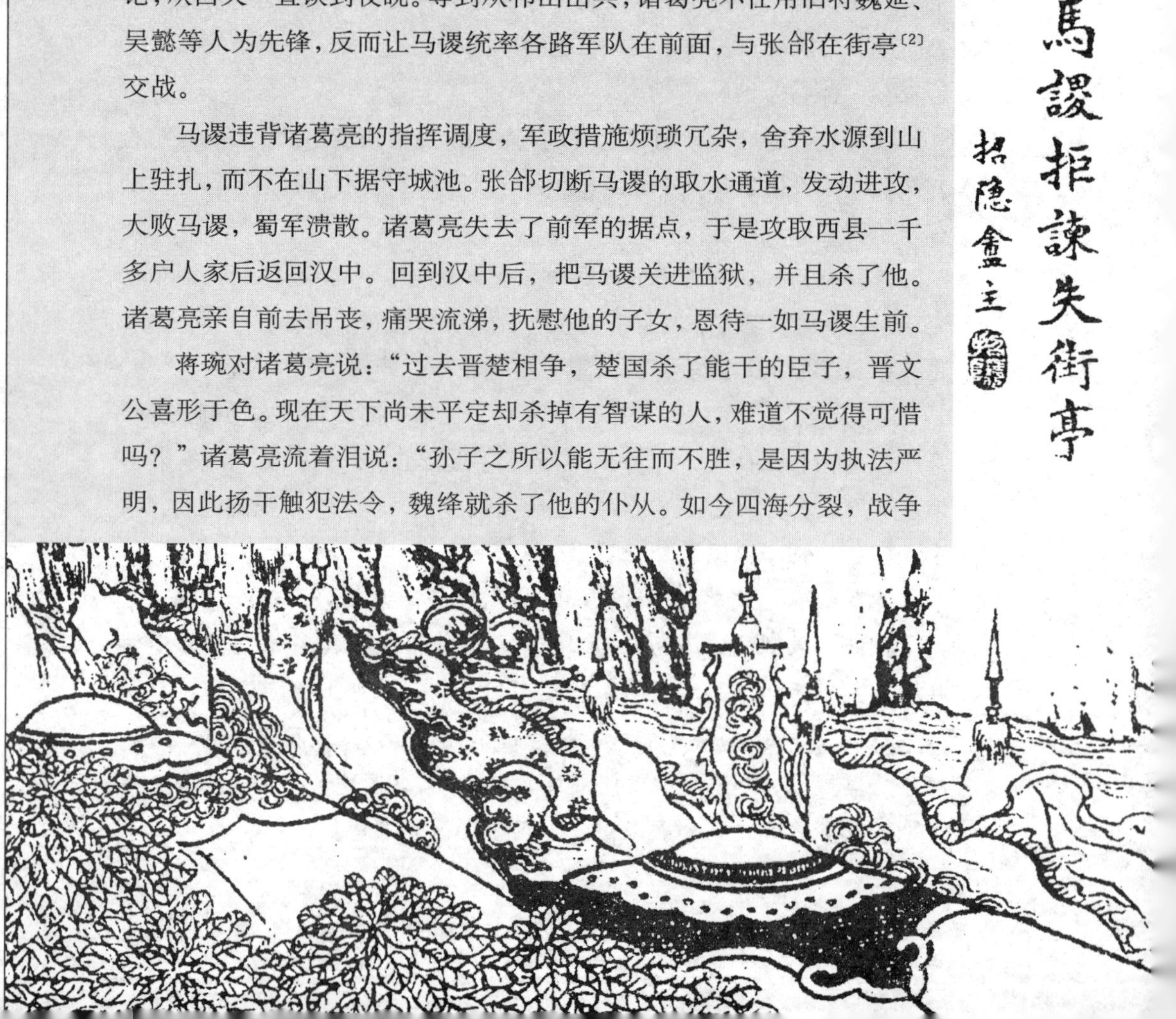

才刚刚开始，如果置法度于不顾，那还怎么来讨伐贼寇呢？”

马谡还没失败的时候，裨将军王平一再规劝马谡，马谡不肯听从。等到失败，兵众四下逃散，只有王平率领一千人擂着战鼓守卫自己的营地。张郃怀疑他设有伏兵，所以不去进逼，于是王平慢慢收拢各部残余士兵，率领人马返回。

诸葛亮诛杀马谡与将军李盛以后，还夺取了将军黄袭等人的兵权，这时王平的功劳显得格外突出，于是诸葛亮提拔他为参军，统领五部军队兼管营寨事务，官位晋升为讨寇将军，封亭侯。诸葛亮上书请求将自己连降三级，蜀汉后主任命诸葛亮为右将军，兼理丞相事务。

当时赵云、邓芝的军队也在箕谷战败，赵云聚集部众固守，所以损失不大。赵云也被牵连贬为镇军将军。

诸葛亮问邓芝说：“街亭兵败撤退，兵将离散不可收拾。箕谷兵败撤退，兵将还能聚集，这是什么原因呢？”

邓芝回答说：“赵云亲自负责断后，各种军需物资保存完好，都没有丢弃，兵将没有理由散乱逃失。”

赵云还有剩下的军用物资以及绢帛等物品，诸葛亮让他赏赐给众将士，赵云说：“战事失利，为什么还要赏赐？请把这些物资全部存入赤岸库，等到十月作为冬季慰问品再行赏赐。”诸葛亮对他的回答极为赞赏。

有人劝说诸葛亮率领更多的军队再次出兵，诸葛亮说：“上次大军在祁山、箕谷，两个地方的兵力都超过敌人，但最后没能打败敌人，反而被敌人打败，这说明问题不在兵力不够，在于缺少一个好的将领。现在我想精简兵将，明令赏罚，反省过错，为将来解决问题开辟道路。如果不能做到这些，即使士兵再多又能有什么帮助呢？从今以后，凡是要为国家谋划效忠的人，只需多多批评我的过错，那么大事就能成功，敌人就可以打垮，我们只需跷着脚等功业到来了。”

于是诸葛亮考察有功劳的人，连微小的勋劳也不放过；对壮烈之士加以选拔；引咎自责，把自己的过失在国境内公开宣布；砥砺将士，宣扬武道，为将来的进攻作准备。结果蜀汉兵将精练，百姓也忘记了以往的失败。

相关链接

〔1〕马谡：公元190年－228年，字幼常，襄阳宜城（今湖北宜城）人。

〔2〕街亭：在今甘肃省庄浪县与秦安县交界一带。

诸葛亮命殒五丈原

公元234年，诸葛亮调动全部军力进攻魏国，驻军五丈原，和司马懿军长期相峙。后诸葛亮劳竭命殒于军营，魏军进攻，蜀军撤回成都。

魏青龙二年（公元234年）二月，诸葛亮动用全部兵力，共十万大军，从斜谷出发进攻魏，并派遣使者前往东吴约定同时进攻。

诸葛亮到达郿县，大军驻扎在渭水南面。司马懿[1]率领军队渡过渭水，沿着河水筑营抵抗诸葛亮。司马懿对将领们说："诸葛亮如果从武功出发，依山往东进发，那么确实值得担忧；如果向西前往五丈原[2]，你们就可以不必操心了。"诸葛亮果然在五丈原驻军。

雍州刺史郭淮对司马懿说："诸葛亮肯定会争夺北原，我们应当先行占领这个地方。"参与议论的人多数认为不必这样，郭淮说："如果诸葛亮跨过渭水登上北原，和北山连兵，断绝长安与陇西的通道，会导致民情不安，这是对国家很不利的。"司马懿便派郭淮驻防北原。堑壕和营垒还没有筑成，蜀军就已浩浩荡荡杀来，郭淮带兵迎战，击退了蜀军。诸葛亮前几次出兵，都因为粮草运输跟不上，才没有成功，于是分出部队实行屯田，作为长期驻军的基础。屯田的士兵和渭水之滨的居民杂处，百姓安居乐业，军队不生私弊。

司马懿同诸葛亮相持了一百多天，诸葛亮屡次挑战，司马懿就是不出战。诸葛亮就把妇女用的服饰送给司马懿，司马懿恼羞成怒，上表请求出战。

魏明帝派遣卫尉辛毗持符节担任军师来节制司马懿的行动。护军姜维对诸葛亮说："辛毗持符节到来，敌人不会再出战了。"

诸葛亮说："司马懿本来就无心出战，之所以一定向朝廷请求出战，是要向部下表示自己不害怕出战而已。将领身在军中，君主的命令不一定要接受，如果他真能打败我，哪里还需要向千里之外的君主请战呀！"

诸葛亮派遣使者到司马懿军中，司马懿向使者询问诸葛亮的睡眠、饮食和事务多寡，而不打听军事上的消息。使者回答说："诸葛先生早起晚睡，凡是二十杖以上的责罚，都亲自批阅；吃的饭食不到几升。"司马懿对别人说："诸葛孔明进食少而事务烦劳，这样下去能坚持多久呢？"

诸葛亮病重，后主派遣尚书仆射李福前来探望，顺便询问国家大事。李福和诸葛亮谈完话，辞别离去，几天之后再次回来。

诸葛亮说：“我知道你再回来的意思，上次虽然谈了一整天，有些事却还没有交待，所以你又来听取决定。你所要问的事，蒋琬可以担当。”

李福道歉说：“日前的确没有询问，如果您百年之后，谁可以担当重任，所以就又回来了。再请问蒋琬之后，谁可担当重任？”

诸葛亮说：“费祎可以继任。”

又问费祎之后谁可继任，诸葛亮没有回答。

当月，诸葛亮在军中去世。长史杨仪整顿军马撤退，百姓跑着去报告司马懿，司马懿率领军队追赶蜀军。姜维让杨仪调转战旗顺序，擂响战鼓，像是要向司马懿进攻。司马懿见状，以为诸葛亮尚在，立刻收束军队后退，不敢继续进逼。于是杨仪结阵离去，进入斜谷之后才发丧。百姓为此事编了一句谚语：“死诸葛吓走活仲达（仲达是司马懿的字）。”

司马懿听到后，笑着说：“这是我能猜测活着的诸葛亮，不能猜测死了的诸葛亮的缘故。”司马懿到诸葛亮驻军营垒察看，感叹道：“真是天下的奇才啊！”他率军追到赤岸，没能追上蜀军，于是率领军队返回。

各路军队返回成都。朝廷宣布大赦，赐诸葛亮谥号“忠武侯”。当初，诸葛亮曾上表汉主说：“我在成都有桑树八百株，薄田十五顷，供给家人衣食之外，还能有一些富余，我也不另置产业来增加收入。我死的时候，一定不让家里有多余的绢帛，外面有多余的钱财，而辜负陛下。”最后真的就像他说的那样。

丞相长史张裔曾称赞诸葛亮：“先生行赏不忽略生疏的人，处罚不宽恕亲近的人，封爵不允许无功者获取，刑责不因为权贵而免除。这正是无论贤愚都能忘身报国的原因啊！”

蜀地民众请求为诸葛亮建庙祭祀，后主没有准许。百姓就逢时节自己在路上祭祀。步兵校尉习隆等人向后主建议：请在沔阳诸葛亮的墓地附近，建一座庙用于祭祀，使百姓不必再私下祭祀。后主同意了。

相关链接

〔1〕司马懿：公元179年－251年，字仲达，河内温（今河南温县）人，三国时期魏国杰出的政治家、军事家。

〔2〕五丈原：位于今陕西省岐山县五丈原镇。

司马氏政变诛曹爽

曹爽权力很大，但骄奢无度，司马懿父子密谋欲发动政变除掉他，趁他随皇帝外出时，占据他的兵营并上书魏帝揭发他的罪行。曹爽认罪被贬，后身死族灭。

魏大将军曹爽[1]骄奢无度，穿戴饮食，依照皇帝的标准。尚方署[2]的珍宝器玩，在他家里摆得满满的。他还私自留用明帝宫中的才人作歌舞乐伎。他建造地下宫室，在四周布置了华丽的装饰，经常与他的党羽何晏等人在里面饮酒作乐。他弟弟曹羲对此非常忧虑，屡次流着眼泪进行劝阻，但曹爽不听。

曹爽经常与兄弟一起出游，司农沛国人桓范对他说："你们兄弟总理万机，掌管禁兵，不应该同时出城，如果有人在城内兵变，关闭城门，还有谁在里面接应呢？"曹爽说："哪有人敢这样？"

魏正始九年（公元248年）冬，河南令尹李胜出任荆州刺史，到太傅司马懿家辞行。司马懿让两个婢女侍奉着，拿一下衣服，没拿住，掉在地上。司马懿又说口渴，婢女端来粥，司马懿拿不动碗，让婢女端着给他喝，粥从嘴边流出沾满了前胸。

李胜说："大家都说您中风之症旧病复发，但想不到您身体竟糟到这个地步！"

司马懿气喘吁吁地说："我年老体弱，卧病不起，恐怕就快死了。你这次屈就并州刺史，并州靠近胡地，要好好加强戒备。恐怕我们不能再见面了，我把儿子司马师和司马昭托付给你了。"

李胜说："我是回去愧为家乡荆州的刺史，不是并州。"

○ 品画鉴宝

青瓷羊形烛台（三国） 此烛台羊形，伏卧状，琢刻细致，线条流畅，具观赏性和实用性。

司马懿就假装错听了他的话，说：“你将要去并州？”

李胜又说：“是愧为荆州刺史。”

司马懿说：“我年老糊涂，没听明白你的话。如今你回家乡并州，德行昭著，正好建立功勋。”

李胜告退后，禀告曹爽说：“司马公只比死人多一口气，形体、精神已经分离，不值得担心了。”过了些日子，李胜又流着泪对曹爽等人说：“太傅病体不能康复了，令人悲伤啊。”

因此曹爽等人不再对司马懿加以戒备。司马懿则与他的儿子——中护军司马师、散骑常侍司马昭，密谋诛杀曹爽。

魏嘉平元年（公元249年），正月初六，魏帝祭扫高平陵，大将军曹爽和他的弟弟——中领军曹羲、武卫将军曹训、散骑常侍曹彦等随侍同行。太傅以皇太后的名义，命令关闭各个城门，带领士兵占据了军械库，并派兵出城据守洛水浮桥；传召司徒高柔持节代理大将军职务，占据曹爽兵营；命令太仆王观代理中领军职务，占据曹羲兵营。然后向魏帝上奏控诉曹爽的罪恶。

曹爽得到司马懿的奏章，没有通报魏帝，但惶恐窘迫得不知道怎么办好，就把魏帝车驾留宿在伊水之南，砍伐树木堆成拒敌的鹿角，并调遣屯田的士兵数千人充当护卫。司马懿派遣侍中高阳人许允和尚书陈泰去劝说曹爽，告诉他们应尽早归降认罪。又派曹爽所信任的殿中校尉尹大目去对曹爽说，投降以后只免去他的官职而已，并指着洛水发誓。

这时，有智囊之称的桓范从洛阳城逃出，赴魏帝车骑效命。桓范到了之后，劝说曹爽兄弟挟持天子前往许昌，然后调集四方兵马辅助自己。

曹爽还在犹豫，桓范对他说：“这件事解决起来明明白白，真不知道你读书是干什么用的！在现在的形势下，像你们这样门第的人，就算想求得贫贱安稳的日子也已不可能了！而且普通百姓有一个人被劫持，人们尚且希望他能活命，你们和天子在一起，天下谁敢不响应呢？”曹氏兄弟都不说话。

桓范又对曹羲说：“你中领军的别营就在城南，洛阳典农的治所也在城外，可以随意调遣。如今去许昌，不过两天两夜的路程，许昌的军械库，也足够装备军队。我们所担忧的应该是粮食，但大司农的印章在我身上，可以签发征调。”

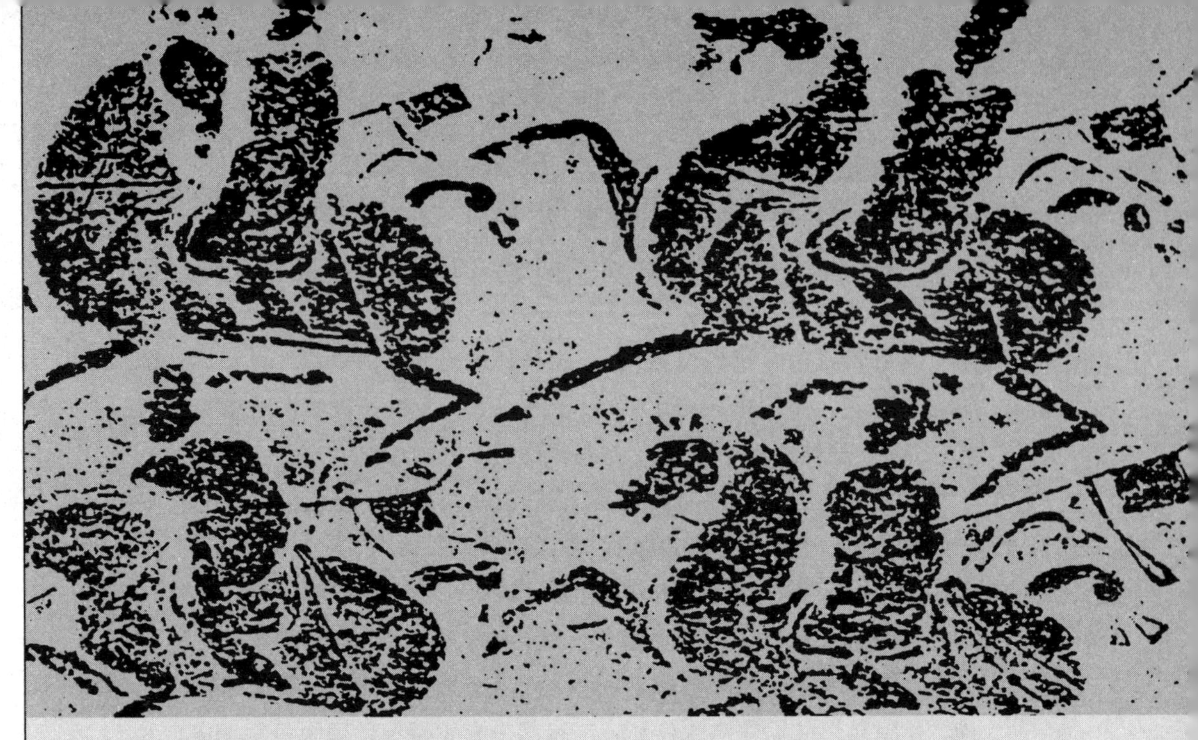

曹氏兄弟沉默不答，从初更坐到五更，曹爽忽然把刀扔到地上说：“即使投降，我至少还能做一个有钱人！”

桓范哭着说：“曹子丹那么出色的人，生下的你们兄弟，却像猪崽牛犊一样！哪里想到今天受你们的牵累而灭族啊！”

于是曹爽将司马懿上奏的事通报魏帝，告诉魏帝下诏免掉自己的官职，侍奉魏帝回宫。曹爽兄弟回家以后，司马懿调遣洛阳的士兵包围曹府日夜看守，并在围墙四角搭起高楼，派人在楼上监视曹爽兄弟的举动。曹爽拿着弹弓到后园去，高楼上的人就高声宣唱：“前大将军去东南边了！”曹爽愁闷不已，又不知如何是好。

初十，有关部门禀告说：“黄门张当私自把选中的才人送给曹爽，怀疑他们之间互相勾结。”于是逮捕张当交给廷尉审讯核实，供词说：“曹爽与尚书何晏、邓飏、丁谧、司隶校尉毕轨、荆州刺史李胜等人阴谋造反，等到三月中旬发动。”

于是曹爽、曹羲、曹训、何晏、邓飏、丁谧、毕轨、李胜，还有桓范，都被关进监狱，以大逆不道的罪名起诉，最后和张当一起都被诛灭三族。

相关链接

〔1〕曹爽：？－公元249年，字昭伯，沛国谯县（今安徽亳州）人。

〔2〕尚方署：负责制办并掌管皇家器物等的宫署。

司马氏发动政变除掉曹爽以后，便开始专权，先是废了曹芳，后又杀死不满于傀儡地位的曹髦，充分暴露了其野心，可以说“司马昭之心，路人皆知”。

太常夏侯玄在天下威名远扬，但司马懿发动政变诛杀曹爽以后，因为与曹爽是亲戚，所以夏侯玄不能担任有权势的职位，平时常闷闷不乐。张缉因为是皇后的父亲，被免去郡守职位在家闲居，因而也很不得意。

中书令李丰与两人关系都很好，他虽然蒙大将军司马师提拔，但心里更倾向于夏侯玄。李丰任中书令二年，魏帝曹芳[1]屡次召见他，与之谈话，但不知说些什么。

司马师知道他们在议论自己，就请李丰相见诘问他。李丰不肯以实言相告，司马师大怒，就用刀柄上的铁环把李丰打死，把尸体送到廷尉处，并逮捕李丰的儿子李韬以及夏侯玄、张缉等人，捏造罪名将他们全都处死，并诛灭三族。魏帝曹芳对李丰被杀感到愤愤不平。安东将军司马昭[2]镇守许昌，魏帝下诏召他入京，让他去攻打姜维。

魏正元元年（公元254年）九月，司马昭领兵入京觐见魏帝，魏帝到平乐观检阅他的军队。左右亲信劝魏帝借司马昭觐见辞行的机会杀掉他，再带领军队击退大将军司马师。需要的诏书都已写好放在面前，魏帝突然害怕了，不敢发动这一计划。

司马昭领兵入城后，大将军司马师就预谋废掉曹芳。十九日，司马师借郭太后名义召集群臣，宣称“魏帝曹芳荒淫无度，迷恋声色，不能继承帝王之位”，群臣谁也不敢反对。于是司马师上奏要收回玺绶，将曹芳贬回齐王，然后派郭芝入宫告诉太后。

太后正与魏帝对坐闲谈，郭芝对魏帝说：“大将军想废掉陛下，立彭城王曹据为帝。”魏帝就站起身走了。

太后很不高兴，郭芝说：“太后您有儿子不能好好教育，如今大将军主意已定，又在外面布置了军队以防变故，只能顺着他的旨意，还有什么可说的呢！”

太后说：“我要见大将军，有话要对他说！”

郭芝说：“还有什么好见的，只要快点把玺绶拿出来即可！”

太后软了下来，就让旁边的侍从取来玺绶放在座位上。

郭芝出来报告司马师，司马师大喜，又派使者把齐王的印绶交给曹芳，让他出来住在西宫。曹芳与太后洒泪辞别，乘坐藩王坐的车子，从太极殿南边出来，群臣前来相送的有几十人，司马孚悲痛不能自已，其他人也大多流泪。

二十二日，司马师再次召集群臣，拿出太后的旨令给大家看，决定到元城迎立高贵乡公曹髦。曹髦是东海定王曹霖之子，当时年仅十四岁。十月初五，曹髦进入洛阳，在太极前殿即皇帝位。

魏景元元年（公元260年），魏帝曹髦见自己的权威日渐削弱，感到非常愤恨。五月初七，曹髦召见侍中王沈、尚书王经、散骑常侍王业，对他们说："司马昭之心，路人皆知。我不能坐等被废黜的耻辱，今天将亲自与你们一起出去讨伐他。"王经说："古时鲁昭公因不能忍受季氏专权，讨伐失败，丢掉国家出走，被天下人耻笑。如今权柄被司马家掌握，已经很久了，朝廷内外都为他效命，而不顾逆顺之理，也不是一天两天了。而且宫中宿卫空缺，武器盔甲又少又差，陛下凭借什么？您一旦这样做，岂不是等同，想要除去疾病，反而使病更厉害了吗？祸患难以预料，应该等待更好的时机。"

魏帝这时就从怀里拿出黄绢诏书扔在地上说："我已经决定这样做了！即使死了也没有什么可怕的，何况不一定死呢！"说完就进内宫去禀告太后。王沈、王业跑着去报告司马昭，还想叫王经一起去，但王经不去。魏帝随即拔出佩剑登上辇车，率领宫殿里的宿卫，僮仆等人呼叫着冲出来。司马昭的弟弟——屯骑校尉司马伷，在东止车门遇上魏帝，魏帝左右之人怒声呵斥他们，司马伷的兵士被吓得逃走了。

中护军贾充由外而入，在南殿之下与魏帝战斗。魏帝亲自用剑拼杀，众人想要退却，骑督成倅的弟弟太子舍人成济问贾充："事情紧急了，你说怎么办？"贾充说："司马公养你们这些人，正为了今日。今日之事，没什么可问的！"于是成济立即持戈上前刺魏帝，将他杀死在辇车之下。司马昭闻讯大惊，自己跪倒在地。太傅司马孚跑过去，把魏帝的头枕在自己的腿上，哭得很伤心，说："陛下被杀，是我的罪过啊！"司马昭进入殿中，召群臣一起商议。尚书左仆射陈泰没有来，司马昭派陈泰的舅舅尚书荀顗去叫他。荀顗是荀彧的儿子。陈泰见了他，说："世人议论的时候，把我陈泰跟舅舅您相比，今天看来，您不如我陈泰。"

陈泰的家人都逼着陈泰去，他才不得已而入殿，见到司马昭，悲恸欲绝，司马昭也对着他流泪，说："玄伯，你将如何为我打算呢？"

陈泰说："只有杀掉贾充，才能稍稍谢罪于天下之人。"

司马昭考虑良久，说："你再想想其他办法。"

陈泰说："我只能说到这个地步，不知道还有什么办法。"

司马昭不再说话了。

太后下令，列举高贵乡公曹髦的罪状，把他贬为庶人，以百姓的丧礼安葬。拘捕王经及其家属交付廷尉处置。王经向他母亲道歉，他的母亲神色不变，笑着回答说："人谁能不死，就怕死的不是地方。为这事大家同死，又有什么遗憾的！"被杀之日，王经以前的下属向雄为他哭泣，悲哀之声让整条街的人为之感动。

初八，太傅司马孚等人上奏，请求以藩王的丧礼安葬高贵乡公，太后同意了。

相关链接

〔1〕曹芳：公元232年－274年，字兰卿，魏明帝曹叡之子，初封为齐王，公元240年继其父称帝。

〔2〕司马昭：？－公元265年，字子上，河内温（今河南温县）人，司马懿次子，其子司马炎建立晋朝后追封他为晋文帝。司马师是他的哥哥。

孙綝废明主孙亮

孙权之子孙亮继位后，由于年幼，大将军孙綝专权，孙亮密谋除掉他，但是走漏了消息，最后反被孙綝废黜。

魏嘉平四年（公元252年），孙权去世，谥号大皇帝。太子孙亮[1]即位，当时年方十岁。魏甘露二年（公元257年）四月，十五岁的孙亮亲临正殿，实行大赦，开始自己执政。

大将军孙綝的上表奏章，多次受到孙亮的责问。孙亮选士兵子弟十八岁以下、十五岁以上的三千多人，选大将子弟中年轻而勇敢健壮的，让他们领兵，每天在御苑操练，他说："我建立这支军队，是想和他们一起成长。"

他还多次拿出府藏书册阅览大皇帝孙权的旧事，询问左右侍臣："先帝常常自己制定诏令，现在大将军奏事，为什么只让我签字同意呢？"

曾经有一次，孙亮想吃生梅，让黄门到内库里取蜂蜜。蜂蜜中有老鼠屎，他就召守库官来询问，守库官叩头谢罪。

孙亮说："黄门向你要过蜂蜜吗？"守库官说："以前要过，我没敢给他。"黄门不服。孙亮让人剖开鼠屎，中间是干的，于是笑着对左右说："如果鼠屎事先就在蜂蜜中，那么里外都应该是湿的；现在外面湿而里面干，这一定是黄门放进去的。"诘问黄门，他果然服罪，左右之人没有不惊叹畏惧的。

吴大将军孙綝专权，等到吴主孙亮亲政，对他多次质问责难，孙綝非常害怕。魏甘露三年（公元258年），孙綝从镬里出征回来后，便称病不去上朝，让他弟弟威远将军孙据进仓龙门担当宿卫，武卫将军孙恩、偏将军孙干分别屯守各军营，想以此自保。

孙亮对此非常憎恶，于是就追查朱公主的死因。当初孙峻专权，有人谋杀他而没有成功，全公主向孙峻诬告朱公主是同谋，于是孙峻诛杀了朱公主。

全公主见孙亮调查朱公主的死因，心里害怕，就说："我确实不知道，都是朱据的两个儿子朱熊、朱损告发的。"这时朱熊担任虎林督，朱损担任外部督，孙亮把他们都杀了。

朱损的妻子，就是孙峻的妹妹。孙綝进谏劝阻，孙亮不听，孙綝因此更加害怕。

○ 品画鉴宝

帝王图·孙权（唐）阎立本／绘　孙权（公元182年－252年），汉族，字仲谋，为吴大帝，三国时吴国的建立者，吴郡富春县（今浙江富阳）人。父孙坚，曾任长沙太守，封破虏将军。兄孙策，为讨逆将军，封吴侯。

孙亮暗地里与全公主及将军刘丞密谋诛杀孙綝。全皇后的父亲全尚担任太常、卫将军，孙亮对全尚的儿子黄门侍郎全纪说："孙綝专权，竟敢轻视我。我上次命令他迅速登岸，为唐咨等人作后援，他却留在湖中不肯上岸，又把罪责推卸给朱异；擅自杀害功臣，也不事先上表奏文；又在朱雀桥南建造府第，不再上朝相见，在家里逍遥自在，不知道有所畏惧。

“不能再容忍了，现在我打算将他绳之以法。你父亲担任中军都督，让他秘密地整顿兵马，我将亲自出宫登上朱雀桥，率领宿卫虎骑及左右之人突然包围孙綝的府第，再颁诏命令孙綝统领的军队就地解散，不得反抗。

“如果一切都按我所说的去做，一定能够成功。你出去后，须秘密行事！你向你的父亲宣示诏令，千万不要让你母亲知道。女人不能明晓大事，更何况她又是孙綝的堂姐，如果遇见孙綝时泄露出去，就会误我的大事！”

全纪接受诏令并告诉全尚。全尚不是能深谋远虑的人，就把此事告诉了全纪的母亲，全纪的母亲又派人秘密地报告孙綝。

九月二十六日，孙綝深夜派兵袭击全尚，把他扣押起来，又派其弟孙恩在苍龙门外杀掉刘承。等到天快亮时，就将王宫围住。

孙亮勃然大怒，骑马带上弓箭就要出宫，说：“我是大皇帝的嫡子，在位已经五年，谁敢不服从我！”侍中近臣以及乳母等人连拉带扯地阻止他，使他不能出宫。

孙亮叹息生气不肯吃饭，骂全皇后：“你父亲糊涂，坏了我的大事！”又派人去叫全纪，全纪说：“我父亲奉行诏令却不谨慎，辜负了陛下，我没有脸面再见陛下。”于是自杀。

孙綝让光禄勋孟宗祭告太庙，把孙亮废为会稽王。又召来群臣议论说：“少帝耽于享乐，身体多病，昏乱糊涂，不可以居天子之位，继承宗庙，我已经祭告先帝把他废了，诸位若有不同意的，请提出异议。”大家都很害怕，说道：“唯将军命令是从！”

孙綝派中书郎李崇褫夺吴帝的玺绶，把孙亮的罪状布告各地。尚书桓彝不肯署名字，孙綝发怒，把他杀了。

典军施正劝孙綝把琅琊王孙休[2]迎来立为天子，孙綝同意了。二十七日，孙綝派宗正孙楷与中书郎董朝到会稽迎接琅琊王，派遣将军孙耽遣送会稽王孙亮到他的封国，孙亮当时十六岁。孙綝把全尚迁移到零陵，过了不久又追上去把他杀了。孙綝把全公主迁移到了豫章。

相关链接

〔1〕孙亮：公元243年－260年，字子明，孙权之子，被孙綝废黜后任会稽王。

〔2〕孙休：公元235年－264年，字子烈，孙权之子，孙亮之兄，初为琅琊王，孙綝废黜孙亮后被立为帝。

他们都崇尚虚无的道家哲学，轻蔑世俗的礼仪法度，每日纵情饮酒，不问世事。

谯郡人嵇康，文章写得雄壮富丽，喜好谈论《老子》《庄子》[1]，崇尚新奇，好侠仗义。他与陈留人阮籍、阮籍的侄子阮咸、河内人山涛、河南人向秀、琅邪（古时写法）人王戎、沛国人刘伶是至交好友，号称竹林七贤[2]。他们都崇尚虚无的道家哲学，轻蔑世俗的礼仪法度，每日纵情饮酒，不问世事。

阮籍担任步兵校尉的时候，他母亲去世。当时他正在与人下围棋，对方要求别下了，但阮籍硬要留下他一决胜负。阮籍下完棋，又喝了两斗酒，高呼一声，吐血几升，衰弱憔悴得只剩皮包骨头。居丧期间，和平日一样饮酒无度。

司隶校尉、何夔的儿子何曾很讨厌他，就在司马昭座前当面指责阮籍："你这个纵酒无度、违背礼仪、败坏风俗的人，如今忠诚贤明的人执掌朝政，要综合考察人物是否名实相符。像你这类人，绝不可以助长你们的气焰！"

于是何曾对司马昭说："您正以孝道治理天下，却听任阮籍居丧期间在您客座之上饮酒食肉，以后还怎么教导别人？应该把他流放到荒远之地，不让他污染我们华夏的风气。"

司马昭喜爱阮籍之才华，常常帮助并保护他。

阮咸喜欢姑姑的婢女。姑姑带婢女离开的时候，阮咸正在陪客人，听说后马上借了客人的马去追，然后两人共骑一匹马回来了。

刘伶喜欢喝酒，经常坐一辆小车，带一壶酒，让人扛着锄头跟着，说："万一醉死就把我埋了。"当时士大夫都称赞他的行为，争相效仿，称作放达。

钟会正得宠于司马昭，听到嵇康的名声就去拜访他。嵇康张开腿坐在那儿打铁，根本不理会主人应有的礼节。钟会将要离去，嵇康问他："你听到了什么而来，见到了什么而去？"钟会答："听到听到的而来，见到见到的而去！"从此钟会对嵇康怀恨在心。

山涛任吏部郎，推荐嵇康代替自己。嵇康写信给山涛，说自己无法忍受流俗，并且有菲薄商汤、周武的意思。司马昭听说后很生气。嵇康与东平人吕安是好朋友，吕安的哥哥吕巽诬告吕安不孝，嵇康为吕安作证证明他并非不孝。

钟会借此事挑拨说："嵇康曾经想帮助毌丘俭，而且吕安、嵇康在世上享有盛名，然而他们言语放荡，为害当世，扰乱名教，应该借此机会杀掉他们。"司马昭就把嵇康和吕安杀了。

西晋统一中国以后，王戎担任了三公那样的高官。他随着时势变化而升降，却不做任何积极的努力。他把事务都交给手下人去办，自己则出去游玩。他性格又很贪婪吝啬，土地田产遍布天下，常常自己拿着统计用的算筹，不分白天黑夜地在那儿计算，仿佛总是不满足的样子。他家里有品种很好的李树，卖李子时害怕别人获得种子，就用钻子把李核钻透，让人无法再种。他所赏识和提拔的人，也都只看重虚名。

阮咸的儿子阮瞻曾经见王戎，王戎问他："儒家看重名教，道家与他们的宗旨相同还是不同？"王瞻说："将无同（差不多一样吧）。"王

○ 品画鉴宝　高逸图（唐）孙位／绘　据考证，此图为《竹林七贤图》残卷，四个人物为山涛、王戎、刘伶和阮籍。此图是研究晚唐人物画的重要资料。

戎赞叹不已，于是召阮瞻做自己的属官。当时的人称之为"三语掾"，意思是三个字的属官。

相关链接

〔1〕《老子》、《庄子》：前者为春秋时代李耳的著作，后者为战国时代庄周的著作，这两本书再加上《周易》被称为"三玄"。

〔2〕竹林七贤：我国三国时期，嵇康、阮籍、向秀、刘伶、王戎、阮咸及山涛七位名士的合称，因他们常聚集在山阳县（今河南辉县西北一带）的竹林之下开怀畅饮，故名。七人是魏晋玄学的代表人物，喜欢清谈，行为放浪无羁。

嵇康（公元223年－262年或者公元224年－263年）

字叔夜，本姓奚，祖籍会稽（今浙江绍兴），其先人因避仇迁家谯国铚县（今安徽宿县西南），改姓嵇。“竹林七贤”的领袖人物。三国时魏末著名的诗人和音乐家，是当时玄学家的代表人物之一。

刘禅乐不思蜀

蜀汉灭亡以后，刘禅及家人、部分臣子都被迁到洛阳。大家都记着亡国之痛，不忘怀念蜀地，唯有刘禅每天过得很高兴。

蜀汉投降后，刘禅全家迁居洛阳，临行的时候，纷乱仓促，刘禅的大臣中没有随行的，只有秘书令郤正和殿中督张通舍弃妻儿老小，只身跟随刘禅。

刘禅仰仗郤正的指导帮助，言谈举止中规中矩，没有失礼，于是慨然长叹，恨自己对郤正了解得太晚。

后来，刘禅被魏封为安乐公，刘禅的子孙与臣属封侯的有五十多人。晋王司马昭设宴招待刘禅，为刘禅演奏蜀地的乐舞，旁边的人都为之感伤，刘禅却像平常一样高兴。

晋王对贾充[1]说："人缺乏感情，竟然能到这个地步。就算诸葛亮不死，也不能辅佐他长治久安，何况姜维呢？"

有一天，晋王问刘禅："你还思念蜀吗？"

刘禅说："在这儿很开心，不思念蜀。[2]"

郤正听到后，就对刘禅说："如果晋王以后再问你，你应当哭着回答，就说，'先人的坟墓都远在蜀地，我心里常常西向悲伤，没有一天不思念。'然后闭上眼睛。"

后来晋王又问刘禅，他就按郤正教的那样回答，晋王说："你的话怎么像是郤正说的？"

刘禅惊讶地看着他说："确实像您所说的那样。"旁边的人都哈哈大笑。

相关链接

〔1〕贾充：公元217年－282年，字公闾，平阳襄陵（今山西襄汾）人，西晋开国功臣之一。

〔2〕后由此事引申出"乐不思蜀"这一成语，意为在一个地方得到了快乐，就不再想回到原来的地方去了，比喻乐而忘返或乐而忘本。

晋武帝（公元236年－290年）

帝王世系表

晋武帝·司马炎
晋惠帝·司马衷
晋怀帝·司马炽
晋愍帝·司马邺
晋元帝·司马睿
晋明帝·司马绍
晋成帝·司马衍
晋康帝·司马岳
晋穆帝·司马聃
晋哀帝·司马丕
晋废帝·司马奕
晋简文帝·司马昱
晋孝武帝·司马曜
晋安帝·司马德宗
晋恭帝·司马德文

晋纪

公元265年－420年

晋朝分为西晋与东晋两个时期。西晋为晋武帝司马炎所建立，建都洛阳；东晋为晋元帝司马睿所建立，建都建康。

作为统一的帝国，西晋确立了一整套官僚制度。它设立的三省制对后世产生了较大的影响。西晋开始实行分封制和都督制以加强皇室对地方的控制，但这些封国在晋末反而削弱了中央势力。

西晋末年的“八王之乱”引起了大规模的流民起义与少数民族频繁的反晋活动。内迁的诸民族乘机举兵，造成“五胡乱华”。人民纷纷南渡，北方进入五胡十六国时期。

东晋初期，王导等人采取镇之以静策略，以稳定局势。南方的农业生产有了很大的提高，北方农民不断渡江南来，补充了南方不足的劳动力，也带来了比较先进的生产工具和生产技术。南北农民的结合，北方的工具技术同南方水田种植经验的结合，是南方农业发展的重要原因。于是，中国经济重心从此开始南移。此外，东晋在手工业和商业方面也有长足进步。

该时期的文化向多元发展。儒教的至高地位被打破，哲学、文学、艺术、史学及科技纷纷革新，形成众多独立的学科。当代思想有本土的玄学、道教及由印度东传的佛教，士大夫阶级盛行清谈。边疆民族带来的草原文化与东晋的中原文化及江南文化彼此交流，相互融合。

大事年表

- 公元 265 年／司马炎逼迫魏帝禅位，废魏帝为陈留王，改魏为晋。建都洛阳。
- 公元 280 年／西晋灭吴，统一全国。
- 公元 290 年／晋武帝卒，太子司马衷继位，是为惠帝。
- 公元 291 年－306 年／八王之乱。
- 公元 301 年／李特率流民起义。
- 公元 308 年／汉王刘渊称帝。
- 公元 310 年／汉刘渊卒。太子和即位。刘聪杀和夺位。
- 公元 316 年／汉国刘曜攻占长安，西晋亡。
- 公元 317 年／司马睿在建康称帝，东晋开始。
- 公元 319 年／石勒称王，以赵为国号，史称后赵。
- 公元 352 年／秦王苻坚称帝。
- 公元 366 年／敦煌莫高窟开凿，敦煌文书即发现于此。
- 公元 370 年／秦王苻坚遣兵灭燕。
- 公元 376 年／前秦苻坚统一北方。
- 公元 383 年／淝水之战，苻坚大举进攻，东晋失败。
- 公元 384 年／慕容垂称燕王，攻邺，后燕始此。
- 公元 417 年／宋武帝刘裕灭后秦。

孙皓暴虐无道

蜀汉灭亡以后，吴国人都害怕了，于是大臣们拥立孙皓登上帝位。刚上任时，他显得很开明，可是后来就残暴无道了。但是，吴灭亡后，作为亡国之君的他在洛阳的表现，要比刘禅优秀得多。

魏咸熙元年（公元264年）七月，东吴景帝孙休去世。当时蜀汉刚刚灭亡，交趾的吕兴又发动叛乱，国内人心惶惶。大臣们商量，觉得应该由一位年长的君主来统治国家，于是就拥立乌程侯孙皓[1]为帝。

孙皓刚即位的时候，发下优抚诏书，体恤臣民百姓，打开仓库，赈济贫困，按条例放出宫女许配给没有妻子的人，养在御苑里的飞禽走兽也都放归山林。当时大家交口称赞，认为他是个明君。可是等控制大权以后，孙皓就变得粗暴骄横，喜好醇酒美女，朝廷上下的人都大失所望，拥立他的大臣心中都暗暗后悔。

东吴散骑常侍王蕃，相貌气质不凡，不会看人脸色、顺从别人的意思行事，孙皓对此很不高兴。散骑常侍万彧、中书丞陈声便乘机诋毁王蕃。孙皓大宴群臣，王蕃喝醉了酒趴着起不来。孙皓怀疑他是故意装出来的，就用车子把他送出去。过了一会儿，又召他回来。这时王蕃容貌举止又恢复庄严，行走自如。

孙皓大怒，喝令左右侍卫在殿堂下把王蕃杀了，然后出门，登上来山，让左右随从投掷王蕃的头颅，并装成老虎和狼的样子啃咬，把头颅咬碎。孙皓还派遣黄门走遍各个州郡，挑选将吏家的女儿，凡是俸禄为二千石的大臣家里的女儿，每年都要申报姓名年龄，到十五六岁时要经过一次检选，没有被选中的才可以出嫁。后宫女子几千人，孙皓仍然不断地挑选新人入宫。

孙皓要建昭明宫，凡是俸禄在二千石以下的官员，都要亲自到山里去督促砍伐木材。然后他又大规模地开辟打猎场，推去土山，修筑楼台，极尽工匠与劳工的能力，工程耗费数以亿万计。大臣屡次劝谏，孙皓一概听不进去。东吴人刁玄伪造谶文说："黄色的旗帜、紫色的车盖，出现在东南方。最终得天下者，是荆、扬的君主。"孙皓信以为真，就在那个月的最后一天，从华里大规模出兵，让太后、皇后以及后宫几千人坐在车上，从牛渚向西进发。东观令华核等人极力谏阻，孙皓不听。途中遇到大雪，道路毁坏，士兵身披铠甲，手持兵器，一百个人一起拉一

辆车子，冷得几乎要冻死。士兵们都说：“如果遇到敌军，我们就倒戈。”孙皓听到这些话，才下令返回。

中书令贺邵，中风后不能说话，请假离职几个月。孙皓怀疑其中有诈，就把他抓起来关到酒窖里，拷打了几千下，也没能让他说出一个字来。于是命人把铁锯烧红，锯下贺邵的头颅，把他的家人放逐到临海。

吴国有很多谈论祥瑞的人，孙皓就此事向侍中韦昭询问。韦昭说：“这不过是人家箱子里收的小说怪谈一类的东西。”

韦昭兼任左国史，孙皓想让他为自己的父亲作纪，韦昭说：“你父亲文皇没有登天子之位，应当作传，不应当作纪。”孙皓不高兴，渐渐开始对韦昭有所责骂甚至生气。后来孙皓认为韦昭不执行他的命令，不忠心尽职，前后的不满累计起来，终于把韦昭抓起来关进监狱。韦昭通过狱吏上书陈说，献上他写的书，希望以此求得赦免。但孙皓却责怪他的书又脏又旧，于是杀死韦昭，把他的家人放逐到零陵。

有一次，孙皓的宠妾派人到集市上抢夺百姓的财物，司市中郎将陈声一向受孙皓宠爱，就把抢东西的人绳之于法了。宠妾向孙皓哭诉，孙皓发怒，就以其他事情为借口，烧红铁锯割断陈声的头颅，把他的身躯扔到四望山下。孙皓每次宴请群臣，都让他们喝得烂醉。然后安排十个黄门郎统计有过失的人。宴会结束之后，黄门郎各自奏报大臣的过失，或一个顶撞的眼神，或一句说错的话，没有不举报的。重者就要被杀，轻者按犯罪处置，或者剥人的脸皮，或者挖人的眼睛。从此大小官员人心离散，没有肯为孙皓尽力的。

孙皓还嫉妒比他强的人。侍中、中书令张尚，思维敏捷，善于辩论，谈起问题来常常有出人意料的观点，孙皓就很不满，怨恨越积越多。后来孙皓问张尚："朕喝酒可以与谁相比？"

张尚说："陛下有百觚[2]的酒量。"相传孔子能饮酒百觚，张尚的意思也就是拿孙皓与孔子相比。谁知孙皓听了说："你明知孔子没有做君王，居然拿朕跟他相比！"于是发怒，把张尚抓了起来。自公卿而下的大臣一百多人到宫殿叩头，替张尚请罪，张尚才得以免死，但被送到建安去造船。不久以后，孙皓还是把他杀了。

晋太康元年（公元280年），晋水军兵临建业城下，孙皓把双手绑在前面，抬着棺材，到军营门口投降。五月初一，孙皓被送到洛阳。

初四，晋武帝司马炎在殿前平台会见文武官员中有爵位的以及四方的使者，国子监学生也都参加。司马炎派人把孙皓与投降的东吴人带来相见。孙皓登上大殿向司马炎稽首。

司马炎对孙皓说："我设这个座位等你已经等很久了。"

孙皓说："我在南方，也设了这样的座位等待陛下。"

贾充对孙皓说："听说你在南方，挖人的眼睛，剥人的脸皮，这是哪一级的刑法？"

孙皓说："为人臣子却杀他的君王，或者做奸恶不忠的事情，就给他施这样的刑罚。"贾充听了一言不发，很是惭愧，孙皓脸上却丝毫没有愧色。

相关链接

〔1〕孙皓：公元242年－284年，字元宗，东吴最后一位皇帝，公元264年－280年在位。

〔2〕觚：古代一种圆口细腰的酒器。

陆抗虎父无犬子

陆抗是陆逊的儿子。陆逊当年曾火烧连营大败刘备，他死后由陆抗接袭爵位。陆抗善战而谦虚，虽然在西陵一举击破步阐的叛军，但是回去后脸上连一点骄傲的神色都没有。

陆抗[1]是陆逊的儿子，孙策的外孙。陆逊的长子早夭，所以陆逊死后由陆抗袭爵。

晋泰始八年（公元272年）九月，东吴西陵督步阐占据了西陵向晋投降。当时陆抗担任镇军大将军，西陵正在他管辖区内，于是他马上派将军左奕、吾彦等前去讨伐。

晋武帝司马炎[2]派荆州刺史杨肇到西陵迎接步阐，又派车骑将军羊祜率领步兵进攻江陵，派巴东监军徐胤率领水军攻打建平来救援步阐。陆抗命令西陵各军设立严密的包围圈，从赤溪一直到故市，内可围困步阐，外可抵御晋军。

陆抗不分昼夜催促各军修建包围工事，就好像敌人已经到来似的，各部队都觉得很辛苦。将领们劝谏说："现在应该趁着三军的锐气，迅速进攻步阐，等到晋的救兵来到，一定可以攻克西陵，何必去做修建工事这样的事，让士兵和百姓都觉得疲惫呢？"

陆抗说："西陵城所处的地势已经够稳固了，粮食又很充足，况且所具有的防御设施、器具，都是我早先在西陵任职时所准备的，现在反过来攻打它，不可能很快攻下。如果等晋兵到来而我们还没有攻下来，那么里外受敌，靠什么抵御？"

诸将还是想攻打步阐，陆抗想让众人心服，就听任他们去试了一试，果然没有胜利。包围圈的工事准备好的时候，羊祜的五万军队也正好到了江陵。

将领们都认为陆抗不应该离开江陵，陆抗说："江陵城防坚固，兵员充足，没有什么可担忧的。就算敌人打下江陵，破坏了城防，他们也一定守不住，我们的损失不会很大。如果晋兵占领了西陵，那么南山众多夷族都会骚动，麻烦就难以估量了！"于是他亲自率领部队奔赴西陵。

当初，陆抗因为江陵以北道路平坦开阔，命令江陵督张咸兴建造大坝阻断水流，把平地淹没以阻挡敌人的侵犯和内部的叛乱。羊祜想借大坝拦住的水用船运送粮草，就故意扬言要凿破大坝好让步兵通过。

○品画鉴宝

持盾俑（西晋）俑作跪姿，右手扛矛，左手持盾，盾上怪兽双目圆睁，獠牙尖利，使人望而生畏。

陆抗听到这个消息，就让张咸立刻破坏大坝。将领们都迷惑不解，多次谏阻也没有用。结果羊祜到了当阳，听说大坝已毁，只好改用车子运粮，耗费了许多时间与力气。

十一月，杨肇到达西陵。陆抗命令公安督孙遵沿着南岸抵御羊祜，水军督留虑抵御徐胤，陆抗亲自率领大军凭藉长围与杨肇对峙。

将军朱乔营里的都督俞赞逃到杨肇那里，陆抗说："俞赞是军队里的老官吏，清楚我军的虚实。我经常担心夷兵平时的训练不够，敌人如果进攻包围圈，一定先攻打夷兵防守的地方。"于是当夜陆抗下令更换夷兵，全都用精兵把守。

第二天，杨肇果然攻打原先夷兵防守的地方。陆抗下令反击，弓箭与石块像下雨一样袭来，杨肇的部下接连死亡。

十二月，杨肇无计可施，趁黑夜逃走。陆抗想追击，又担心步阐积蓄力量在一旁等待时机，自己的兵力不足以分成两路，于是只擂鼓威吓敌人，做出要追赶的样子。杨肇的部下果然恐惧不安，全丢弃铠甲轻身而逃。

陆抗派骑兵追击，杨肇军队大败，羊祜等人都率领军队撤退。于是陆抗攻克西陵，杀死步阐以及与他同谋的将吏几十人，并诛灭三族，而为剩下几万人向皇帝请求赦免。

陆抗返回东边的乐乡，脸上没有自负的神色，谦虚平淡也一如既往。孙皓加封陆抗为都护。

相关链接

〔1〕陆抗：公元226年—274年，字幼节，吴郡吴县（今上海松江）人，陆逊次子，三国时期吴国著名将领。

〔2〕司马炎：公元236年—290年，字安世，司马昭长子，晋朝开国君主，于公元265年建晋代魏，谥号晋武帝。

马隆自荐却敌

西晋时，鲜卑人树机能侵犯凉州，马隆毛遂自荐，请求平敌，得到了司马炎的允许。于是他率兵西上，遂灭树机能。

晋咸宁五年（公元279年）正月，鲜卑[1]的秃发树机能攻陷了凉州。晋武帝司马炎因为以前有大臣请求发兵，自己没有同意而非常后悔，在朝会的时候叹气，说："有谁能为我讨平这个敌寇？"

司马督马隆[2]上前说："陛下如果能任用我，我可以平定树机能。"

司马炎说："你若真能平定敌人，我为什么不能任用你，只是你的策略是什么？"马隆说："我打算招募三千名勇士，不管他们以前如何。率领他们西进，敌寇都不够我讨伐的。"司马炎同意了，任命马隆为讨虏护军、武威太守。大臣们都说："我们现在的将士已经很多了，不应该再凭空悬赏招募。马隆这个小将只是瞎说，不值得相信。"司马炎不听。马隆招募士兵，录取的标准是能拉开一百二十斤张力的弓，能拉开发射时有九石力量的弩。他立下标志考试选拔，从早晨到中午，得到三千五百人。马隆说："足够了。"

他又请求亲自到武器库里去挑选兵器，以至于武库令嫌麻烦与他吵了起来。御史中丞向皇帝上奏弹劾马隆，马隆说："我将要在战场上拼命，武库令却给我曹魏时期生锈的兵器，这可不是陛下用我的本意。"司于是马炎下令，武器库中的兵器任马隆挑选，并供给他三年的军用物资，然后派他出征。

马隆向西渡过温水，树机能等人带领几万名部众凭借险要关口抵抗。因为山路狭隘，马隆就造了扁箱车，还做了木屋，架在车上，一边战斗一边前进，走了一千多里，打死打伤了很多敌人。

自从马隆向西出发以后，音讯断绝，朝廷为他们担忧，有的人甚至说他们已经全军覆没了。后来马隆的使者在夜里到达，司马炎拍着手笑了。清晨，召集群臣，对他们说："假如听从了诸位的意见，就没有凉州了。"于是下诏，赐给马隆符节，封他为宣威将军。

马隆到达武威，鲜卑部落首领猝跋韩、且万能率领一万多个部落前来归降。十二月，马隆与树机能大战，斩杀了树机能。凉州终于平定。

相关链接

〔1〕鲜卑：古代我国北方游牧民族，兴起于大兴安岭山脉。

〔2〕马隆：生卒年不详，字孝兴，东平平陆（今山东汶上）人，西晋将领。

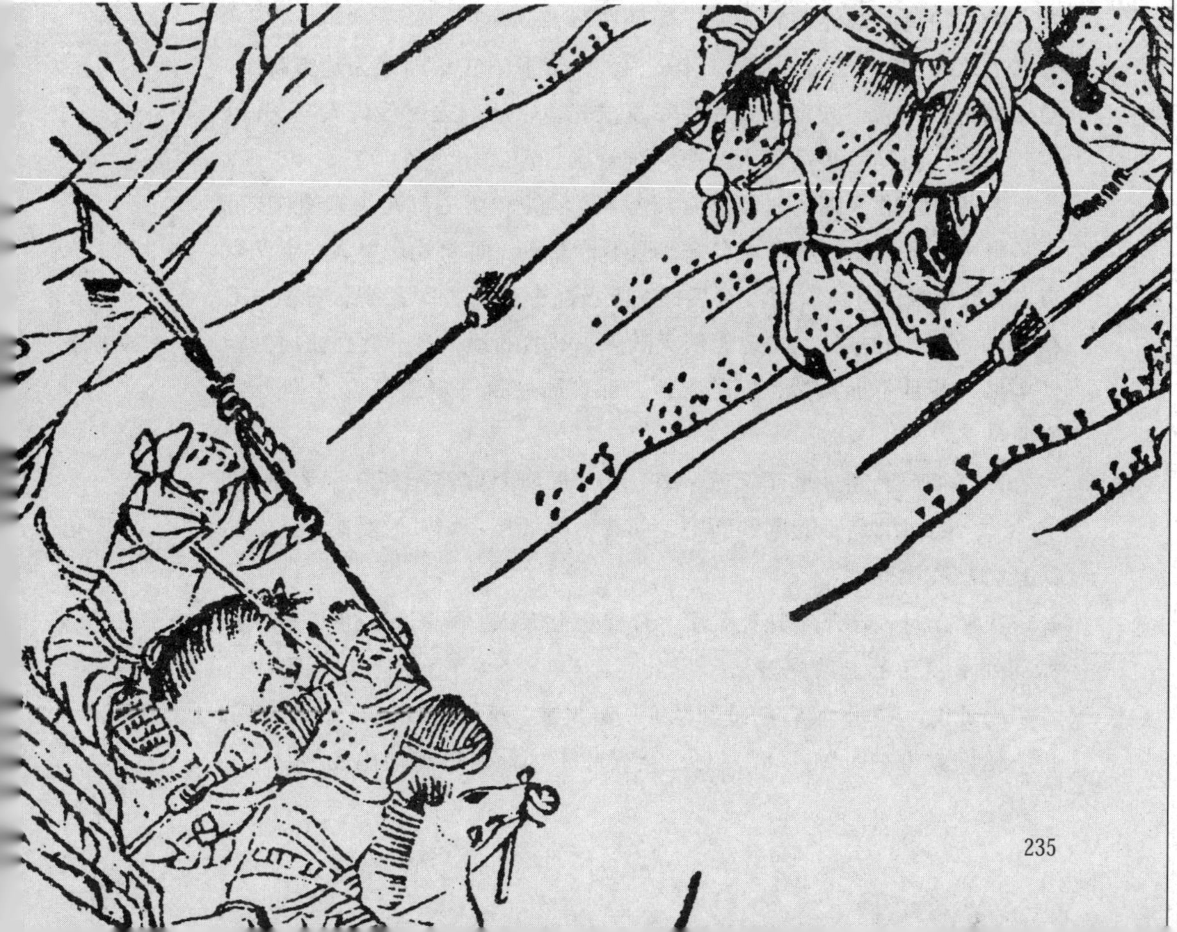

除三害的周处

周处被认为是三害之一，他知道后，不但除掉了另外两害——老虎和蛟龙，而且自己也痛改前非，立志读书学习，后来终于成了一个有用的人才。

周鲂的儿子周处[1]，臂力无人可比，他为人不拘小节，乡里的百姓对他都感到很头疼。周处曾经问乡里的老人："如今四时调顺，年岁丰收，但人们却不开心，这是为什么呢？"

老人叹着气说："三害不除掉，哪里能开心？"

周处说："三害是什么？"

老人说："南山的白额虎，长桥的蛟龙，再加上你，就是三害了。"

周处说："如果所担忧的只有这三害，那我就能将它们除掉。"

于是，周处进山搜寻老虎，将老虎射死；跳到河里，与蛟龙搏斗，杀死蛟龙；然后师从陆机、陆云求学，一心读书，磨炼操守与德行。过了一年，州郡的官府纷纷征召他去做官。

周处在晋惠帝时担任御史中丞，弹劾官吏的时候，从不回避权贵国戚。梁王司马肜曾经违犯法律，周处按律弹劾他。

晋元康六年（公元296年）十一月，皇帝下诏任命周处为建威将军，与振威将军卢播一同隶属安西将军夏侯骏，让他们去讨伐氐人[2]齐万年。当时，司马肜为征西大将军，统管雍、凉二州军务。

中书令陈准上朝的时候进言，说："夏侯骏和梁王都是皇亲贵族，都不是将帅之才，他们进不求名誉，退不怕罪责。而周处是吴人，忠诚耿直，勇敢果断，有仇人而没有后援。应当命令积弩将军孟观，率领一万精兵作为周处的前锋，一定能消灭敌人。不然的话，梁王就会让周处担任前锋，并且不加救援，以陷害他，那么周处就一定会失败。"朝廷没有听从。

齐万年听说周处率领军队前来，说："周府君曾经担任新平太守，文武全才。他如果是不受制约而来，那就不可抵挡；如果他受制于人，这次就会被我擒获。"

次年正月，齐万年驻扎梁山，有部众七万人。梁王司马肜、夏侯骏派周处率领五千士兵攻击。

周处说："军队没有后续部队，一定失败。这样不仅是我个人丧命，也会给国家带来耻辱。"司马肜、夏侯骏不理他，逼着他出发。

初四，周处与卢播、解系在六陌攻打齐万年。周处军队的士兵们还没有吃饭，司马肜就催促他们立即进攻。从早上一直打到晚上，消灭了很多敌军。最后弓弦断了，箭也射完了，救兵还是不来。

周处身边的人劝他撤退，他按着长剑说："这正是我效忠舍命的日子。"于是奋力作战而死。朝廷虽然因此埋怨司马肜，但是也没办法治他的罪。

相关链接

〔1〕周处：公元236年－297年，字子隐，东吴吴郡（今江苏宜兴）人。

〔2〕氐人：我国古代西北民族，东晋时建立过前秦、后凉政权。

王衍清谈误国

王衍身为尚书令，却喜欢清谈，崇尚虚无，在其位不谋其政，后被石勒俘虏，死于非命。

晋惠帝时，王衍[1]担任尚书令，南阳人乐广担任河南尹，他们都喜好清谈，把心思寄托在事务之外。他们当时在社会上名声很大，朝廷内外的人都争相效仿他们。王衍与弟弟王澄，喜好品评人物，当时的人都以他们的评价作为标准。

王衍容貌秀美，他小的时候，山涛见到他，赞叹了很久，说："什么样的妇人，竟然生下这样好的孩子！但是危害天下百姓的，未必就不是这个人。"

乐广性情淡泊简约，与世无争。他每次谈论，总是用简略的语言辨析事理，使人感到内心满足。而对于他所不知道的事情，他就保持沉默。他议论别人，一定先称赞这个人的长处，那么这人的短处不用他说，也就自然而然地显现出来了。

王澄以及阮咸、阮咸的侄子阮修、泰山人胡毋辅之、陈国人谢鲲、新蔡人毕卓等人，都以任性放纵为通达，甚至喝醉了酒发狂裸体，也不觉得有什么不对。

胡毋辅之曾经痛饮，他的儿子胡毋谦之见到了，厉声叫着他的字说："彦国，你是上了年纪的人，不应该做这样的事了！"胡毋辅之放声大笑，叫他进来一起喝酒。

毕卓曾经担任吏部郎，隔壁主人酿造的酒熟了，毕卓借着酒劲儿，

趁夜跑到隔壁放酒瓮的房间里去偷酒喝，被看管的人捆绑起来。第二天早晨一看，原来是吏部郎毕卓。乐广听说以后笑他说："名教之中自有欢乐之处，何必这样呢？"

当初，何晏等人师法、继承老庄学说，他们认为：天地万物，都以"无"作为根本。所谓"无"，就是滋生万物，成就万事，无论到哪儿都存在的东西。阴阳依赖它而变化相生，贤者依赖它而成就德性。所以"无"所到之处，没有爵位也照样富贵。

王衍他们都喜爱和尊重何晏。从此，朝廷的士大夫都把虚浮放诞看作美好的行为，荒废了自己的正业。

侍中裴頠认为崇尚虚无有害无益，就写了一篇《崇有论》，来纠正虚无思想的问题。然而风气习俗已经形成，裴頠的论文也不能匡救了。

晋怀帝永嘉五年（公元311年）四月，石勒〔2〕率骑兵追击太傅司马越的灵车，在苦县宁平城追上，大败晋军，让骑兵包围他们并用弓箭射击，十多万晋朝官兵相互践踏，尸体堆积如山，无一人幸免。

石勒擒获太尉王衍等人，让他们坐在帐幕下，向他们询问晋朝的事情。王衍详细陈说了祸患衰败的原因，声称计策不是自己制定的，并且说自己从小就没有当官的欲望，不参与俗世的事务。王衍又借这个机会劝石勒称帝，希望自己能因此得到赦免。

石勒说："您年轻力壮的时候就入朝廷为官，名声响彻海内，身居重任，凭什么说自己没有当官的欲望呢？把天下搞得一团糟的人，不是你又是谁呢？"石勒命令随从将王衍架了出去。

石勒对手下孔苌说："天下我去过的地方多了，还不曾见过这种人，应该让他们活在世上吗？"

孔苌说："他们都是晋朝的王公大臣，终究不会被我们所用。"

石勒说："那就杀了他们。不过为了表示尊重，就不要让他们死在刀刃之下了。"

于是当天晚上，石勒派人推倒墙壁，把他们压死了。

相关链接

〔1〕王衍：公元256年－311年，字夷甫，琅琊临沂（今山东临沂）人。

〔2〕石勒：公元274年－333年，字世龙，原名訇勒，羯族，上党武乡（今山西榆社北）人，十六国时期后赵建立者。

贾南风毒计除太子

司马遹自幼聪慧，得到了其祖父司马炎的赏识，其父司马衷称帝后，他被立为太子。皇后贾南风心狠手辣，和他人阴谋算计司马遹，用尽各种办法，废黜并杀死了他。

当初，晋武帝司马炎把才人谢玖赐给太子，生下了皇孙司马遹。有一天夜里，皇宫失火，司马炎登楼查看。司马遹当时只有五岁，他牵着司马炎的衣服下摆走进暗处，说："夜里事起突然，应当防备不寻常的变故，君主不可以站在亮处让别人看到。"司马炎因此认为司马遹很不一般。

司马炎曾经对着群臣称赞司马遹像宣帝司马懿，所以天下人都归心于司马遹。司马炎知道太子没有能力，但是因为司马遹聪慧，司马炎才打消废黜太子的想法。

晋惠帝[1]司马衷即位以后，皇后贾南风[2]的母亲郭槐因为皇后没有孩子，经常劝皇后疼爱太子。贾南风的外甥贾谧骄纵放肆，屡次对太子无礼，郭槐总是严厉地叱责他。

郭槐想让韩寿的女儿去做太子妃，太子也想与韩氏联姻以稳固自己的地位。韩寿的妻子贾午及皇后都不同意，而为太子聘定了王衍的小女儿。太子听说王衍的大女儿容貌美丽，而皇后却为贾谧聘定了她，所以心里愤愤不平，说了一些抱怨的话。

郭槐病重，临终的时候，拉住贾南风的手，叫她对太子尽心，言辞非常恳切。又说："赵粲、贾午，一定会把你家的事搅乱。我死后，不要再让他们随便进出宫殿。用心记住我的话！"皇后却没有听从，反而与赵粲、贾午图谋陷害太子。

太子年幼时有好名声，等到长大，却不喜欢学习，只知与周围的人玩耍。贾南风又让黄门之类的人引诱他，使他变得奢侈糜烂，而且强横暴虐。从此太子的声誉逐渐败坏，而骄横傲慢却日益突出，有时竟然不去向父皇请安伺候，而纵情游乐。他还在宫中设立市场，让手下人买卖酒肉，太子用手掂分量，轻重丝毫不差。太子的亲生母亲，原来是屠夫的女儿，所以太子也喜好买卖。太子月俸有五十万，却经常预支两个月的还不够开销。他又让西园出售蔬菜、蓝草籽、鸡、面粉等物品，收取利润。太子还爱好阴阳术数之类的小把戏，有很多禁忌约束。

辅佐太子的官员劝说太子，太子也不听。中舍人杜锡，担心太子的

地位不稳定，经常尽力劝谏，言辞恳切。太子不但不感激，反而觉得杜锡讨厌，有一次还把针放在杜锡平常所坐的毡垫里，杜锡被扎出了血。

太子性格刚烈，知道贾谧倚仗皇后的势力而骄横，不能容忍敷衍贾谧。贾谧当时担任侍中，到太子所住的东宫来，太子有时就把他撇在一边，自己到后园玩耍。

太子的属官詹事裴权劝谏太子说："贾谧是皇后亲近的人，一旦他想陷害你，情况就危险了。"太子不听。

贾谧果然向贾南风诬告太子："太子储藏很多私财，有结交小人的目的，就是要图谋您啊。如果皇帝驾崩，他登基继位，一定会按照您过去对杨太后的做法，诛杀我们，把您废黜并囚禁在金墉城，这些事对他来说易如反掌。您不如早作打算，另立一个心慈面顺的人做太子，这样您就可以放心了。"

贾南风采纳了贾谧的建议，于是宣扬太子的短处，并到处传播。又假称自己怀孕，在宫内准备了接生用具，然后接来妹夫韩寿的儿子韩祖慰抚养，想用韩祖慰来取代太子。

晋元康九年（公元299年）十二月，太子的大儿子生病，太子为他请求王爵，没有被同意。后来病情加重，太子为他祈祷求福。

贾南风听说后，就假称惠帝身体不适，召太子入宫朝见。太子进宫后，皇后不见他，把他安排在其他房间，派婢女陈舞假称惠帝的命令赐太子三升酒，让他全部喝掉。

太子推辞说喝不了三升，陈舞逼迫他，说："不孝啊！天子赐你酒而你不喝，难道酒中有脏东西吗？"太子迫不得已，勉强喝完，于是大醉。

贾皇后让黄门侍郎潘岳写了一封信的草稿，又让小婢女承福，拿着纸、笔和草稿，趁着太子喝醉，伪称惠帝下诏命令他抄写，内容是这样的："陛下应当自己了断，如不自己了断，我就要进宫替您了断。皇后更应该尽快自己了断，若不自己了断，我当亲手将你了断。而且我已经和谢妃约定，到时在皇宫内外一起发动，请不要迟疑犹豫，以免招来后患。我在日、月、星三辰之下茹毛饮血，请皇天允许我扫除祸患，立道文为王，蒋氏为王后。愿望实现，我将用猪、牛、羊三牲供奉北君。”

太子醉得迷糊不觉，于是就照着写了。有的字只写了一半，皇后把它补完整，然后交给了惠帝。

三十日，惠帝到式乾殿，召公、卿入宫，让黄门令董猛出示太子的信以及青纸写的诏书，然后说：“司马遹的信如此大逆不道，现在赐死。”他把太子的信和青纸诏书给所有的王公大臣看，大家都不作声。

张华说：“这是国家的大祸患，自古以来，常常因为废黜太子而导致祸乱。再说我朝拥有天下的时间还短，希望陛下仔细考虑。”

裴頠认为应当先检查传递这信的人，又请求核对太子的笔迹，否则的话，恐怕里面有欺骗妄为的地方。

贾南风就拿出太子平时报告事情的十几张启事，大家对比着看，也没有人敢说不一样。贾南风又让董猛假托长广公主的话对惠帝说：“这件事应当尽快决断，大臣们意见各不相同，对那些不服从命令的，应当按军法处置。”大臣们商议到太阳西下，还没有决定。

皇后见张华等人态度坚决，害怕事情发生变化，就建议把太子贬为庶民，惠帝同意了。于是派人到东宫宣读诏书，废黜太子，贬为庶民。

太子换上平民的衣服，步行出宫，坐上简陋的牛车，一家人被士兵押送到金墉城囚禁。王衍亲自上表要求离婚，司马衷准许，太子妃王氏痛哭着回到娘家。

次年正月，贾南风又用计诬陷太子谋反。于是司马衷下令将太子迁移到许昌的宫殿囚禁。

三月，贾南风命令太医令程据配制毒药，假造惠帝诏旨，命令黄门孙虑到许昌毒死太子。太子自从被废，担心被人下毒，经常自己烹煮食物，并一直守着。

孙虑把诏令毒死太子的事告诉奉命看守太子的持书御史刘振，刘振就让太子搬到小房间里，断绝了他的饮食。后来又拿毒药逼太子吃，太子不肯吃，孙虑就用捣药的药杵将太子砸死了。

相关链接

〔1〕晋惠帝：公元259年－306年，即司马衷，字正度，西晋第二位皇帝，公元290年－306年在位。

〔2〕贾南风：公元256年－300年，平阳襄陵（今山西襄汾）人，晋惠帝司马衷的皇后，为人残忍阴毒。

司马伦在废黜贾皇后后，又接着废掉了皇帝，自己即位，引起了各地藩王的不满。各地纷纷起兵，讨伐司马伦，爆发了晋朝历史上著名的“八王之乱”，从此西晋王朝便一蹶不振。

皇后贾南风施计废黜了太子，朝廷上下，群情激愤。晋永康元年（公元300年），右卫督司马雅、常从督许超，都曾经在东宫任过职，就与殿中中郎士猗等一起策划废黜皇后，恢复太子的地位。

他们认为右军将军赵王司马伦[1]掌握兵权，生性贪婪冒失，可以借他的力量完成此事，于是劝司马伦的亲信孙秀：“皇后残暴嫉妒，不守本分，与贾谧等人一起诬陷、废黜太子。现在国家失去继承人，社稷面临危险，大臣们将要发动政变。您名义上在皇后的中宫任职，与贾氏、郭氏关系亲密。太子被废黜，大家都说您事先就知道了。一旦发生政变，灾祸一定会落到您头上。为什么不让赵王先行发动，废黜皇后呢？”

孙秀许诺答应，告诉了司马伦。司马伦同意了，于是通知通事令史张林和省事张衡等人，让他们作内应。

准备起事的时候，孙秀对司马伦说：“太子聪明刚猛，如果让他回到东宫，一定不会受制于人。您一直是贾皇后那边的人，路人皆知，如今就算为太子立下大功，太子也会认为您只是为了满足百姓的愿望，才反过来协助太子以求免受惩罚罢了。

“即使您忍气吞声，太子也一定不会真心感激您。将来如果发生一点小矛盾，您还是不能避免被杀。不如拖延时间，贾后一定会加害太子，那时候您废黜皇后，为太子报仇。这样不只免去灾祸，还可以进一步提高您的地位。”司马伦认为有道理。

于是孙秀就派人挑拨离间，扬言说宫中有人想废黜皇后，扶立太子。贾南风多次派宫女乔装打扮去民间探察，听到这些流言后非常害怕。司马伦、孙秀也趁机劝说贾谧等人尽快除掉太子，让人们断绝希望。结果，贾南风就派人杀了太子。

太子死了以后，司马伦和孙秀准备讨伐贾后，告诉了右卫佽飞督闾和。闾和追随他们，约定四月初三半夜的时候，用鼓声作信号。

到了约定的时候，司马伦假借皇帝旨意，命令皇宫禁卫军三部司马：“贾皇后与贾谧等人杀害朕的太子，现在派车骑将军进宫废黜皇后，

你们都应该服从命令。事成之后，赐爵关中侯。不服从的人，诛灭三族。”大家都服从了。

司马伦又假称诏令骗开宫门，趁天黑进宫，把士兵布置在路的南边，派翊军校尉齐王司马冏带领一百名士兵入宫。华林令骆休为内应，把晋惠帝司马衷接到东堂，下诏把贾谧召到殿前，要杀了他。贾谧跑到西钟下面，大叫：“皇后救我！”士兵上前把他杀了。

贾南风见到司马冏，惊讶地问：“你来干什么？”

司马冏说：“有诏令要逮捕你。”

皇后说：“诏令应该是从我这儿发出的，还有什么诏令？”

贾南风跑到皇帝住的地方，远远地对司马衷喊：“陛下有妻子，却让人废黜，就说明陛下自己也将被废黜了。”

当时，梁王司马肜也参与了行动，贾南风问司马肜：“事情是谁发起的？”

司马肜说："梁王和赵王。"

贾南风说："系狗本来应该系在脖子上，结果反倒系在尾巴上，怎么能不这样呢？"

司马伦等人把皇后废为庶民，囚禁在建始殿。

司马伦成功地废黜了贾南风以后，又与孙秀图谋篡夺皇位，打算先除掉朝廷中有名望的大臣，并借机报复以前结怨的人，于是就把张华、裴頠等人抓起来杀掉，并诛杀三族。然后由自己担任相国、侍中等多项要职。

晋永宁元年（公元301年）正月，相国司马伦和孙秀让牙门赵奉假传宣帝司马懿的神灵传语，说："司马伦应当尽快入西宫即位。"

散骑常侍义阳王司马威一向谄媚侍奉司马伦，司马伦就让司马威兼任侍中，派他逼迫惠帝交出玺绶，起草禅让的诏书。又派尚书令满奋手持符节，捧上玺绶，表示惠帝已经把帝位禅让给司马伦。

初九，司马伦准备好皇帝专用的车马仪仗，进入皇宫，即皇帝位。然后大赦天下，改年号为建始。

司马伦让司马衷从华林园西门出宫，到金墉城居住，派张衡带兵看守，然后尊他为太上皇。

司马伦当上皇帝，大肆封官，手下的人被越级提拔的不可胜数。甚至连奴仆士兵，也都封官加爵。每当朝会，插着貂尾、蝉羽的高级官员坐得满满的。当时的人为此编了谚语：貂不足，狗尾续。

这一年，全国府库的储备都不够用来赏赐。封侯的人太多，来不及铸造官印，有的就给他一个没有字的光板印代替。

司马伦废黜了司马衷，自己当皇帝，引起众藩王的强烈不满。于是各地纷纷起兵，讨伐司马伦。

此后，他们又互相攻伐，连年不止，西晋陷入严重的动荡局面。卷进这一系列攻伐的主要有八个藩王，因此这一段历史也被称为"八王之乱[2]"。

相关链接

〔1〕司马伦：字子彝，司马懿第九子，西晋王朝"八王之乱"的始作俑者。

〔2〕八王之乱：主要有楚王司马玮、赵王司马伦、齐王司马冏、长沙王司马乂、汝南王司马亮、河间王司马颙、东海王司马越、成都王司马颖等八王。战乱从公元291年持续到306年，历时十六年之久，给西晋的政治、经济造成了很大的破坏。

陆机兄弟冤死

陆机、陆云兄弟是西晋著名的文学家，二人在司马颖手下做事，宦官孟玖很记恨他们，就通过捏造罪名把他们杀害了。

陆机[1]、陆云兄弟，是西晋著名的文学家，人称“二陆”。

晋太安二年（公元303年），成都王司马颖与河间王司马颙一起讨伐长沙王司马乂。

司马颖率领军队在朝歌[2]驻扎，任命平原内史陆机为前将军、前锋都督，统领中郎将王粹、冠军将军牵秀、中护军石超等人的军队共二十多万，向南进军，进逼洛阳。陆机本来在司马颖门下当幕僚，这次一下位居众将领之上，让王粹等人心里很不服气。

十月初九，司马乂奉持皇帝与陆机在建春门展开激战，最后陆机的军队惨败。

当初，宦官孟玖很受大将军司马颖的宠爱，孟玖想让他父亲做邯郸的县令，左长史卢志等人都不敢反对，只有右司马陆云坚决不同意，他说：“邯郸的县令，历来都是有公府掾属资格的人担任的，怎么能让宦官的父亲做呢？”孟玖因此十分怨恨陆云。

孟玖的弟弟孟超，是统领万余人的小督，战斗还没开始，就放纵他的部下到处抢掠。陆机拘捕了带头的人，孟超带了一百多全副武装的骑兵一直冲到陆机麾下，夺走犯人，回头对陆机说：“狗奴才，你会做都督吗？”陆机的司马孙拯劝陆机杀掉孟超，陆机没有听从。

孟超扬言：“陆机想要叛变。”又写信给孟玖，说陆机有叛变之心，所以军队不能迅速取胜。

战斗开始后，孟超不听陆机的指挥，自己轻率地领兵深入，结果大败，全军覆没。

孟玖怀疑是陆机杀了孟超，就向司马颖进谗言，说：“陆机怀有二心，与长沙王勾结。”牵秀一向奉承孟玖，将军王阐、郝昌、帐下督公师藩等人也都是由孟玖引荐而被任用的，这些人一起证实孟玖的话是真的。司马颖大怒，派牵秀带兵去拘捕陆机。

参军事王彰劝谏说：“今天的战斗，强弱对比十分明白，连庸人都知道一定打不过，何况像陆机那样明白通达的人呢？只是因为陆机是吴人，殿下又过于重用他，才引起北方旧将的嫉妒而已。”司马颖不听他的。

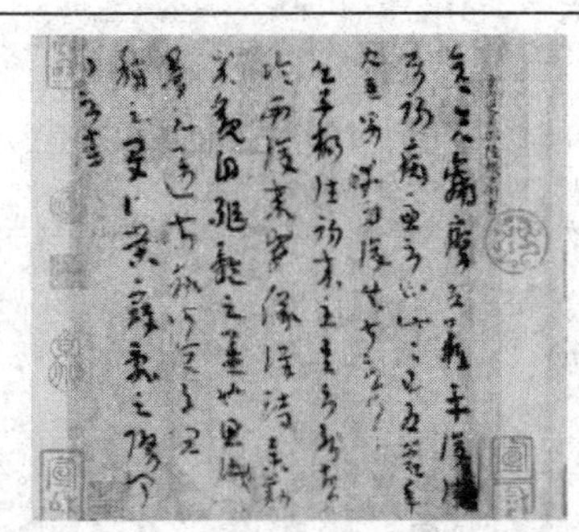

○ 品画鉴宝

平复帖（西晋）陆机／书　《平复帖》是现存最早的传世墨迹。该帖是写给友人的信札，为文人传世书信中最早的一件。

陆机听说牵秀到了，就脱下军服，戴着便帽，与牵秀相见，又给司马颖写信辞别。然后叹着气说："故乡华亭的鹤鸣声，还能再听到吗？"

牵秀把陆机杀了。司马颖又拘捕了陆机的弟弟清河内史陆云、平东祭酒陆耽以及孙拯，把他们都关进了监狱。

记室江统、陈留人蔡克、颍川人枣嵩等人共同上书："陆机因计谋不周密而导致失败，可以处死。至于说他反叛，大家都知道是不可能的。应该先审核陆机谋反的情况，如能证实，再杀陆云等人也不迟。"江统等人不停地恳求，司马颖犹豫了三天。

蔡克进入王府，到司马颖面前，叩头叩到流血，说："孟玖怨恨陆云，是远近都知道的。现在如果陆云真的被杀，我为您感到惋惜！"跟随蔡克进去的几十个手下，也都流着泪请求。司马颖很伤心，神色中颇有宽恕的意思。

孟玖扶着司马颖，催司马颖下令杀掉陆云、陆耽，诛灭陆机三族。狱吏拷打孙拯数百下，打得两脚的踝骨都露出来了，但孙拯始终说陆机是冤枉的。

狱吏知道孙拯正直刚烈，就对孙拯说："二陆的冤枉，谁不知道呢？但是您不爱惜自己吗？"

孙拯仰天长叹，说："陆机两兄弟，是天下的奇士，我承蒙他们的知遇和厚爱，现在既然不能把他救活，又怎么忍心再诬陷他呢？"

孟玖等人知道不能使孙拯屈服，就命令狱吏伪造孙拯的供词。

司马颖杀了陆机以后，常常后悔，等看见孙拯的供词，非常高兴地对孟玖等人说："如果不是你们尽力，就不能挖出这个奸人。"于是诛灭

了孙拯三族。

当时孙拯的学生费慈、宰意两个人到狱中为孙拯声冤，孙拯开导他们并让他们离开，说："道义上我不能辜负二陆，死是我的本分，你们又为了什么呢？"

二人回答说："您既然不能辜负二陆，我们又怎能辜负您呢？"于是坚持说孙拯是冤枉的，孟玖把他们也杀了。

相关链接

〔1〕 陆机：公元261年－303年，字士衡，吴郡吴县（今江苏苏州）人，陆抗之子，文学家，与其弟陆云合称"二陆"，二人皆死于"八王之乱"。

〔2〕朝歌：位于现在的河南淇县。

晋惠帝北伐司马颖，侍中嵇绍随行。在战争中，他奋不顾身保护自己的君主，被敌军杀死时鲜血都溅到了惠帝的衣服上。

晋永兴元年（公元304年），皇太弟司马颖愈发地不守本分，奢侈无度，让自己宠爱的小人执掌权力，大家都很失望。司空、东海王司马越与右卫将军陈眕，以及长沙王司马乂过去的部将上官巳等人一起谋划，准备讨伐司马颖。

七月初一，陈眕率领士兵攻入云龙门，用皇帝的诏书召集三公、群臣与殿中将领，宣布戒严，讨伐司马颖。

初四，司马越奉持惠帝司马衷北伐，司马衷任命司马越为大都督，征调前侍中嵇绍[1]到身边随行。

侍中秦准对嵇绍说："现在随行，安危难测，你有好马吗？"

嵇绍严肃地说："臣子护卫皇帝的御车，死也不能离开，要好马干什么？"

司马越发出檄文[2]，召集各地的军队。奉诏赶来的队伍很多，行军到安阳，已经有十多万人了，邺城中的人都很惶恐。

司马颖召集幕僚询问计策，东安王司马繇说："天子亲自征伐，应当放下武器，身穿素缟出去迎接，并向天子请罪。"司马颖没有听从他的意见，而是派石超率领五万人前去迎战。

折冲将军乔智明劝司马颖迎接司马衷御驾，司马颖生气地说："你空有明白事理的名声，投奔到我身边做事。现在皇上被小人逼迫，你为什么想让我捆住自己的手脚去接受刑罚呢？"

陈眕的两个弟弟——陈匡、陈规，从邺城赶到司马衷身边，说邺城里已经人心离散，因此大家都没怎么防备。

二十四日，石超的军队忽然到达，在荡阴大败司马衷的军队。司马衷脸颊上受伤，中了三箭，大小官员和侍卫都逃散了。

嵇绍穿着上朝的官服，下马登上御车，用身体护卫司马衷。士兵把嵇绍拉到车辕上就要砍头，司马衷说："这是忠臣，不要杀！"

兵士回答说："奉皇太弟之令，唯独不冒犯陛下一人而已。"于是兵士杀了嵇绍，鲜血溅到司马衷的衣服上。

司马衷从车上掉到草丛里，丢失了六枚御玺。石超侍奉司马衷到自

○ 品画鉴宝

青瓷奏乐俑（西晋） 此俑浓眉大眼，高鼻，双眉额处饰一圆点，身略后仰。虽为徒手捏塑而成，工艺粗犷，但颇具艺术感染力。

已兵营中。司马衷很饿，石超端上水，左右随从奉上秋桃。司马颖派卢志迎接司马衷。

二十五日，司马衷进入邺城，宣布大赦，改年号为建武。随从想为司马衷洗衣服，司马衷说："上面有嵇侍中的血，不要洗了！"

相关链接

〔1〕嵇绍：字延祖，其父嵇康为魏晋之际"竹林七贤"之一。

〔2〕檄文：古时候用于征召、通告或声讨、揭发罪状等的文书。

公元304年，匈奴人刘渊趁晋朝暴发“八王之乱”之机，于左国城称王，建都离石县，国号汉，改年号为元熙。

当初，皇太弟司马颖奏请任命匈奴左贤王刘渊[1]为冠军将军，监理五部匈奴的军政事务，让他在邺城统领军队。

刘渊的儿子刘聪，很是骁勇，能拉开三百斤张力的大弓。而且他博览经史典籍，很会写文章，二十多岁的时候到京都游玩，京都的名士都愿意与他结交。司马颖因为他聪颖，就任命他为积弩将军。

晋“八王之乱”开始，中原混战。

刘渊堂祖父右贤王刘宣对他的族人说：“自从汉朝灭亡以后，我们的单于只徒有虚名，不再有一寸土地了。像我这样的王侯，地位也降到与百姓一样。现在我们虽然衰落，但仍然有两万多人，怎么能这样伏首贴耳地被奴役一百年呢？

“左贤王英明威武，上天如果不想让匈奴复兴的话，一定不会白白生出这个人。现在司马氏骨肉相残，四海扰动，如同鼎中的沸水一样。复兴呼韩邪单于的大业，现在正是时候了！”于是一起谋划，推举刘渊为大单于，并派同党呼延攸到邺城去告诉刘渊。

刘渊请求司马颖让他回乡参加葬礼，司马颖不答应。刘渊就让呼延攸先回去，通知刘宣等人，让他们召集五部匈奴以及其他小民族，佯称援助司马颖，实际上打算叛变。

王浚和东嬴公司马腾起兵以后，刘渊劝司马颖：“现在幽、并二州的镇守将领十分猖狂，部下十多万人，恐怕禁军和附近郡县的军队都无法抵挡，我请求回去，为殿下说服五部匈奴来救国难。”

司马颖说：“真的能发动五部匈奴吗？即使能发动他们，鲜卑、乌桓也不容易抵挡。我想侍奉皇帝回洛阳，以避开他们的锋芒，然后再向天下发送檄文，宣布他们为叛逆之人，以此来制伏他们。你认为怎样？”

刘渊说：“殿下是武帝的儿子，为王室立过大功，威武恩德远近著称，四海之内，谁不愿意为殿下拼命呢？又有什么难以发动的？

“王浚是个小人物，东嬴公是皇室远亲，怎能与殿下相比！殿下一旦离开邺城，就是向人示弱，能不能到洛阳还不知道。即使到了洛阳，殿下的威望权势也不会再有了。

“希望殿下勉励部下，镇伏他们，我请求为殿下用两部匈奴摧毁东嬴公，三部匈奴杀王浚，悬挂两个小子的头颅，指日可待。”

司马颖很高兴，任命刘渊为北单于、参丞相军事。

晋永兴元年（公元304年），刘渊回到左国城。刘宣等人奉上大单于称号，二十天之内，召集了五万人，在离石县建都，封刘聪为鹿蠡王。

王浚与鲜卑、乌桓等族军队攻打邺城，司马颖离开邺城，侍奉惠帝返回洛阳。

刘渊听说后，感叹说：“不采纳我的意见，反倒自行逃跑，真是奴才啊！然而我和他有言在先，不能不救他。”刘渊打算发兵攻打鲜卑、乌桓。

刘宣等人劝谏说：“晋朝人奴役我们，现在他们骨肉相残，是上天抛弃他们，要复兴我们呼韩邪单于的大业啊。鲜卑、乌桓是我们的同类，可以支援我们，怎能攻打他们呢？”

刘渊说：“大丈夫应当做汉高祖、魏武帝，呼韩邪单于有什么可效仿的？”

刘宣等人叩头说：“出乎我们意料。”

刘渊将都城迁到左国城[2]。胡人、汉人归附他的越来越多。

刘渊对群臣说：“过去汉能长久统治天下，是用恩德凝聚百姓。我是汉朝刘氏的外甥，相约为兄弟，哥哥亡故而弟弟继承，也是可以的啊。”刘渊建国，国号为汉。

刘宣等人请求奉上皇帝尊号，刘渊说：“现在四方还没有平定，暂且像汉高祖当年那样称汉王。”刘渊即王位，宣布大赦，改年号为元熙。追封安乐公刘禅为孝怀皇帝，制作汉高祖、世祖、昭烈皇帝三祖，以及汉太宗、世宗、中宗、显宗、肃宗五宗的牌位来祭祀他们。

相关链接

〔1〕刘渊：？—公元310年，字元海，匈奴左贤王刘豹之子，十六国之一匈奴汉国的建立者。

〔2〕左国城：在今山西离石县。

司马睿经营江东

司马睿做安东将军镇守江东时，在司马王导的帮助下结交名流，收拢士人，逐渐在江东取得人心，为以后成就大业打下了基础。

晋永嘉元年（公元307年），朝廷任命琅琊王司马睿[1]为安东将军，统管扬州和江南各项军务，持符节镇守建业。

九月初一，司马睿到达建业。司马睿让安东司马王导[2]做自己的主要谋士，对他推心置腹，每件事都要咨询他。

司马睿平素没有什么名望，吴人都不依附他。他在建业住了很久，也没有士大夫来拜访，王导非常忧虑。

恰好司马睿要去参观禊祭，王导让司马睿乘上抬轿，安排了威严的仪仗，王导和名士们都骑马侍从。贺循、顾荣等人看见感到很惊讶，都在道路左边行礼。

王导趁机劝司马睿说："顾荣、贺循是这个地区最有名望的人，应该结交他们来收服人心，他们两人来了，其他人也都会跟着来。"司马睿就派王导拜访贺循、顾荣，两个人都接受邀请来见司马睿。

司马睿任命贺循为吴国内史，顾荣为军司马，加授散骑常侍。凡是军政事务，都与他们商议。另外又任命了很多江东士人做各级官员。

王导劝说司马睿："谦逊地对待士人，并节俭用度，以清静无为的原则处理政务，安抚以前的部下与新结交的士人。"王导照做了，因此在江东地区大得人心。

司马睿刚来时，常常因为喝酒耽误事情，王导劝说他，司马睿就命人斟上酒，他接过酒杯后把酒倒掉，从此便戒了酒。

晋永嘉五年（公元311年），全国一片混乱，只有江东略微安定，中原的士人百姓大多南渡长江去避乱。镇东司马王导劝说司马睿，招纳贤能的人才，与他们一同成就事业。

司马睿采纳了王导的意见，任用了一百多人作为掾属，当时的人称之为百六掾。

江州刺史华轶，是华歆的曾孙，认为自己受朝廷任命却被司马睿领导，觉得不平，所以经常不接受司马睿的命令。所属郡县的长官大多都劝谏华轶，他说："我只是想看到朝廷的诏书罢了。"

后来司马睿派扬州刺史王敦、历阳内史甘卓与扬烈将军周访集中兵

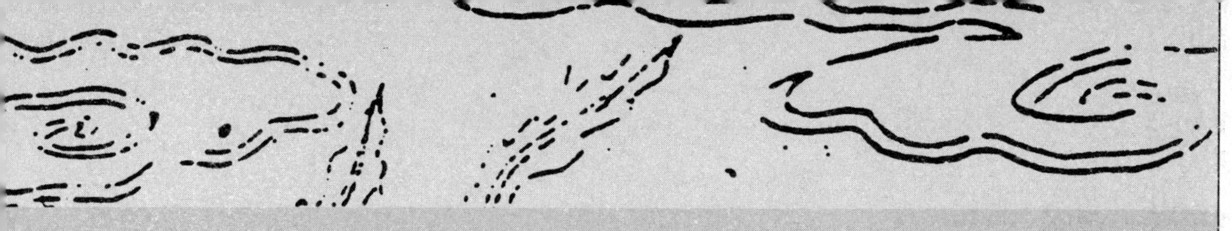

力攻打华轶，华轶的军队大败，他自己逃奔安成，被周访追上杀了，周访还杀了他的五个儿子。

相关链接

〔1〕司马睿：公元276年－322年，字景文，司马懿的曾孙，公元317年建立东晋王朝，为晋元帝。

〔2〕王导：公元276年－339年，字茂弘，晋朝琅琊临沂（今山东临沂）人，曾辅佐司马睿建立东晋。

刘聪杀兄夺位

刘聪杀死听信谗言想除掉自己的刘和后，即皇帝位，但他又害怕自己的哥哥刘恭夺权，于是把他也给杀了。

晋永嘉[1]四年（公元310年）七月，刘汉高祖刘渊病逝，太子刘和继位。

刘和性格多疑，不施恩德。宗正呼延攸是呼延翼的儿子，刘渊因为他没有才能和德行，终生没有给他升官。

侍中刘乘，一向怨恨楚王刘聪[2]。卫尉、西昌王刘锐，对没有让他参与刘渊临终授命而感到羞耻。

这几个人一起密谋，对刘和说："先帝没有安排好势力的轻重，让三位藩王在皇城里统领强兵，又让大司马刘聪率领十万人马在近郊驻扎，这样陛下只不过是在为他人保存这个位子罢了。应当尽早考虑对策啊。"刘和是呼延攸的外甥，所以对他深信不疑。

二十日夜，刘和召安昌王刘盛、安邑王刘钦等人，告诉他们这些情况。刘盛说："先帝的棺柩还没有安葬，四位藩王也没有叛逆的举动，一旦自相残杀，天下会怎么说陛下呢？何况大业未成，陛下不要听信小人的谗言，猜疑兄弟。兄弟都不能相信，那谁还值得相信呢？"

呼延攸、刘锐对他发怒，说："今天商议的事情，没有其他道理可讲，领军你这是什么话！"便命令随从把刘盛杀了。刘盛已经被杀，刘钦害怕，就说："全听陛下吩咐。"

二十一日，刘锐带领马景在单于台攻打楚王刘聪，呼延攸带领永安王刘安国到司徒府攻打齐王刘裕，刘乘带领安邑王刘钦攻打鲁王刘隆，尚书田密、武卫将军刘璿攻打北海王刘乂。

田密、刘璿带着刘乂冲过关卡，归附刘聪，刘聪命令将士穿上铠甲等待刘锐。刘锐得知刘聪已有防备，迅速回师，与呼延攸、刘乘一起攻打刘隆、刘裕。当天，杀死了刘裕。次日，杀死刘隆。

二十三日，刘聪攻克西明门。刘锐等人逃进南宫，冲在前面的人紧追不舍。

二十四日，刘聪在光极殿西室杀了刘和，抓住刘锐、呼延攸、刘乘，将他们杀死后，把首级悬挂在路口示众。

大臣们请刘聪即位，刘聪因为北海王刘乂是单太后的太子，就把皇位让给刘乂。

刘乂流着泪坚持请刘聪即位，刘聪过了很久才同意，说："刘乂和各位正是因为祸乱尚未平定，看重我年纪大几岁罢了。这是国家的事业，我怎么敢推辞。等刘乂长大，我再把大业交还给他。"于是刘聪即位，宣布大赦，改年号为光兴。

后来，刘聪因为自己是超越长幼次序而当的皇帝，所以猜忌他的亲哥哥刘恭。于是趁着刘恭睡觉，挖穿他卧室的墙壁，将刘恭刺杀了。

相关链接

〔1〕永嘉：晋怀帝司马炽的年号。

〔2〕刘聪：？—公元318年，字玄明，匈奴人刘渊第四子。

西晋永嘉之乱

晋怀帝永嘉年间，都城洛阳被刘汉军队攻破并焚烧，皇帝成了俘虏，少数民族纷纷侵入中原，士人百姓大批南迁，历史上称这次事件为“永嘉之乱”。

晋永嘉五年（公元311年）三月，东海孝献王司马越在项县[1]去世，太尉王衍等人一起扶奉司马越的灵柩回东海郡安葬。四月，石勒率领轻装骑兵追击司马越的灵车，追到苦县的宁平城，消灭了十几万护送的晋朝军队。

五月，刘汉昭武帝刘聪派前军大将军呼延晏率领二万七千人进攻京城洛阳。

等汉军到达河南的时候，晋军已经打了十二次败仗，前后共死了三万人。刘汉始安王刘曜，还有王弥、石勒都带领军队与呼延晏会合。

刘曜等人的增援军队还没赶到，呼延晏把辎重留下，自己先于二十七日到达洛阳。

次日，进攻平昌门，两天后攻克。于是焚烧东阳门以及各官府衙门。

六月初一，呼延晏因为增援部队还没赶到，就俘虏劫掠了一番后离去了。

晋怀帝司马炽在洛水[2]准备了很多舟船，准备从水路往东逃走，呼延晏将它们全烧了。

初五，王弥到达宣阳门。初六，刘曜到达西明门。十一日，王弥、呼延晏攻克宣阳门，进入南宫，将宫女、珍宝洗劫一空。司马炽从华林园的园门逃走，想逃奔长安，被刘汉士兵追上抓获，关在端门。刘汉军队攻入洛阳后，杀死大批没有逃走的官员，加上士人百姓，共杀死了三万多人。

当初，刘曜因为王弥不等自己到达就先行攻入长安而心怀不满。

到了洛阳以后，王弥劝刘曜：“洛阳位于天下中心，四面有天险阻塞，城墙和宫殿房屋都不用再修建，应该报告主上，让他把都城从平阳迁到这儿。”

○品画鉴宝

青瓷兽形尊（西晋） 此器状似鱼篓，腹壁堆塑兽形，嘴含圆珠，塑型精美奇异。

刘曜认为天下还没有平定，洛阳四面受敌，不可以据守，所以没有采纳王弥的建议，而且放火焚烧了洛阳。

当时的西晋，军队接连打了败仗，京城失陷被焚，皇帝也被抓走，全国乱成一片。

紧接着各少数民族纷纷入侵，中原的士人百姓为避战乱，也纷纷往南渡过长江，迁移到相对安定的江东去。

变乱发生时正是永嘉年间，所以历史上称之为“永嘉之乱”。

相关链接

〔1〕项县：在今河南沈丘一带。

〔2〕洛水：即洛河，发源于陕西洛南，向东流入河南境内，于河南巩义汇入黄河。洛阳因在洛水以北而得名。

石勒收服段氏

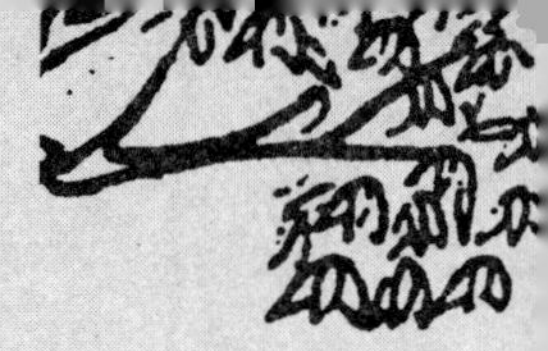

段疾陆眷攻打石勒，石勒不是他的对手，就以人质求和，段疾陆眷同意了，于是双方和好并结盟。

晋永嘉六年（公元312年），王浚派遣督护王昌率领各路军队，以及辽西公段疾陆眷，段疾陆眷的弟弟段匹磾、段文鸯、堂弟段末柸等人的部众五万人，到襄国攻打石勒。

段疾陆眷驻扎在渚阳，石勒派了多名将领前去攻打，都被段疾陆眷打败。段疾陆眷制造了大量的攻城器具，准备攻城，石勒的部众都很害怕。石勒召集将校商议，说："现在城墙堑壕[1]还不坚固，粮食储备也不多，敌众我寡，外面没有救援，因此我想用全力与他决战，怎么样？"武将们都说："还不如坚守，让敌人疲惫，等他们退走时再攻打他们。"张宾、孔苌说："鲜卑部落中，段氏最为骁勇骠悍，而段末柸更是突出，他们的精锐部队都在段末柸那里。今天听说段疾陆眷几天之内就要攻打北城，他的军队从远方来，又连日战斗，认为我们孤立无援，兵力微弱，不敢出去交战，斗志一定松懈了。

"我们最好暂且不出去，让他们觉得我们胆怯。然后在北城墙凿二十几道暗门，等他们前来，阵势还没有布好的时候，出其不意，直冲段末柸的军帐，他们一定很震惊，来不及采取对策，这样就一定能打败他们。段末柸被打败，其他军队就不攻自溃了。"石勒听从了这个计策，秘密设置暗门。不久，段疾陆眷攻打北城，石勒登上城墙观望，发现他们的武将士兵有的甚至放下兵器躺着，就命令孔苌带领精锐士兵从暗门突袭，城上擂鼓呐喊助威。

孔苌进攻段末柸的军帐，没能攻破，于是撤退。段末柸追击，进入孔苌的军营大门，被石勒的军队擒获。段疾陆眷等人的军队都退走了。孔苌乘胜追击，杀死了很多人，尸体相连三十多里，并且缴获披甲战马五千多匹。段疾陆眷召集剩余部众，退到渚阳驻扎。

石勒以段末柸为人质，派使者去向段疾陆眷求和，段疾

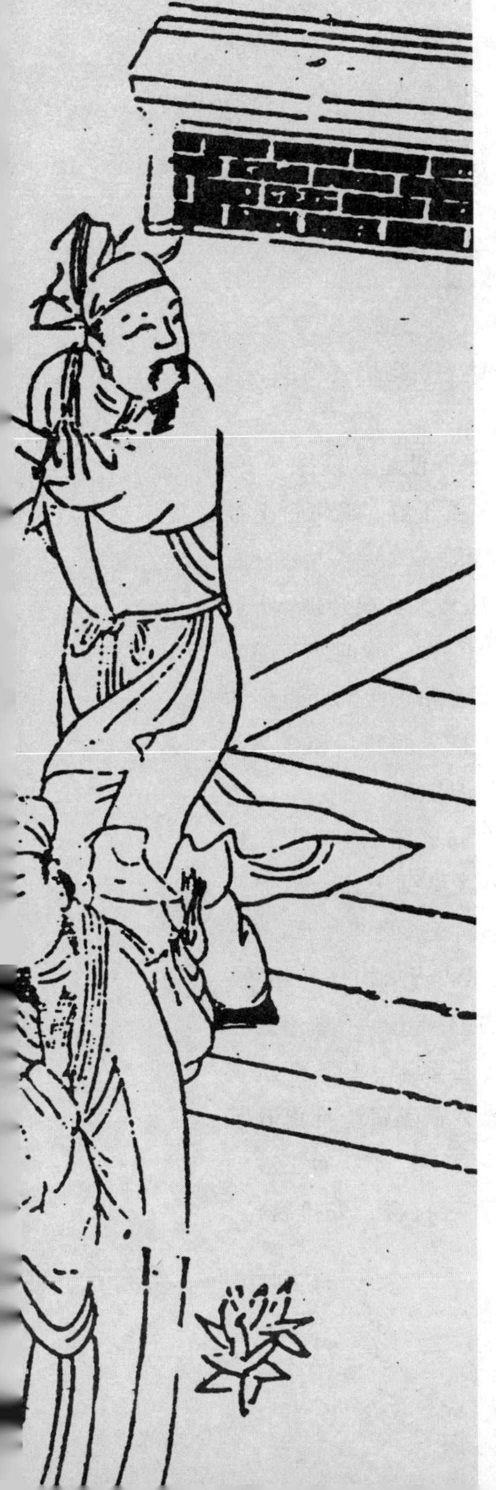

陆眷同意了。段文鸯劝谏说：“现在因为段末柸一个人的缘故，而把面临灭亡的敌人放跑，该不会让王浚不满，而招来后患吧？”段疾陆眷不听。他用铠甲、马匹、金银去贿赂石勒，并且用段末柸的三弟作人质，请求换回段末柸。各将领都劝石勒杀了段末柸，石勒说：“辽西鲜卑是强盛的国家，与我们向来没有仇，这次只是受了王浚的指使而已。现在因为杀一个人而与一个国家结仇，怎么可以呢？放他回去，他们一定会很感激我，不再被王浚利用。”

石勒用丰厚的金子、布帛回报段疾陆眷，并派侄子石虎[2]与段疾陆眷在渚阳结盟、拜为兄弟。段疾陆眷带兵撤回辽西。石勒召来段末柸，与他宴饮盟誓，结为父子，然后让他返回辽西。段末柸在路上，每天都朝南拜三拜。

从此段氏一心附从石勒，王浚的势力从此衰败。

相关链接

〔1〕堑壕：沿阵地正面挖掘的供战斗时使用的壕沟。

〔2〕石虎：公元295年—349年，字季龙，上党武乡县（山西榆社县北）人，石勒之侄，十六国时后赵皇帝。

石勒假降杀王浚

石勒假装要投降王浚，并说要拥立他为皇帝。王浚信以为真，等到石勒带兵进入蓟城时，他还下令不让阻挡。

晋尚书令王浚因为他父亲的字叫“处道”，自以为应验了“当涂高”（会往高处走的意思）的谶语，于是图谋称帝。前渤海太守刘亮等人委婉而恳切地劝谏他，王浚不听，反而将他们杀了。结果士人和百姓都很害怕并怨恨他，而王浚却越来越骄纵狂妄，不亲自管理政务，所任用的都是苛刻的小人。

王浚负责幽州、冀州等地的军务。当时天下大乱，中原地区避乱的人，多半往北去依附王浚。但王浚不能好好安抚，行政法度又没有建立，士人和百姓又纷纷离开他。开始时王浚还能倚仗鲜卑、乌桓的帮助，后来鲜卑、乌桓也都叛离他。

石勒想袭击王浚，因为还不知道他的虚实，想派使者去窥探一下。于是在晋建兴元年（公元313年）十二月，派舍人王子春、董肇带上很多珍宝，带上表文给王浚，说要降附他，助他称帝。

王浚正因为鲜卑族段氏刚刚叛离，士人和百姓又大多离开他，听到石勒要归降他，大喜过望，将王子春、董肇都封为列侯，派遣使节前去问候，送去很多的财物。次年正月二十二日，王子春和王浚的使者到达襄国。石勒把他的强壮士兵与精锐装备都藏起来，把老弱残兵和空荡荡的府库给使者看，郑重地向北拜见使者，接受王浚的信。

王浚送给石勒标志风雅的麈尾，石勒假装不敢拿在手上，把它挂在墙壁上，早晚都恭敬地向它叩拜，说：“我不能见到王公，见他所赐的物品，就像见到他一样。”石勒又派遣董肇向王浚上表，约定三月中旬亲自到幽州尊奉王浚为帝。他又给枣嵩去信，请求担任并州牧、广平公。石勒向王子春询问王浚的内政情况，王子春说：“幽州去年发大水，百姓都没有粮食吃，王浚囤积了一百万石粟米，却不赈济灾民。刑罚政令都很苛刻严酷，赋税劳役征发频繁，忠臣贤士都离开了他，夷人、狄人也在外面叛离。人人都知道他快要灭亡了，而王浚的神气和以前一样，没有害怕的意思。现在正在设置官署，安排官位，自以为汉高祖、魏武帝都无法与自己相比。”

石勒拍着几案笑着说：“这下真的能抓到王浚了。”

王浚派的使者返回蓟城[1]，说："石勒目前势单力薄，十分诚恳，没有二心。"王浚非常高兴，更加骄纵懈怠，不再设置防备。

二月，石勒戒严，准备袭击王浚，但还在犹豫，没有发兵。

张宾说："袭击敌人，应该出其不意，现在军队戒严一整天还不出发，难道是害怕刘琨及鲜卑人、乌桓人会成为我们的后患吗？"

石勒说："是的。该怎么办呢？"

张宾说："他们三方没有一个人的才智和胆略能和将军您相比，将军即使远征，他们也一定不敢妄动，而且他们未必认为将军真能孤军深入一千里，去夺取幽州。骑兵一来一回，不过二十天，假如他们真的怀疑，等他们商议后出师，我们已经回来了。

"再说，刘琨、王浚，虽然名义上都是晋朝的大臣，实际上却是仇敌。如果我们给刘琨去信，送去人质请求停战，刘琨一定为我们的顺服高兴，为王浚的败亡称快，根本不会为救王浚而袭击我们。用兵贵在神速，不要再拖延时间了。"

○品画鉴宝

八凤佛像镜（西晋） 此器钮座外环饰浮雕青龙、白虎、朱雀、玄武四神，在双线界格内环雕十二生肖像。

石勒说："我所没有解决的，右侯你已帮我解决了，我还有什么可迟疑的！"

于是石勒的军队举着火把连夜行军，到达柏人县。因为主簿游纶的哥哥游统在范阳，害怕他泄露消息，就把他杀了。

石勒又派遣使者带着信给刘琨送去人质，陈述自己罪恶，请求以讨伐王浚来报效刘琨。刘琨大喜过望，向州郡传布檄文，宣布好消息。

三月，石勒的军队到达易水，王浚的督护孙纬急速派人告诉王浚，准备指挥军队阻击石勒，游统阻止了他。

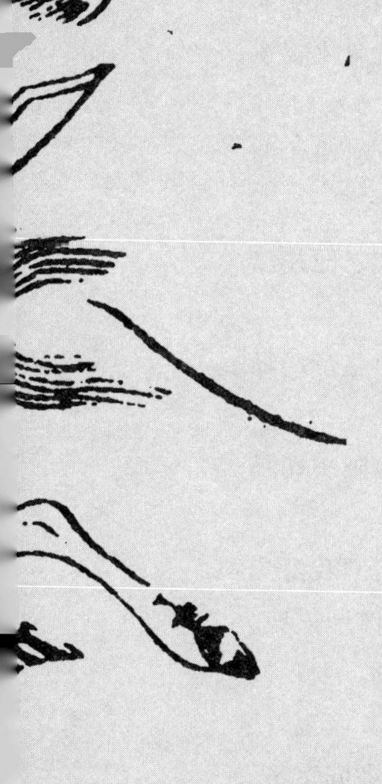

王浚的将领都说："胡人贪婪不讲信用，一定有诡计，请攻打石勒。"

王浚怒说："石公来，正是要尊奉拥戴我，有敢说攻打的人，杀！"

大家都不敢再说话。王浚安排宴会准备接待石勒。

初三早晨，石勒到蓟城，喝令卫士开门。开门后石勒还怀疑有伏兵，就先驱赶几千头牛羊进城，声称是送给王浚的礼物，实际上想用牛羊堵塞住各街巷。

王浚这才有些害怕，坐立不安。石勒进城后，放纵士兵抢掠。王浚身边的官员请求抵抗，王浚还不允许。

石勒登上了大厅，王浚就走出殿堂，石勒命令手下把他抓住。石勒召来王浚的妻子，与她并排坐着，并押着王浚站在前面。

王浚大骂："胡奴〔2〕调戏你老子，为什么这样凶逆！"

石勒说："你位高权重，手握大兵，却坐视朝廷倾覆不去救援，还想尊自己为天子，难道不是凶逆吗？你还任用奸诈贪婪的小人，残酷虐待百姓，迫害忠良，祸害遍及燕地，这是谁的罪过？"

石勒派他的将领王洛生带领五百骑兵把王浚押送到襄国去，王浚投水自杀，士兵们把他捆住拉出来，在襄国的街市上把他杀了。

相关链接

〔1〕蓟城：在今北京城的西南部。

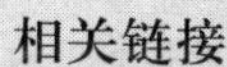

〔2〕胡奴：这是王浚骂石勒的用词，含有蔑视意味。胡：胡人；奴：奴才。

司马睿迁都建东晋

晋愍帝都城长安失陷以后，司马睿在江东称王，后在群臣拥立下称帝，都建康，是为晋元帝，西晋结束，东晋开始。

晋建兴四年（公元316年），丞相、琅琊王司马睿听说长安失守，愍帝[1]被俘，带领军队露宿野外，亲自穿上铠甲，并向各地发送檄文，限定日期北伐。

因为漕运延期，司马睿就斩了督运令史淳于伯。行刑以后，刽子手在柱子上擦刀，血沿着柱子往上流，一直到二丈多高的柱子顶端才流下来，观看的人都认为淳于伯冤枉。

丞相司直刘隗进言说："淳于伯罪不当死，请免除从事中郎周莛等人的官职。"于是右将军王导等人上书归咎于己，请求免职。

司马睿说："政令和刑罚失当，都是由于我的昏聩造成的。"他并没有追究任何人的责任。

次年二月二十八日，平东将军宋哲到达建康[2]，自称接到愍帝司马邺诏书，让司马睿全面负责国家事务。

三月，司马睿换上白衣服，出宫避居，举哀三日。于是西阳王司马羕和官员、掾属等共同奉上皇帝尊号，司马睿不接受。

司马羕等人坚持请求，不肯罢休，司马睿感慨流泪，说："我身为丞相，没有尽到辅佐的责任，是有罪之人。你们如果这样不停地逼我，我只好回琅琊封国去了。"然后传呼私人奴仆，命令准备车驾，要返回封国。

司马羕等人就请求司马睿依照魏、晋旧例，称晋王。司马睿同意了。

初九，司马睿即晋王位，大赦天下，改年号为建武。设置百官，建立宗庙社稷。

晋大兴元年（公元318年），三月初七，愍帝死讯传到建康，晋王穿上丧服，移居倚庐。百官请求奉上皇帝尊号，司马睿不同意。

纪瞻说："晋朝嗣统中断，到现在都已两年了，陛下应当继承大业。遍观皇室子弟，还可以推让给谁呢？陛下如果荣登皇位，那么祖先的神灵和全国百姓都能有所凭依。如果忤逆天命，违背人心，大势一去，就不会再回来了。

"现在洛阳、长安两座城都被焚烧洗劫，刘聪在西北自立尊号，而陛下却在东南为显示清高推让帝位，这就如同要您救火，你却作揖谦让啊。”

司马睿还是不同意，让殿中将军韩绩撤去摆好的皇帝宝座。纪瞻呵斥韩绩：“皇帝的座位与天上星辰相应，敢挪动的斩首！”司马睿为之动容。

奉朝请周嵩上书，说：“古代的帝王，道义周全然后择取，谦让完备然后拥有，所以能长久地统治国家，光耀万世。现在愍帝的梓宫还没有归国，故都还没有恢复，义士泣血，士民子女惊惶不安。

“应当广开言路，接受好的建议，训练士卒，整治兵器，先洗雪大耻，满足天下人的共同愿望，那代表天下的宝鼎还会落到什么地方呢？”

周嵩说的违背了司马睿的心意，被贬出京城，担任新安太守。后来又因为抱怨，周嵩被免除官职。

初十，司马睿即皇帝位，文武百官陪立两列。司马睿让王导登上御床同坐，王导坚决拒绝，说：“如果太阳与天下万物等同，怎么能普照众生！”于是司马睿不再坚持。他继位大赦天下，改年号为太兴。

○ 品画鉴宝

黑瓷鸡首壶（东晋） 此器盘口、细颈、无肩、腹圆鼓，壶身肥大，呈球状，无足平底，为典型的东晋德清窑产品。

相关链接

〔1〕晋愍帝：公元313年－316年在位，司马氏，名邺，洛阳陷落、怀帝被杀后，贾疋拥立他在长安称帝。

〔2〕建康：在今江苏南京市，古称金陵。

刘粲诡计除太弟

郭猗和靳准都和刘聪的弟弟刘乂有矛盾，就勾结刘聪的儿子刘粲，给刘乂设计谋反的罪名并杀死了他。

刘汉中宫仆射郭猗与中护军靳准都和太弟刘乂有矛盾。

郭猗对相国刘粲说："殿下是光文帝刘渊的长孙，皇上的嫡子[1]，四海之人都把希望寄托在您身上，为什么皇上却想把天下传给太弟呢？

"况且我听说太弟刘乂与大将军刘骥密谋，准备在三月宴会的时候发动叛乱，事情成功的话，要立皇上为太上皇，大将军刘骥为皇太子，又应允卫将军刘劢为大单于。三王的地位都不被猜疑，并且掌握着重兵，以这样的条件来成就大事，没有不成功的。

"但是刘乂与刘骥二王贪图一时的小利，不顾忌父亲、哥哥，他们一旦得逞，皇上哪有能够保全的道理？殿下兄弟，自然更不用说了。这样，东宫、相国、单于这些地位，将属于刘乂的儿子刘武陵兄弟，他怎么肯让给别人呢？

"现在离祸乱的日子已经非常紧迫，应当尽快想办法。我多次对皇上说起这件事，可皇上过于相信友爱亲情，因为我是刑余的宦官，终究不相信我。希望殿下不要泄露今天的谈话，秘密地报告刘乂谋反的情况。

"殿下如果不相信我，可以召来大将军从事中郎王皮、卫军司马刘惇，向他们示以恩德，允许他们自首，再向他们询问，就一定会了解了。"刘粲同意了。

郭猗私下里对王皮、刘惇说："谋反的情况，皇上与相国刘粲都知道了，你们参与了吗？"

二人惊骇地说："没有。"

郭猗说："这件事已决定了处置办法，我只是可怜你们亲戚朋友都要被族灭罢了！"郭猗说完就抽泣流泪。二人十分恐惧，连忙磕头哀求。

郭猗说："我替你们考虑，你们能听从吗？相国如果问你们，你们只说'有此事'，如果相国斥责你们不事先奏报，你们就说，'我们的确身负死罪，但我们只是害怕说了也不会被相信，还会因为诬陷挑拨的罪名被处死，所以不敢说。'"王皮、刘惇答应了。

刘粲召王皮、刘惇来询问，两人来的时间不同，但所说的话相同，

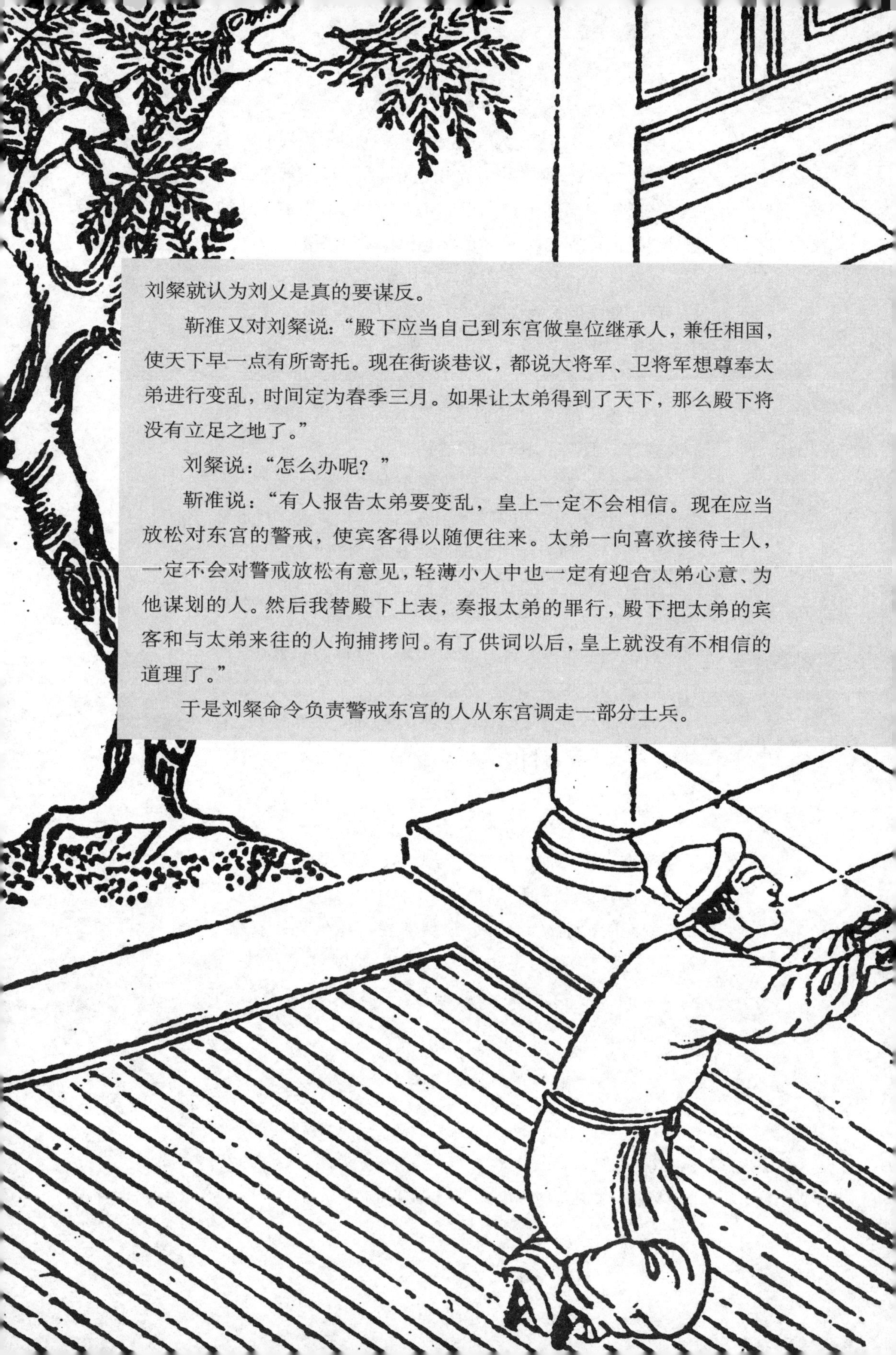

刘粲就认为刘乂是真的要谋反。

靳准又对刘粲说："殿下应当自己到东宫做皇位继承人，兼任相国，使天下早一点有所寄托。现在街谈巷议，都说大将军、卫将军想尊奉太弟进行变乱，时间定为春季三月。如果让太弟得到了天下，那么殿下将没有立足之地了。"

刘粲说："怎么办呢？"

靳准说："有人报告太弟要变乱，皇上一定不会相信。现在应当放松对东宫的警戒，使宾客得以随便往来。太弟一向喜欢接待士人，一定不会对警戒放松有意见，轻薄小人中也一定有迎合太弟心意、为他谋划的人。然后我替殿下上表，奏报太弟的罪行，殿下把太弟的宾客和与太弟来往的人拘捕拷问。有了供词以后，皇上就没有不相信的道理了。"

于是刘粲命令负责警戒东宫的人从东宫调走一部分士兵。

晋建武元年（公元317年）三月，刘粲让他的党羽王平对刘乂说：“刚才得到宫中密诏，说京城将有变故，应该在衣服里面穿上甲衣以防不测。”刘乂相信了他的话，于是让东宫的臣属都在外衣里面穿上甲衣。

刘粲派人骑马告诉靳准、王沈。

靳准禀报昭武帝刘聪：“太弟刘乂准备造反，手下已经在里面穿上甲衣了。”

刘聪大吃一惊，说：“怎么会有这种事情？”

王沈等人都说：“我们早已听说太弟有造反的念头，多次进言，但陛下不信我们的话。”

刘聪命令刘粲率领军队包围东宫，刘粲让靳准、王沈拘捕了听命于东宫的氐、羌族酋长[2]多人，严刑拷打，把他们的脑袋都用木枷固定在高高的木格子之上，烧红烙铁灼烫他们的双眼。酋长们受不过，便诬陷自己与刘乂共同谋反。

刘聪对王沈等人说：“我现在才知道你们的忠心！你们以后要知无不言，不要怨恨过去进言而不被我采纳。”

刘聪诛杀东宫属官，以及平时与刘乂关系密切，被靳准、王沈等人怨恨的大臣几十人，坑杀士兵一万五千多人。

四月，废黜刘乂太弟身份，改封北部王。不久刘粲又让靳准谋杀了他。刘乂清秀爽朗，为人宽厚仁爱又有气度，所以为士人所景仰。

刘聪听说刘乂的死讯，恸哭着说：“我们兄弟仅剩二人，却仍容不下他，怎能让天下人明白我啊！”氐族、羌族反叛的人很多，刘聪让靳准兼任车骑大将军，征讨平定了叛乱。

相关链接

〔1〕嫡子：正妻所生的儿子，多指嫡长子。

〔2〕酋长：少数民族的部落首领。

刘粲即位，靳准弑之而称帝，但他抵挡不住刘曜和石勒两支军队的讨伐，部下就杀了他向刘曜投降了。

晋大兴元年（公元318年），七月十九日，刘汉昭武帝刘聪病逝。二十日，太子刘粲继位。

靳准有谋反的念头，他私下里对刘粲说："我听说公卿们准备像商代伊尹[1]、汉代霍光那样代摄朝政，先杀掉太保呼延晏和我，让大司马刘骥总管朝政，陛下应当尽早想办法。"刘粲没有听从。

靳准害怕，又让皇太后和皇后二位靳氏劝说，刘粲听从了。他下令拘捕了太宰刘景、大司马刘骥、刘骥的同母弟弟车骑大将军吴王刘逞、太师刘顗和大司徒齐王刘劢，把他们全杀了。

八月，刘粲在上林苑练兵，准备征讨石勒。他让丞相刘曜担任相国，统管所有内外军务，仍然镇守长安。任靳准为大将军、录尚书事。刘粲经常在后宫游玩宴饮，军国大事都由靳准决定。靳准假称诏令，让堂弟靳明任车骑将军，靳康为卫将军。

靳准想要造反，与王延合谋。王延不肯加入，骑马准备去告发他，路上遇见靳康，被抓了回来。于是靳准领兵登上光极殿，派甲兵抓住刘粲，罗列他的罪名，然后杀了他。刘粲谥号隐帝。

刘氏族人，不论老幼都在东市被斩杀了。靳准又挖掘永光、宣光两座陵墓，用刀砍刘聪的尸体，焚烧了刘氏宗庙。靳准自称大将军、汉天王，行使皇帝职权，设置百官。

靳准对安定人胡嵩说："自古以来没有胡人当天子的，现在我把传国玉玺交给你，还给晋王室。"胡嵩不敢接受，靳准发怒，把他杀了。

靳准派使者告诉司州刺史李矩："刘渊是匈奴屠各部的小丑，趁晋内乱的机会，假称天命，使得晋怀帝、晋愍帝被俘身死。我立即率领大家扶持二帝梓宫[2]送回南方，请上报晋朝皇帝。"

李矩急忙向晋元帝司马睿上表，司马睿派太常韩胤等人奉迎梓宫。

刘汉尚书北宫纯等招集晋人，在东宫设立堡垒，被靳康攻灭。靳准想让王延任光禄大夫，王延大骂说："屠各部的逆贼，为什么不快点杀了我？把我的左眼放在西阳门，好看相国刘曜攻进来。把我的右眼放在建春门，好看大将军石勒攻进来！"靳准把他杀了。

相国刘曜听说发生变乱，从长安赶来救难。石勒也率领五万精兵讨伐靳准，并占据了襄陵以北的平原。靳准多次挑战，石勒坚守不出，以挫败敌人的锐气。

十月，刘曜到达赤壁。太保呼延晏等人从平阳前来归附，与太傅朱纪等共同奉上皇帝的尊号。刘曜即位，大赦天下，只有靳准一族不被赦免。

靳准派侍中卜泰赠送车驾、服御给石勒，向他请和。石勒囚禁了卜泰，把他押送到刘曜那里。

刘曜对卜泰说："先帝刘粲末年，所作所为实在违背人伦。大司空靳准像伊尹、霍光那样，使朕登上皇位，功劳很大。他如果能早日迎接大驾，我会把朝政全部委托给他，何况免除一死呢？你替朕进城，向靳准说明我的意思。"

卜泰回到平阳，向靳准转达刘曜的意思。靳准因为杀了刘曜的母亲、兄弟，所以心里犹豫，最终没有答应。

十二月，左、右车骑将军乔泰、王腾，和卫将军靳康等人合谋杀了靳准，推举尚书令靳明为君主，派卜泰带着传国的六颗玺印投降刘汉。

相关链接

〔1〕伊尹：？—公元前1713年，名伊（另说名挚），尹为官名，莘地（今山东莘县）人，曾辅佐汤灭夏建商。

〔2〕梓宫：古代帝王、皇后等所用的以梓木制作的棺材。

伯仁为王导努力而并不让他知道。王敦攻入建康后，问王导该如何处置伯仁，他不表态，王敦便杀了伯仁。后来王导整理档案时发现了伯仁搭救自己的表文，于是后悔莫及。

晋永昌元年（公元322年），王敦起兵反叛。王导带领堂弟——中领军王邃、左卫将军王廙、侍中王侃、王彬以及各宗族子弟二十多人，每天清晨到上朝的地方等候定罪。

周顗[1]正准备入朝，王导叫住他说："伯仁周顗的字，我把王氏宗族一百多人的性命都托付给你了！"

周顗连头也不回地走了进去。见到晋元帝司马睿以后，周顗述说王导的忠诚，极力为他申明。司马睿听从了他的话，周顗十分高兴，以致喝醉了酒。

周顗走出宫门，王导还在门外等候，又呼唤周顗。周顗不理他，却环顾左右说："今年杀掉这些乱臣贼子以后，就能得到斗大的金印，挂在胳膊后面。"回去以后，周顗又上奏声言王导无罪，言辞十分恳切。王导不知道这些事，对周顗十分怨恨。

三月，王敦攻克建康，司马睿命令公卿百官前去拜见。王敦对周顗说："伯仁，你对不起我！"

周顗说："你凭借武力行忤逆之事[2]，我亲自统率六军，结果没有成功，让君王的军队溃逃，这就是我对不起你的地方。"

元帝在广室召见周顗，对他说："近来发生了大事，但二宫没有受到伤害，大家都还平安，这是否表明大将军王敦本来就是众望所归的呢？"

周顗说："二宫的情况，正像陛下说的那样，但是我们这些人会怎样，现在还不知道。"

护军长史郝嘏等人劝说周顗避让王敦，周顗说："我是备位大臣，现在朝廷衰败，难道能躲在草丛中求活，然后出外投奔胡、越吗？"

王敦的参军吕猗，曾经做过台郎，为人奸诈谄谀，尚书戴渊非常讨厌他。吕猗劝说王敦："周顗、戴渊的名望都很高，足以蛊惑众人，近来他们的言谈又毫无惭愧的意思，您现在不除去他们，将来恐怕还会再有需要举兵的时候。"

王敦素来忌惮他们二人的才能，心里觉得吕猗说得很有道理，于是

王导，公元276年—339年
字茂弘，晋朝琅琊临沂（今山东临沂）人。王导在少年时代就很有识量，陈留高士张公曾对他的从兄王敦说：此儿容貌志气不凡，是将相的才器。长大后，为司空刘寔所知，被任为东阁祭酒，迁秘书郎、太子舍人，后参东海王司马越军事。

不动声色地问王导说："周颢、戴渊是南北方人所共同仰望的，让他们担任三公，应该是没有问题的。"王导没有回答。

王敦又说："如果不让他们担任三公，难道只让他们担任令或仆射吗？"王导又不回答。

王敦说："如果不这样，就只能杀了他们！"王导还是没有回答。

二十三日，王敦派部将邓岳逮捕了周颢和戴渊。

在这之前，王敦曾对谢鲲说："我准备任命周颢为尚书令，任命戴渊为仆射。"

这一天，王敦又问谢鲲："近来人心如何？"

谢鲲说："明公的做法，虽然是想保全社稷，但舆论却认为不合大义。如果能任用周颢和戴渊，就能安抚宽慰大家的心意了。"

王敦大怒，说："你疏忽了吧！这两个人名不副实，已被我逮捕了。"谢鲲大吃一惊，怅然若失。

参军王峤说："'济济多士，文王以宁'，怎么能诛戮名士呢？"王敦勃然大怒，要把王峤斩首，众人谁也不敢说话。

谢鲲说："明公图谋大业，不诛

杀任何一个人。现在王峤因为进谏违背您的旨意，您就要诛杀他，不是太过分了吗？”王敦这才放了王峤，但把他贬为了领军长史。周顗被捕，经过太庙的时候，大声说：“贼臣王敦，颠覆社稷，乱杀忠臣，神灵有知，就当赶快杀掉他！”捕卒用铁戟刺伤周顗的嘴，鲜血一直流到脚后跟，但他容颜举止泰然自若，旁观的人都哭泣流泪。周顗和戴渊都在石头城南门外被处死了。

元帝派侍中王彬犒劳王敦，王彬平时与周顗的关系很好，他先去哭吊周顗，然后才去见王敦。王敦奇怪他神色凄惨，就问他原因。

王彬说：“我刚才去哭吊伯仁，情不自禁。”

王敦发怒，说：“伯仁受刑是自找的，而且一向把你当平常人对待，你为什么去哭吊他？”

王彬说：“伯仁是长者，也是兄长你的亲友。他在朝的时候虽然算不上正直，但也没有结党营私，却在大赦天下后遭受极刑，我因此而伤痛惋惜。”王彬发怒，数落王敦，说：“兄长违抗君命，有违臣子之德；杀戮忠良，图谋不轨，灾祸就要降临到你家了！”言辞慷慨激昂，声泪俱下。

王敦大怒，厉声呵斥他，说：“你狂悖成这样，以为我不能杀你吗？”

当时，王导也在旁边，为王彬担心，劝王彬起来道歉。

王彬说：“我脚痛不能起来，再说这又有什么可道歉的！”

王敦说：“脚痛和脖子痛相比，哪样更痛？”

王彬丝毫没有畏惧的神色，最终也不肯下拜。

后来王导清理中书省的旧档案，看到周顗搭救自己的表文，拿在手里，流下了眼泪，说：“伯仁虽然不是我杀的，却是由于我而死的。我对不起这样的好朋友啊！”

相关链接

〔1〕周顗：公元269年—322年，字伯仁，安城（今河南汝南东南）人。

〔2〕忤逆之事：这里指的是王敦的反叛之事。忤逆：背叛，大逆不道。

王敦阴谋篡位

东晋明帝司马绍时，王敦阴谋篡位，派兵攻打都城建康，还没成功他就死了，反叛集团也随之溃散。

晋太宁元年（公元323年），王敦阴谋篡夺皇位，暗示朝廷征召自己。晋明帝司马绍亲手写诏书征召他。

四月，明帝加授王敦黄钺和班剑，允许他奏事可以不通报姓名，入朝可以不趋行[1]，还可以佩剑着履上殿。

王敦迁去镇守姑孰，驻扎在湖县，让司空王导任司徒，王敦自任扬州牧。王敦想要谋反，王彬极力劝谏他。

王敦十分生气，用目光示意右侍从逮捕王彬。王彬神色凛然地说："您过去杀害兄长，现在又要杀害兄弟吗？"王敦这才作罢，任命王彬为豫章太守。

王敦的侄子王允之，当时还是个小孩子。王敦因为他聪明机警，所以非常宠爱他，经常把他带在身边。

有一次，王敦夜里请人喝酒，王允之喝醉了，先告辞去睡觉。王敦便与钱凤一起商量叛反作乱的事情，全被王允之听到了。

不久，恰好王允之的父亲王舒升任廷尉，王允之请求回去看望父亲，趁机把王敦、钱凤的密谋告诉了王舒。王舒与王导一起报告司马绍，暗中作了准备，以防不测。

王敦病情恶化，于是假称诏令，任命王应为武卫将军，做自己的副职。任命王含为骠骑大将军、开府仪同三司。

钱凤问王敦："如果您有不幸，是否把身后的事情托付给王应呢？"

王敦说："这不是一般的事情，不是平常的人能够胜任的。何况王应年轻，怎么能承担大事？我死后，你们不如归顺朝廷，以保全家族，这是上策；退回到武昌，集中军队自保，仍旧给朝廷进献物品，这是中策；趁我还活着的时候，发动所有的兵力攻打京城，希望能侥幸取胜，这是下策。"

钱凤对他的党羽说："王公所说的下策，其实正是上策。"于是他与沈充谋划，等王敦一死就作乱。他又认为守卫京城的士兵还是太多，上奏要求减少三分之二。

当初，晋明帝司马绍亲近信任中书令温峤，王敦十分不满，请求任

命温峤为左司马。于是温峤假装勤勉恭敬，治理王敦府上的事务，经常出些主意来附合王敦的意思。

温峤又与钱凤结交，帮助钱凤提高声誉，总是对别人说："钱世仪神采奕奕。"温峤向来有知人的美名，钱凤因此非常高兴，尽力与温峤交好。

恰好丹杨尹的职位空缺，温峤就对王敦说："京尹是咽喉要地，您应当自己挑选人才担任，否则只怕朝廷任命的人，有的会不尽心治理。"

王敦认为他说得很对，问温峤："谁比较适合呢？"

温峤说："我认为没有谁能比得上钱凤。"钱凤也推举温峤，温峤假装推辞，王敦没有答应。

六月，王敦上表任命温峤为丹杨尹，并且让他窥探朝廷。温峤担心钱凤在他走后再挑拨离间，于是趁着王敦设宴饯别的时候，起身祝酒。他走到钱凤面前，钱凤还没来得及喝，温峤假装喝醉，用手板打掉钱凤的头巾，摆着脸色说：“钱凤，你是什么人，我温太真敬酒，你竟敢不喝？”王敦以为温峤醉了，就把双方劝开了。

温峤临走的时候，与王敦道别，哭泣流泪，几次出门了又转回来。温峤走后，钱凤对王敦说：“温峤与朝廷关系非常密切，与庾亮也有深交，不能信任这个人。”王敦说：“温峤昨天喝醉了，对你稍有失敬，你怎么能马上就诋毁他呢？”

温峤到达建康以后，把王敦的造反阴谋报告给了司马绍，请求事先做好准备。他又和庾亮共同策划讨伐王敦的办法。

王敦听说以后，勃然大怒，说：“我竟然被这个小人骗了！”于是写信给司徒王导，说：“温峤才离开几天，竟然就做出这种事情！我要找人把他活捉回来，亲自把他的舌头拔出来。”

司马绍想要征讨王敦，就向光禄勋应詹征询意见。应詹鼓励司马绍，司马绍终于下定决心。于是下诏任命将领，准备讨伐王敦。

这时，司徒王导听说王敦病得很重，就赶紧带领家中子弟为王敦发丧。大家以为王敦真的死了，士气更为振奋。于是尚书向王敦府邸颁下诏书，列数王敦的罪状。

王敦见到诏书，非常生气，但因为病情越来越严重，自己已经不能领兵出战了。准备发动军队攻打京师的时候，王敦让记室郭璞[2]占卦，郭璞说：“事情不会成功。”王敦一直怀疑郭璞帮助温峤、庾亮，听说卦象是凶兆，就问郭璞：“你再算算我还有多久的寿命？”郭璞说：“由刚才的卦象推算，明公如果起兵，灾祸一定很快就会降临。如果您不起兵，仍然住在武昌，还可以活很久。”王敦发怒，说：“你的命有多长？”郭璞说：“活到今天中午。”王敦就把他抓起来杀了。

王敦让钱凤和冠军将军邓岳、前将军周抚等人率领军队向京师进发。

王含对王敦说：“这本是我们王家的事，我应当亲自前往。”王敦便任命王含为元帅。

钱凤等人问他：“事成之日，天子该怎么处置？”

王敦说：“还没有去南郊祭天，怎么能称天子？出动你们的全部兵力，保护东海王和裴妃就是了。”于是以诛杀奸臣温峤等人为理由，向司马绍上书。

七月初一，王含等人率领水军、步兵共五万人，到达江宁秦淮河南岸，京城的人都惶恐不安。

温峤把部队转移到屯河北岸驻扎，烧掉朱雀桁来挫伤敌方的锐气，使王含等人无法渡河。

司马绍还想亲自率领军队出击，听说桥已经被烧断，勃然大怒。温峤说："现在宿卫的士兵人少体弱，征召的援军还没到，如果让敌人冲进来，就会危及朝廷，连祖先的宗庙恐怕都保不住，何必吝惜一座桥呢！"

司马绍统率各路军队出城，在南皇堂驻扎。初三夜里，招集精壮士兵，派遣将军段秀、中军司马曹浑等人率领一千名披甲士兵渡过秦淮河，趁着敌人没有防备，攻击他们。清晨，在越城与敌人交战，大胜，斩杀了敌军的前锋将何康。

王敦听说王含战败，勃然大怒，说："我这个哥哥，简直像个老女人。这下门户衰败，大事不成了！"他回头对参军吕宝说："我要起来。"然后用力起身，但身体虚弱，只好又躺下了。

王敦对舅父少府羊鉴和王应说："我死后，让王应即位，先设立朝廷百官，然后再安排丧事。"过了不久，王敦就死了。

王应隐瞒死讯，秘不发丧，用席子包裹尸首，在外面涂上蜡，埋在议事厅里，并且和诸葛瑶等人日夜纵酒淫乐。

王敦死后，叛军如同一盘散沙，很快就被打败了。王含、王应父子投奔荆州的王舒，王舒带着军队前来迎接，把他们二人沉入长江淹死了。

钱凤逃到阖庐洲，被先前投奔王敦的寻阳太守周光斩杀。周光赴朝廷想借此赎罪。

沈充逃跑时迷了路，来到自己以前的部将吴儒家。吴儒骗沈充躲在自己家墙壁的夹层里，然后笑着对沈充说："三千户的侯爵在这儿了。"

沈充说："你如果还顾念以前的情义保全我，我家一定会重重报答你；你如果为了谋取利益而杀我，我死了，你家一定会被灭族！"吴儒把他杀了，并且把他的头颅送到了建康。

相关链接

〔1〕趋行：快步走。古代大臣朝见天子的时候都要快步前进，表示尊敬。王敦不用趋行，在当时是很高的待遇。

〔2〕郭璞：公元276年－324年，字景纯，河东闻喜（今山西闻喜县）人，东晋时期著名学者。

庾亮逼反苏峻

庾亮掌权后，严刑峻法，不得人心。他认为在历阳的苏峻会酿成祸害，准备把他召进朝中除掉，苏峻知道后拥兵而反。

东晋王导辅佐朝政的时候，因为宽厚平和，所以很得人心。等到后来庾亮[1]掌权，严刑峻法，颇失人心。

历阳内史苏峻，对国家有功，威望日益显赫，拥有精兵万人，军械精良，朝廷把长江以外地区交给他治理。但苏峻颇有骄纵之心，轻视朝廷，招纳亡命徒，人数日渐增多，都靠国家供给生活物资，陆运、水运络绎不绝，稍有不如意，就肆无忌惮地斥骂。

南顿王司马宗因为被庾亮罢免了官职，所以心怀怨恨。他平时又与苏峻交好，庾亮想杀他，司马宗也想废黜庾亮，自己执政。正好有御史弹劾司马宗谋反，庾亮就派右卫将军赵胤拘捕司马宗。司马宗率领士兵抵抗，结果被赵胤杀死。

庾亮又免除了西阳王司马羕的太宰职务，把他的爵位降为弋阳县王。司马宗是皇室近亲，司马羕则是先帝的辅佐大臣，庾亮随随便便就把他们杀戮或者废黜，从此更加失去人心。

司马宗的党羽卞阐逃走，投奔了苏峻。庾亮发下朝廷符令，让苏峻把卞阐送回来，但苏峻把他藏了起来。

司马宗被杀，晋成帝司马衍并不知道。很久之后，司马衍问庾亮："以前那个白头发老公公在什么地方？"庾亮回答说，因为谋反已经被诛杀了。司马衍哭着说："舅舅说人是反贼，就把他杀了。如果别人说舅舅是反贼，该怎么办？"庾亮害怕，脸色都变了。

庾亮认为苏峻在历阳，迟早会酿成祸乱，想下诏征召他入京，于是询问王导的意见。

王导说："苏峻多疑阴险，一定不肯奉诏前来，不如暂时容忍他。"

庾亮在朝中说："苏峻狼子野心，将来一定会造反。今天征召他，他若不服从诏令，就此造反，造成的灾难还不算大。如果再过几年，就制伏不了他了，就会像汉朝的七国之乱一样。"

满朝大臣没有人能反驳他，只有光禄大夫卞壶争辩说："苏峻拥有强大的军队，又靠近京城，用不了一天就能到达。一旦发生变乱，容易出大差错，应当仔细考虑。"庾亮没有听从。

卞壶知道庾亮一定会失败，就写信给江州刺史温峤，说："庾亮征召苏峻的主意已定，这是国家的大事情。苏峻已经表现出狂悖的姿态，还去征召他，这是自己再去招惹啊。苏峻一定会用他的力量对付朝廷。朝廷的威势和力量虽然也很强盛，但不知道是否真的能将苏峻擒获。"

温峤也写了很多信劝阻庾亮，满朝大臣都认为不可以，庾亮一概不听。

苏峻听说了此事，就派司马何去见庾亮，说："讨伐敌人，或者在地方上任职，无论远近我都唯命是从。至于在朝廷中辅佐，实在不是我能胜任的。"

庾亮没有答应，征召北中郎将郭默为后将军，兼任屯骑校尉，任命弟弟司徒右长史庾冰为吴国内史，带领军队，以防备苏峻。然后颁下礼遇周到的诏书，征召苏峻为大司农，加授散骑常侍，赐位特进，让苏峻的弟弟苏逸代替苏峻管辖私人部曲。

苏峻上表说："昔日明皇帝亲自拉着我的手，命令我到北边讨伐胡虏[2]。现在中原还没有平定，我怎么敢擅自回到安宁的地方？乞求让我到青州随便哪一个荒僻的郡县去补任，让我得以为朝廷施展鹰犬之长。"苏峻的请求没有获得同意。

苏峻整顿行装准备赴召，正在犹豫，还没有决定。参军任让对苏峻说："将军您请求去荒僻的郡县都没有被允许，情势已经是这个样子，返回朝廷恐怕已经没有生路，不如拥兵自守。"阜陵令匡术也劝苏峻造反，苏峻没有服从诏令，决定举兵反叛。

次年正月，苏峻的叛军攻入京城，挟持天子。庾亮乘坐小船逃出，与温峤一起起兵讨伐苏峻。后来苏峻在战斗中因大意被杀，剩余的军队一直到下一年的二月才被平定。

相关链接

〔1〕庾亮：公元289年－340年，字元规，颍川鄢陵（今河南鄢陵北）人，东晋外戚大臣。

〔2〕胡虏：对胡人的蔑称。

石虎父子相残

石虎无法忍受太子石邃的骄慢荒淫，就把他给杀了，立石宣为太子，而石宣杀害了石虎宠爱的石韬，于是石虎又把石宣给杀了。父子兄弟之间相互残害。

后赵太子石邃一向骁勇善战，赵王石虎非常喜欢他，常对大臣们说:“司马氏父子兄弟自相残杀，所以朕[1]得以有今天。如果像朕这样，哪里有杀石邃的道理呢？”

后来，石邃娇纵荒淫，残忍好杀，喜欢把漂亮的姬妾打扮起来，然后斩下首级，洗去血污，放在盘子里，与宾客传递观赏，他还会煮姬妾身上的肉吃。河间公石宣、乐安公石韬都被石虎所喜爱，石邃像仇敌一样憎恨他们。

石虎沉溺于酒色，喜怒无常。他让石邃处理尚书事务，每当石邃有事禀报，石虎就很不满地说：“这种小事也值得禀报？”

有时听不到石邃的禀报，石虎又不满地说：“为什么不禀报！”于是对石邃斥责怒骂，鞭打杖击，一月之内会有好几次。

石邃私下对中庶子李颜等人说：“天子的心愿难以满足，我想做冒顿单于那样的事，你们跟我干吗？”石邃的意思是要谋反。李颜等人听了，跪在地上不敢回答。

七月，石邃声称生病，不处理政事，却秘密带领宫内大臣、文武官员五百多人骑马到李颜的别宅宴饮，乘机对李颜等人说：“我要到冀州杀死河间公石宣，有不跟从的斩首！”走出几里路之后，众人都逃散了。

李颜叩头劝阻，石邃也就醉醺醺地回去了。石邃的母亲郑氏听说了这件事，私下派身边的人责问石邃。石邃发怒，把来人杀了。

佛图澄对石虎说:“陛下不宜经常去东宫。”石虎本来准备去探望石邃的病情，想到佛图澄的话，便回去了。

过了一会儿，石虎瞪大眼睛，大声说：“我是天下人的君主，父子之间都不能互相信任吗？”于是让自己亲信的女尚书前往察看。石邃喊她走近说话，乘机拔出剑来想要刺杀她。

石虎知道后非常生气，拘捕了李颜等人诘问，李颜详细述说了原委。石虎就杀死了李颜等三十多人，把石邃幽禁在东宫，不久又赦免了他，在太武东堂召见。

石邃朝见的时候也不谢罪，过了一会儿就离去了。石虎让人转告他："太子应当朝见皇后，怎么可以急急忙忙地离开！"石邃头也不回，径直出去了。石虎勃然大怒，把石邃废黜为了庶民。

当天夜里，石虎又下令杀死了石邃与他的妃子张氏，连同男女侍从共二十六人，合葬在一口大棺材内。又诛杀了东宫属臣中的二百多党羽，把郑皇后废黜为东海太妃。石虎立儿子石宣为天王皇太子，石宣的母亲杜昭仪被封为天王皇后。

晋永和四年（公元348年），后赵秦公石韬很得石虎的宠爱，石虎想立他为太子，可是因为太子石宣年长，所以犹豫不决。

石宣曾违背石虎的指令，石虎很生气，说："真后悔没立石韬为太子！"石韬因此更加傲慢骄纵。

石韬在太尉府建造了一座殿堂，命名为宣光殿，横梁长达九丈。石宣看到后，勃然大怒，杀了工匠，截断横梁离去。石韬也发怒了，就把横梁加长到了十丈。

石宣听说以后，对他的亲信杨杯、牟成、赵生说："这小子竟敢如此傲慢刚愎！你们如果能杀了他，我即位后，一定把他现在的封国郡邑都分给你们。石韬死后，主上一定会亲自去哀悼，到时我趁机把他也杀掉，有什么不能成功的？"杨杯等人答应了。

八月，石韬和他的属官在东明观宴饮，晚上留宿在佛精舍。石宣乘机派杨杯等人爬着梯子翻进佛精舍，杀死了石韬，扔下刀剑离去。第二天早上，石宣禀报石韬被杀的消息，石虎听后震惊悲痛，昏了过去，许久才苏醒过来。

石虎正准备亲自去临丧，司空李农劝道："现在还不知道杀死石韬的人是谁，凶手还在京师，君主的车驾不应该随便出去。"于是石虎取消了计划，命令士兵严加戒备，在太武殿进行哀悼。

石宣前往参加石韬的丧事，不仅不哭，还"呵呵"地笑，又让人揭开覆盖尸体的毯子看，然后大笑离去。他又把大将军记室参军郑靖、尹武等人抓了起来，打算将罪责归到他们头上。

石虎怀疑石宣杀了石韬，想召见他，又怕他不来，于是谎称石宣的母亲杜后因悲哀过度而病危。石宣没有想到已被怀疑，到中宫朝见，就被扣押了起来。

建兴人史科知道石宣策划杀害石韬的计谋，告发了他们，石虎就派人去抓杨杯、牟成，但他们都逃走了，只抓到赵生，拷问他，他全招供了。

石虎听到后更加悲愤不已，就把石宣囚禁在贮藏坐具的仓库里，用铁环穿透他的下巴颏儿把他锁了起来，然后拿来杀死石韬的刀剑，让石宣舔上面的血。石宣的哀号声震动了整个宫殿。

佛图澄对石虎说："石宣、石韬都是陛下的儿子，今天如果为了石韬而杀石宣，这是祸上加祸啊。陛下如果加以宽恕，福祚还可以延长些。如果一定要杀了他，石宣当化为彗星，横扫邺城宫殿。"

石虎没有听从，命令在邺城北面堆上柴草，在上面架上横杆，横杆的末端装了辘轳[2]，绕上绳子，把梯子靠在柴堆上，然后将石宣押到下边。

石虎又命令石韬所宠爱的宦官郝稚、刘霸揪着石宣的头发，拽着石宣的舌头，拉他登上梯子。郝稚把绳索套在石宣的脖子上，用辘轳绞上去。刘霸砍断他的手脚，挖出他的眼睛，刺穿他的肠子，让他和石韬一样。

然后又在柴堆四周点火，浓烟烈焰冲天而起。石虎带着昭仪以下几千人登上中台观看。火灭以后，又把灰烬洒在通向各个城门的十字路口上。

石虎下令诛杀石宣的妻儿共九人。石宣的小儿子才几岁，石虎平时很喜爱他，因此临杀前抱着他哭泣，想要赦免他，但手下的大臣却不同意，从怀里抱过来就给杀掉了。临死前小孩拽着石虎的衣服大哭，连腰带都给拽断了，石虎也因此得了大病。

石虎还废黜了石宣的母亲杜氏，把她贬为平民。又杀了石宣周围的三百人，宦官五十人，把他们全部车裂肢解以后，扔到漳水里。石宣居住的太子东宫被改作饲养猪牛的地方。东宫卫士十多万人全被贬谪去戍卫凉州。

事发之前，赵揽曾对石虎说："宫中将有变故，最好加以防备。"石韬死后，石虎怀疑他知道情况却不禀告，就把他也杀了。

相关链接

〔1〕朕：古代皇帝自称为朕，其他人不能用，起于秦始皇。之前为第一人称，相当于"我"，每个人都可以用。

〔2〕辘轳：利用轮轴原理制造的一种起重工具，一般放在井上汲水用。

李寿废成建汉

成汉君主李期暴虐，汉王李寿怕不能自保，在别人的建议下发兵攻克成都，即帝位，改国号为汉。

成汉君主——幽公李期，越来越骄纵暴虐，到处杀人，还吞没被杀的人的财物和妻女，因此大臣们都惶恐不安。

汉王李寿[1]一向职高位重，威名远扬，李期和建宁王李越等人都忌惮他。李寿害怕自己也不能免祸，每逢入京朝见，总是假造边境告急文书，以警讯紧急为理由推辞不去。

当初，巴西隐士龚壮的父亲、叔父都是被李特杀死的，龚壮想要报仇，多年都穿着丧服。李寿屡次礼数周到地征召他为官，龚壮都不应征。现在，龚壮却前去拜见李寿，李寿悄悄地问龚壮自保的方法，龚壮说："巴蜀的民众本来都是晋朝的臣民，您如果能发兵夺取成都，向晋朝称臣，谁不争着为您挥舞兵器向前冲呢？这样福泽便可延续到子孙，名垂不朽，不只是摆脱今天的祸患啊！"

李寿觉得他说得有道理，就与长史罗恒、解思明秘密谋划，想要进攻成都。

李期对此事略有所闻，多次派许涪到李寿的镇所观察动静，又投毒杀害了李寿的养弟、安北将军李攸。

于是李寿伪造妹夫任调的来信，说李期将要攻取李寿，李寿的部众都相信了。李寿率领步兵、骑兵一万多人由涪县出发，偷袭成都，并许愿把城中的财物奖赏给部众。

李期没有料到李寿突袭，一点防备也没有。李寿的世子李势任翊军校尉，打开城门迎接李寿，于是攻克了成都，在宫门前驻军。李期派侍中犒劳李寿。

李寿奏称建宁王李越、景骞、田褒、姚华、许涪以及征西将军李遐、将军李西等人心怀不轨，扰乱朝政，把他们都抓起来杀掉了。然后放纵士兵大肆劫掠，几天后才平息下来。李寿又假称奉太后任氏旨意，将李期废黜为邛都县公，幽禁在其他宫殿。

罗恒、解思明、李奕等人劝李寿自称镇西将军、益州牧、成都王，向晋王室称臣，把邛都公李期送到建康。任调和司马蔡兴、侍中李艳等人劝李寿自己称皇帝。

李寿让人占筮[2]，占筮的人说：“可以当几年的天子。”

任调高兴地说：“能当一天就满足了，何况几年呢。”

解思明说：“几年的天子，怎么比得上百世诸侯呢？”

李寿说：“朝闻道，夕死可矣。”于是即帝位，改国号为汉，实行大赦，改年号为汉兴。

李寿用安车、束帛征召龚壮任太师，龚壮誓死也不答应，李寿赠送的礼物，也一概没有接受。

李寿改立宗庙，追尊父亲李骧为献皇帝，母亲昝氏为皇太后。立妃子阎氏为皇后，世子李势为皇太子。又把旧宗庙改为大成庙，各种制度也更改了许多。

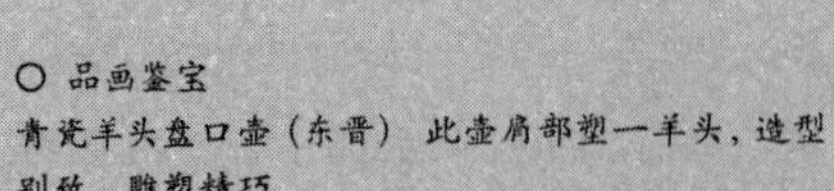

○ 品画鉴宝

青瓷羊头盘口壶（东晋） 此壶肩部塑一羊头，造型别致，雕塑精巧。

相关链接

〔1〕李寿：公元300元－343年，字武考，废李期后即皇帝位，改元汉兴，改国号为汉，在位六年，谥曰昭文帝，庙号中宗。其所建立的国家为我国古代十六国之一。

〔2〕占筮：即占卜算卦。

石虎征发无度

石虎不但胡乱征发劳力修建宫殿、园囿等大型工程，而且大肆从民间搜集美女充斥后宫，导致怨声载道、民不聊生，整个国家走到了崩溃的边缘。

晋咸康八年（公元342年），后赵王石虎在邺城修建了四十多所台观，又在洛阳、长安两地营造宫室，使用劳力达四十多万人。

石虎又想从邺城修建阁道到襄国，于是敕令[1]黄河以南的四个州郡整治南伐的军备，让并州、朔州、秦州、雍州准备西讨的军资，让青州、冀州、幽州为东征作准备。各州军队锻造甲兵的有五十多万人，船夫十七万人，被水淹死、被虎狼吞噬的占三分之一。再加上各级官吏也钻营私利，百姓失去家业，忧愁困顿。贝丘人李弘借百姓的怨怒，自称姓名符合谶言，于是聚集党羽，设置百官。事情败露后，被诛杀，连坐的有几千家。石虎打猎没有节制，早晨出去，夜晚才返回。又经常微服出行，亲自检视劳役的情况。侍中韦谀劝谏说："陛下轻视自己的安全，随便暴露于危险之中。假如突然有狂人叛乱，即使智勇双全，又如何施展呢？并且征发徭役不分时节，荒废了百姓的耕作，路上到处都有百姓在叹息，这恐怕不是仁君圣人忍心做的事啊。"石虎赏赐给韦谀很多谷物钱帛，但修建的工程更多，自己仍然和以前一样巡游视察。青州上报说："济南平陵城北的石雕老虎，一夜之间被移到城东南，有一千多只狐狸和狼的脚印跟在后面，踩成了一条条小路。"石虎很高兴，说："所谓石虎，就是朕啊。从西北迁到东南，是上天想让朕荡平江南。命令各州军队明年全部会合，朕将亲自统领六军，以尊奉天命。"大臣们纷纷祝贺，有一百零七人呈上《皇德颂》。

石虎下诏说："被征调的士兵每五人出一辆车，二头牛，十五斛米，十四绢，不然就斩首。"百姓甚至卖儿卖女来缴纳军需，可是仍然凑不齐，许多人都在路边的树上吊死了。

建元二年正月，石虎在太武殿设宴与群臣共饮，有一百多只白雁栖息在马道的南面。石虎让人射猎，都没能射中。当时，各州的军队一百多万人已经会集起来了，太史令赵揽偷偷地对石虎说："白雁停栖在庭院，是宫室将要空寂无人的征兆，不适宜向南进发。"石虎相信了他，驾临宣武观，只举行了盛大的阅兵式，就作罢了。石虎喜欢打猎，后来年龄大了，身体沉重，不能骑马，就造了一千辆打猎用的车子，定期举行打猎比赛。从灵昌津向南到荥阳东边的阳都，都划为猎场，让御史监管护理。如果有人伤害其中的禽兽，就会被判罪，乃至处死。百姓家中有漂亮的女子或肥美的牛马，御史如果弄不到手，就诬陷他们伤害禽兽，判罪处死了一百多人。

石虎又在各州征发了二十六万人，修建洛阳宫，征发百姓养的牛两万头，调配给朔州的牧官。又增设宫中的女官至二十四等，东宫的增至十二等，七十多个公侯封国的都增至九等。大举征选了三万多民女，分成三等配置到各处。太子、各王公各自私下征选的美女又将近万人。各个郡县都极力选取美女，经常强行夺取百姓的妻子，杀掉她们的丈夫，加上自杀的，死了三千多人。美女送到邺城以后，石虎亲自在殿前挑选分等。石虎认为使者很能干，封了十二个人为侯。

荆楚、扬、徐等地的百姓几乎都逃光了，当地的守令被认为没有好好安抚而被判罪，关进监狱，然后，被诛杀的有五十多人。金紫光禄大夫逯明在侍奉石虎的时候进谏，石虎大为发火，让龙腾把逯明拉出去杀了。

到晋永和三年（公元347年），石虎占据了十个州的地域，聚积金银玉帛，以及其他国家进献的奇珍异宝，堆在府库里的财物不计其数。可是他还是觉得不够，就把前代的陵墓都挖开，取走陪葬的财宝。僧人吴进对石虎说："胡族将要衰落，晋朝就要复兴，应当让晋人服艰苦的劳役，以抑制他们的气势。"石虎就让尚书张群从附近各郡征发了十六万人，十万辆车，运土到邺城北面，修筑华林苑及长长的围墙，方圆几十里。申钟、石璞、赵揽等人上书，说目前天象〔2〕紊乱，百姓凋敝。石虎大怒，说："如果宫苑和围墙早晨建好，我晚上就死，也没有遗憾。"石虎督促张群，让人们点着烛火，夜里也不停工。暴风骤雨突然来临，死了几万人。

各郡国先后送上十六只苍麟，七头白鹿，石虎让司虞张曷柱驯练它们，用来驾驶自己的座车，举行盛大朝会的时候，就将它们陈列在庭院里。

相关链接

〔1〕敕令：指帝王自上而下所发布的命令、法令等。

〔2〕天象：泛指各种天文现象，如流星、彗星、日食、月食等，古人多以此为吉祥或灾恶等大事将要发生的征兆。

殷浩的咄咄怪事

桓温认为被废黜的殷浩之所以总打败仗，是因为君主把人才放错了地方，于是重新起用他。殷浩欣喜万分，多次修改给桓温的信，结果送去的却只是一个空信封。

晋永和十年（公元354年），中军将军、扬州刺史殷浩[1]连年北伐，屡次打败仗，粮草、装备消耗殆尽。

征西将军桓温借着朝野上下对殷浩的怨言，就上书列数殷浩的罪名，请求将他废黜。朝廷不得已，把殷浩贬为庶民[2]，流放到东阳郡的信安县。从此朝廷内外的大权都集中到桓温一个人身上。

殷浩年轻时就和桓温齐名，但心里总是与他相比，不愿比他差。桓温常常轻视他。殷浩被废黜以后，虽然心里忧愁怨愤，但是从不表现出来，只是常用手在空中写"咄咄怪事"四个字。

后来，桓温对属官郗超说："殷浩有德行，又善于言辞，如果以前让他出任尚书令或仆射，足以成为百官的楷模。朝廷任用他，根本没有用对地方。"桓温想任命殷浩为尚书令，就写信告诉他。

殷浩十分欣喜地接受了。回信的时候，担心信里还有不妥，就拆开信封检查，然后又封上，这样弄了十多次，结果送到桓温手里的竟然只是一个空信封。桓温勃然大怒，从此断了起用殷浩的念头。最后殷浩死在了流放的地方。

相关链接

〔1〕殷浩：？—公元356年，字深源，陈郡长平人，有《唐书经籍志》《隋书志》等作传世。

〔2〕庶民：指平民百姓。

前秦暴君苻生

前秦皇帝苻生只有一只眼睛，却暴虐无比，残害无辜无数，失却君道。苻法、苻坚兄弟就把他谋杀了，苻生谥号厉王。

前秦[1]淮南王苻生小的时候瞎了一只眼睛，性情暴烈。

有一次，他的祖父苻洪和他开玩笑，说："我听说瞎儿只有一只眼流泪，是真的吗？"

苻生听后发怒，拔出佩刀就把自己瞎的那只眼睛刺出血来，说："这只眼也流泪！"

苻洪十分震惊，就用鞭子打他。

苻生说："我能忍受刀矛，但不能忍受鞭打！"

苻洪对苻生的父亲苻健说："这个小孩狂暴悖逆，应该尽早除掉他，不然一定会弄得家破人亡。"苻健就想把苻生杀了。

苻健的弟弟苻雄劝他，说："孩子长大以后自然就会改变性情，你怎么这么不耐烦呢？"

苻生长大后，能举千斤重的东西，空手与猛兽搏斗，跑起来追得上奔跑的马，击剑、刺刀、骑马、射箭各种武艺，都是举世无双的。

太子苻苌死后，强太后想立小儿子——晋王苻柳。景明帝苻健因为谶文中有"三羊五眼"字样，就立苻生为太子了。

晋永和十一年（公元355年），六月十五日，苻健去世，太子苻生即位。

苻生虽然在为苻健服丧，但游玩宴饮一如往常。接见大臣的时候，总是携带刀剑，锤、钳、锯、凿等刑具，准备得很齐全。

即位没多久，后妃、公卿以下的官员还有侍奉的奴仆，被杀掉的总共有五百多人，被截断小腿、锯断脖子、剖开孕妇肚子的，比比皆是。

有一天，苻生在太极殿宴请群臣，让尚书令辛牢做酒监。正喝到兴头上，苻生看到有人没喝醉，就拉开弓箭射死了辛牢。群臣十分害怕，都不敢不喝醉，全趴着躺着，连帽子都掉下来了，苻生这才高兴。

次年三月，苻生调集三辅的百姓去修建渭水桥，金紫光禄大夫程肱劝谏，认为这样做妨碍农耕，被苻生杀了。

四月，长安刮起一场大风，屋瓦被掀掉，树也被连根拔起。前秦王宫中一片恐慌，有人说敌兵要来了，因此大白天也关着宫门，一直持续了五天才平息。前秦国主苻生追究那个宣称敌兵要来的人，把他的心挖了出来。左光禄大夫强平劝谏说："天降灾祸，陛下应该安抚百姓，祭祀神灵，减轻刑罚，推崇德行，才可顺应天意啊。"苻生听后大怒，凿开他的头顶，把他杀了。

卫将军广平王苻黄眉、前将军新兴王苻飞、建节将军邓羌，都因为强平是强太后的弟弟，叩头劝谏。但苻生不听，还把苻黄眉贬谪为左冯翊，把苻飞贬谪为右扶风，把邓羌贬谪为咸阳太守，只是念及他们作战勇猛，才一个也没有杀掉。

苻生晚上吃了太多枣子，第二天早晨不舒服，就召来太医令[2]程延诊断。程延说："陛下没什么病，只是枣吃多了。"苻生发怒说："你又不是圣人，怎么知道我吃枣了？"于是就把程延杀了。苻生梦见大鱼吃蒲草，长安城里也有歌谣说："东海大鱼化为龙，男皆为王女为公。"苻生就杀了太师、录尚书事、广宁公鱼遵，和他的七个儿子、十个孙子。

金紫光禄大夫牛夷害怕灾祸降临到自己头上，就请求到荆州任职。苻生不答应，就任他为中军将军。召见他的时候，戏弄地说："老牛生性迟缓稳重，善驾车辕，虽然没有马的蹄子，却能负担百石的重量。"

牛夷说："虽然驾着大车，但没有走过险峻的地方。试试重车，就能知道我的用处了。"

苻生笑着说："痛快！你嫌所负载的太轻吗？朕就用鱼公爵的职位安置你。"

牛夷十分害怕，回去后就自杀了。

苻生喝酒不分昼夜，有时一连几个月都不上朝。上奏的奏折不审阅，常常扔在寝宫里，或者在酒醉中处理政事，周围的人趁机做了很多奸恶之事。苻生有时到申时、酉时才上朝，趁着醉意杀了许多人。

因为自己瞎了一只眼睛，苻生就忌讳"残""缺""偏""只""少""无""不全"一类的话，误说了这些字眼被杀的人，不可胜数。

他喜欢活剥牛、羊、驴、马的皮，用热水拔活鸡、活猪、活鹅、活鸭的毛，把它们放到大殿前面，几十只一群。有的时候则剥掉人的脸皮，让他们唱歌跳舞，他观看作乐。

他曾经问周围的人说："自从我统治天下以来，你们在外边听到些什么？"

有人说他圣明，苻生认为是在向他献媚，将说话的人杀了。有人说他刑罚过重，他认为是在诽谤他，又将说话的人杀了。

有功的旧臣和亲戚，都被诛杀殆尽。群臣们得以保全一天，如同度过十年一样。

晋升平元年（公元357年）六月，太史令康权对苻生说："昨天晚上有三个月亮同时出现，彗星进入太微星座，连着东边的井宿星。从五月上旬，天气就一直沉阴，却不下雨。种种迹象表明，将要有臣下图谋主上的灾祸了。"苻生非常愤怒，认为这是妖言，就把康权摔死了。

特进兼御史中丞梁平老等人对苻坚说："主上丧失德行，上上下下怨声连天，都有谋反的念头，燕、晋二朝也伺机而动，恐怕灾祸发生的时候，宗族、国家都要灭亡。这是殿下的大事，应该及早图谋！"苻坚心里也这样认为，但又畏惧苻生的勇猛，没敢作声。

苻生夜里对服侍他的婢女说："苻法、苻坚兄弟也不可信，明天就该把他们除掉。"婢女偷偷地告诉了苻坚和他的哥哥——清河王苻法。

苻法和梁平老以及特进光禄大夫强汪率领几百名精壮的士兵潜入云龙门，苻坚和吕婆楼率领部下三百人敲着鼓跟随，守卫王宫的将士都丢掉武器归顺了苻坚。苻生还在酩酊大醉中，苻坚的士兵冲了进去，苻生惊慌地问周围的人，说："这些是什么人？"

周围的人回答说："强盗！"

苻生说："为什么不叩头？"苻坚的士兵都笑了。

苻生又大声说："还不赶快叩拜，不拜的就杀头！"

苻坚的士兵把苻生安置到别的房间，废黜他为越王。过了不久，就把他杀了，谥号厉王。

相关链接

〔1〕前秦：公元351年－394年，氐族人苻坚所建，都城在长安（今陕西西安）。中国古代十六国之一。

〔2〕太医令：指在宫廷里领导太医的医生。太医：古代在宫廷中专门为皇帝等人治病的医生。

苻坚重用王猛

苻坚称王以后，重用王猛。王猛不负所望，执法判案，刚正严明，无所顾忌，使苻坚大为感叹。

晋升平二年（公元358年）六月，苻坚[1]废黜厉王苻生，自己即位，去掉了皇帝的称号，称大秦天王。

当初，苟太后姑姑的儿子李威，和魏王苻雄关系一直很好。苻生好几次想杀掉苻坚，全靠李威营救苻坚才得以逃脱。李威受苟太后宠爱，苻坚对待他像侍奉父亲一样。

李威知道王猛[2]很贤明，经常劝苻坚把国家重任交给他。苻坚对王猛说："李公了解你，就像鲍叔牙了解管仲一样。"王猛对待李威就像对待哥哥一样。

苻坚到中书省巡视，看到文案堆积，没有处理，就罢免了左丞程卓的官职，让王猛代替。

到了第二年，王猛日益受到重用，宗族亲戚以及有功的旧臣都很讨厌他。特进、姑臧侯樊世，本是氐族的豪强，曾辅佐前景明帝苻健平定关中。

樊世对王猛说："我们耕种，你吃现成的吗？"

王猛说："不仅让你耕种，还要让你煮熟！"

樊世勃然大怒，说："一定要把你的脑袋挂在长安城门上，不然，我就不再活在这个世上！"

王猛告诉了苻坚，苻坚说："一定要把这个氐族老头杀了，然后群臣百官才能恭敬从命。"

○ 品画鉴宝

青瓷牛形灯盏（东晋） 此器造型精巧独特，构思新颖，是一件集实用和观赏为一体的艺术精品。

刚好樊世进宫奏事，和王猛在苻坚面前争论起来。樊世想起身打王猛，苻坚大怒，把他杀了。从此以后，群臣见到王猛连大气也不敢出。

苻坚从河东返回，任命骁骑将军邓羌为御史中丞，任命咸阳内史王猛为侍中、中书令，兼领京兆尹。特进、光禄大夫强德是强太后的弟弟，他酗酒无度，骄纵蛮横，抢夺别人的财产、子女，是百姓的祸害。

王猛一上任就拘捕了他，上奏的奏章还没回复，就已经把强德杀了，在街市上示众。苻坚见到奏章后赶快派使者去赦免强德，但已经来不及了。

王猛与邓羌志向相同，判案除恶，无所顾忌。几十天的时间，被依法处死和判罪免职的权贵、豪强、贵戚就有二十多人，朝廷上下为之震动，奸邪狡诈的小人都收敛起来，境内路不拾遗。苻坚感叹地说："我现在才知道天下有法的样子！"

相关链接

〔1〕苻坚：公元338年－385年，字永固，氐族人。

〔2〕王猛：公元325年－375年，字景略，晋北海（今山东寿光东南）人。

刘肃弱冠除张邕

张邕骄傲放肆、专擅朝政、结党营私，张天锡的部下刘肃，一个不到二十岁的年轻人奋身而出，决计除掉张邕。

前凉张邕骄傲自负，放纵肆虐，结党营私，专擅朝政，滥施刑法，杀戮无数，京城的人都为此担忧。

张天锡的亲信刘肃对张天锡说："国家的事情还没有平定。"张天锡说："这从何说起？"刘肃说："如今护军张邕出入朝廷，就像当年的长宁侯张祚。"张天锡吃惊地说："我本来就怀疑他，只是没敢说出口而已，有什么办法对付他呢？"刘肃说："应该赶快除掉他！"张天锡说："谁能为我除掉他？"刘肃说："这个人就是我！"刘肃当时正值弱冠[1]。张天锡说："你太年轻，再找一个助手。"刘肃说："赵白驹和我两个人就足够了。"

晋升平[2]五年（公元361年）十一月，张天锡和张邕一起入京朝见，刘肃和赵白驹在张天锡身后跟随。刘肃拿刀砍张邕，没有砍中。赵白驹接着砍，又没砍中。他们二人和张天锡一起入宫。张邕逃脱以后，率领三百多披甲的士兵攻打宫门。张天锡登上屋顶大喊，说："张邕凶残无道，除去了宋澄后，又想颠覆我家的位子。你们这些将士世代都是凉臣，怎么忍心拿武器对着我呢？我现在要捉拿的，只是张邕而已，其他人一概不予追究！"于是张邕的士兵都逃散了，张邕自刎而死。张天锡把张邕的宗族和同党全部消灭了。

这件事之后，前凉冲王张玄靓任命张天锡为使持节、冠军大将军、都督中外诸军事，辅佐朝政。

相关链接

〔1〕弱冠：古代男子二十岁时加冠，行冠礼，表示已经成年，未满二十岁，则称为弱冠。

〔2〕升平：东晋穆帝司马聃的第二个年号，为公元357年－361年。

苻坚平五公

苻坚执政的时候，厉王苻生掌握权力的弟弟还有五个，他们串通起来谋反，苻坚就把他们都打败了，从而巩固了政权。

晋兴宁二年（公元364年），前秦汝南王苻腾谋反，事发后被诛杀。苻腾是前秦厉王苻生的弟弟。这时，苻生的弟弟中，像晋公苻柳这样有地位的还有五个，王猛对苻坚说："不除去这五公，他们迟早会成为祸患。"苻坚没有听从。

次年十月，淮南公苻幼率领杏城的士兵乘虚偷袭长安，被守卫长安的卫大将军李威打败杀死。

苻幼反叛的时候，晋公苻柳、赵公苻双都与他串通，苻坚因为苻双是自己的同母胞弟，苻柳是先帝苻健所疼爱的儿子，所以隐忍下来，没有追究。

晋太和三年（公元368年），苻柳、苻双又与魏公苻廋、燕公苻武合谋造反。

镇东主簿姚眺劝谏苻廋说："您因为与皇帝有周公、召公那样的亲戚关系，受命镇守一方，有人想造反危害国家，您应当尽力将他们除去，怎么能自己起来作乱呢？"苻廋不听。苻坚听说以后，就征召苻柳等人来长安。

十月，苻柳占据蒲阪，苻双占据上邽，苻廋占据陕城，苻武占据安定，一起举兵反叛。

苻坚派使者劝谕他们："我对待你们这些人，恩遇可以说到了极点了，你们为什么要造反呢？我现在先不征讨你们，你们应当各自罢兵，各自回到职位上去，一切都像以前一样。"苻坚还给他们送去咬过的梨作为信物，他们都不肯听从。

第二年正月，苻坚派遣后将军杨成世、左将军毛嵩分别讨伐上邽、安定，辅国将军王猛、建节将军邓羌进攻蒲阪，前将军杨安、广武将军张蚝进攻陕城。命令蒲阪、陕城的军队都离城三十里，严守营垒，不准与叛军交战，俟秦州、雍州平定以后，然后再集中兵力攻打。

二月，苻廋投降前燕[1]，请求前燕派军队接应。前秦非常害怕，派出很多兵力驻守华阴。前秦很多人请求援救陕城，下一步再谋取关中。

太傅慕容评说："前秦，是大国，如今虽然有战乱，也不是随便就

○ 品画鉴宝

女史箴图之一（东晋）顾恺之／绘（唐摹本） 此图根据西晋张华《女史箴》一文而画。描写古代妇女的节义行为。

能攻打的。主上虽然英明，但不如先帝的时候。我们也算有智谋，却又无法与当年的太宰慕容恪相比。只要能够闭关守住边界，就应该满足了，平定前秦不是我们分内的事。”

苻廋给前燕吴王慕容垂和皇甫真写信，说：“苻坚、王猛，都是人中豪杰，图谋入侵前燕已经有很久了。如今你们不趁此良机攻取前秦，我担心前燕君臣将来后悔都来不及啊！”

慕容垂对皇甫真说：“如今可以成为祸患的一定是前秦。主上年纪还轻，你看太傅慕容评的见识气度，怎么能与苻坚、王猛相匹敌呢？”

皇甫真说：“是啊，我也知道，只是说了也没有用，又能怎么办呢？”

三月，前秦杨成世被苻双打败，毛嵩也被苻武打败，两个人都逃了回来。苻坚又派武卫将军王鉴、宁朔将军吕光、将军冯翊郭将、翟傉等人率领三万军队前去讨伐。四月，苻双、苻武乘胜追击，到达榆眉，让苟兴做前锋。

王鉴想速战速决，吕光说：“苟兴刚刚打了胜仗，气势很盛，应该谨慎等待。他们粮食吃光以后，就一定会退兵。等他们退兵的时候，我们再进攻，一定会成功的。”过了二十天，苟兴开始退兵。吕光说：“可以进攻了。”于是追上去袭击，打败了苟兴。

然后乘势进攻苻双、苻武，大获全胜，斩首五千多级。苻武放弃安定，与苻双一起逃奔上邽，王鉴等人紧随其后发动进攻。

蒲阪那边，苻柳屡次出来挑战，王猛都不理他。苻柳以为王猛害怕他，五月，留下他的长子苻良镇守蒲阪，自己则率领两万军队向西奔赴长安。

等他离开蒲阪一百多里的时候，邓羌率领精锐骑兵七千人趁着夜色偷袭，打败了苻柳。苻柳带兵撤回，王猛迎上去进攻他，把他的军队全数俘虏。苻柳与几百名骑兵逃回蒲阪，王猛、邓羌紧接着进攻。

七月，王鉴等人攻下上邽，斩杀苻双、苻武。九月，王猛等人攻下蒲阪，斩杀苻柳。然后王猛在蒲阪驻扎，派遣邓羌与王鉴等一起攻打陕

○ 品画鉴宝　女史箴图之二（东晋）顾恺之／绘（唐摹本）

○品画鉴宝
女史箴图之三（东晋）顾恺之／绘（唐摹本）

城。十二月，攻下了陕城，将苻廋抓获，送到长安。

苻坚问苻廋为什么反叛，苻廋回答说："我本来没有反叛的想法，只是因为兄弟们屡次谋划造反，我害怕受他们牵连，一起被杀，所以才谋反的。"

苻坚哭着说："你一向是长者，我就知道这不是你本意。"苻廋最终仍被赐死了。

因为不能让高祖苻健没有后人，就饶恕了苻廋的七个儿子。让他的长子袭爵[2]为魏公，其他的儿子都封为县公，让他们做厉王苻生以及苻生弟弟中无后者的继承人。

苟太后问苻坚："苻廋与苻双一起造反，你唯独不给苻双安排继承人，这是为什么？"

苻坚说："天下，是高祖苻健的天下，所以高祖的儿子不可以没有后人。至于苻双，不顾及太后，阴谋危害宗庙，天下自有法律，不可以徇私啊。"

相关链接

〔1〕前燕：鲜卑人所建，都城在邺城，为十六国之一。

〔2〕袭爵：承袭爵位。

桓温擅行废立

东晋大司马桓温的人生哲学是：若不能流芳百世，那就要遗臭万年。屡次兵败后，他依然想建立卓越功勋，于是怀着反叛的念头废掉了司马弈，另立司马昱为皇帝。

晋大司马桓温[1]，倚仗他的才能与声望地位，暗中怀有反叛的念头，曾经拍着枕头慨叹地说："大丈夫不能流芳百世，也应当遗臭万年！"

术士杜灵能预测人的贵贱，桓温问他自己的官位能到什么地步。杜灵说："明公的功勋举世无双，能做到一人之下，万人之上。"桓温听了以后很不高兴。

桓温想先在河朔建立功业，赢得更大的声望以后，再回来接受九锡[2]的礼遇。结果在枋头战败，影响了他的声望。

等到攻克寿春，平定叛乱，桓温对参军郗超说："这足以洗雪枋头战败的耻辱了吧？"郗超回答他："不能。"

过了一段时间，郗超到桓温的住处留宿，半夜对桓温说："明公没有什么打算吗？"

桓温说："你有什么话要说吗？"

郗超说："明公承担着天下的重任，在六十高龄的时候，却遭遇大败，如果不建立特别的功勋，就不足以满足百姓的期望！"

桓温说："那该怎么办呢？"

郗超说："明公不做伊尹放逐太甲、霍光废黜昌邑王那样的事情，就无法建立大权威，镇伏天下之人。"桓温一向有这个想法，就和郗超开始一起谋划。

考虑到海西公司马奕一向谨慎，没有什么过错，而床笫之事比较容易捏造，于是他们就造谣说："皇帝早就患有阳痿，受皇帝宠爱的相龙、计好、朱灵宝等人侍候皇帝起居，与田氏、孟氏两位嫔妃生下三个儿子，将要立为太子，或封为藩王，转移司马氏的基业。"并且偷偷将这些话在民间散播，当时的人都不能辨别真假。

晋咸安元年（公元 371 年），十一月初九，桓温准备从广陵返回姑孰，驻扎在白石。十三日，抵达建康，含蓄地劝说褚太后，请求废黜司马奕，立丞相会稽王司马昱为帝，还草拟了诏令呈给褚太后。

太后正在佛室烧香，内侍通报说："外边有紧急奏章。"褚太后出来，靠着门看奏章，刚看了几行就说："我本来就怀疑会这样！"看了一半停下来，向内侍要来笔加上："未亡人不幸遭受了这些忧患，想起死去的和活着的，心如刀割！"

十五日，桓温把文武百官召集到朝堂。废立皇帝是晋朝建立以来所没有过的事情，所以没有人知道原来的典礼，百官都很恐惧。桓温也非常紧张，不知道该怎么办。

尚书左仆射王彪之知道事情不能就此作罢，就对桓温说："您废立皇帝，应当效法前代的成规。"于是就令人取来《汉书·霍光传》，很快就决定了礼节仪式。

王彪之穿着上朝的官服站在台阶上，神情沉着，一点也不慌张，文武官员的礼仪标准，都由他决定，满朝文武也因此而佩服他。

王彪之宣布太后的诏令，废黜司马奕为东海王，以丞相、录尚书事、会稽王司马昱继位为帝。百官进入太极前殿，桓温让督护竺瑶、散骑侍郎刘亨收走了皇帝的玺绶。

司马奕头戴白帽，身穿单衣，走下西堂，乘着牛车出神虎门，群臣叩拜辞别，都哽咽流泪。侍御史、殿中监带领一百多名士兵，把他护送到东海王的宅第。

桓温率领百官准备好皇帝的车驾，到会稽王的官邸去迎接会稽王司马昱。司马昱在朝堂更换了服装，戴着平顶的头巾，穿着单衣，面朝东方哭泣，叩拜接受玺绶。

当天，司马昱即位，改年号咸安。桓温暂时住在中堂，分派兵力安排守卫。桓温的脚有毛病，司马昱下诏让他坐着车子进殿，一见到桓温就哭泣流泪。桓温原来准备好了话，想陈述废立皇帝的理由，这时心里紧张，竟然一个字也说不出来。

前秦王苻坚听说桓温废立皇帝，对群臣说："桓温以前在灞上兵败，后来又在枋头兵败，不能反省过错，将自己贬职来向百姓谢罪，反而以废黜君主来满足私欲。六十岁的老头，做事情这样，将靠什么来容于天下呢！俗话说，'对老婆不满，却向父亲发脾气'，就是说桓温这样的人吧！"

相关链接

〔1〕桓温：公元312年－373年，字符子，谯国龙亢（今安徽怀远）人，东晋大将。

〔2〕九锡：锡通"赐"字，九锡是车马、衣服、乐、朱户、纳陛、虎贲、斧钺、弓矢、鬯九种礼器，是皇帝赐给诸侯、大臣的表示最高礼遇的器物。

前秦宰相王猛

苻坚重用王猛，把军国政务交与他一人，王猛恭敬勤谨，鞠躬尽瘁，死后苻坚非常惋惜。

苻坚还是东海王的时候，因为君主苻生残暴，大臣建议他夺取政权。苻坚就去询问尚书吕婆楼，吕婆楼对他说："我已经是系在屠刀上的人了，不足以帮你成就大事。我的门客王猛，这个人谋略当世无二，殿下应该向他咨询。"

苻坚就通过吕婆楼召见王猛，一见如故。与他讨论时事，苻坚听了非常高兴，自认为就像刘备遇到了诸葛亮。

苻坚杀死苻生，自己即位后，立刻重用王猛。王猛铲除权贵，以法治国，平五公，灭前燕，立下赫赫功劳。晋咸安二年（公元372年）六月，苻坚任命王猛为丞相、中书监等职，以前的职位和封号也依旧保留。

八月，王猛抵达长安，又加任都督中外诸军事。王猛推辞说："丞相职权显耀，太傅身份尊贵，尚书令事务纷繁，司隶校尉责任重大，还要总管军务，实施诏令，文武职务集于一身，大事小事都要身体力行，就算是伊尹、吕望、萧何、邓禹那样的贤臣，尚且不能兼备，更何况像王猛这样的呢？"

王猛屡次上表辞让，苻坚就是不同意，说："朕正在统一四海，除了你没有别人能委以重任。你不能推辞宰相一职，就像朕不能推辞天下一样。"

王猛做了宰相，苻坚在上面拱手而治，群臣在下面统一接受领导，朝廷内外军国大事，无不经由王猛处理。

王猛刚正严明，廉洁肃穆，而且善恶分明。罢免占着官位却不努力做事的人，提拔有才能而不得志的人。王猛鼓励农业生产，训练军队，任用官吏符合他们的才能，施用刑罚也符合所犯的罪过。

从此国富兵强，战无不克，前秦大治。苻坚敕令太子苻宏和长乐公苻丕等人："你们对待王猛公，要像对待我一样。"

晋宁康三年（公元375年）六月，王猛生病，卧床不起，前秦王苻坚亲自到南郊、北郊和宗庙、社稷坛[1]为他祈祷，并分派侍卫大臣前往黄河、华山祈祷各个神灵。王猛的病情略微好转，苻坚就为此而赦免死刑以下的犯人。

王猛上书说：“没想到陛下因为臣的性命而损害天地之德，这是开天辟地以来，从来没有过的事情。臣听说报答恩德最好的办法是言无不尽，谨以我将死之命，向陛下献上剩余的忠诚。

“陛下的威德功业，震动八荒；声望教化，光耀天地；九州百郡，十有其七；平定燕、蜀，如拾草籽。善于开创的人不一定善于完成，善于肇始的人不一定善于结束，所以古代的圣哲帝王，知道建立功业的艰难，都是战战兢兢，如临深渊。臣只盼望陛下能够效法古代的圣哲，就是天下的大幸了。”苻坚看了，十分悲恸。

七月，苻坚亲自到王猛的住处探望他的病情，询问身后之事。王猛说：“晋朝虽然偏居长江以南，但他们是帝王正统，迭相继承，君臣相安，上下和睦。臣死以后，希望陛下不要图谋晋朝。鲜卑、西羌是我们的仇敌，终将成为我们的祸患，应当逐渐消灭他们，有利于社稷。”说完就死了。

苻坚亲自参与装殓[2]，几次痛哭流涕，对太子苻宏说：“上天不想让我统一天下吗？为什么这么快就夺走了我的王猛呢？”然后按照汉代霍光的规格安葬了王猛。

相关链接

〔1〕社稷坛：指皇帝祭祀社、稷神祇的祭坛。社是土地神，稷是五谷神，古人用社稷代指江山国家。

〔2〕装殓：指给尸体穿衣下棺，也叫“入殓”。

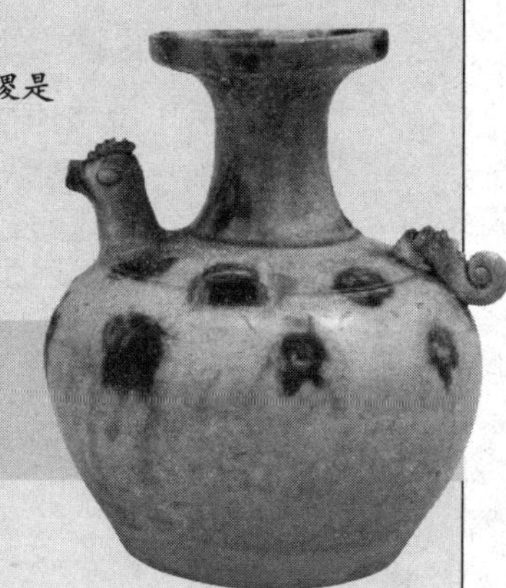

○ 品画鉴宝

褐色点彩鸡首壶（东晋） 此器为盛酒用器，与常见鸡首壶不同，可直接手持颈部倒酒，造型设计和施釉技巧极为上乘。

谢安、王坦之稳晋

司马昱死后，继位的天子年幼，而桓温等藩臣又势力强大，由于谢安、王坦之对皇帝的全力保护，才使得东晋江山得以稳固。

晋咸安元年（公元371年），大司马桓温废黜司马奕，立会稽王司马昱为帝，诛杀了反对他的人，权倾一时。中书侍郎郗超是桓温的亲信，朝廷中人都很怕他，则小心对待他。

谢安曾经与王坦之一起去见郗超，太阳都快落山了，还没有被召见。王坦之想走了，谢安说："你难道就不能为了性命忍耐一会儿吗？"

次年七月，简文帝司马昱身体不适，留下遗诏[1]，说："大司马桓温按照周公旧例代替皇帝摄政。"又说："太子年轻，可以辅佐就辅佐他，如果不可以辅佐，你可以取而代之。"侍中王坦之拿着诏书进入寝宫，当着司马昱的面就把诏书撕了。

司马昱说："天下，只不过是凭运气偶然得来的，我都这样，你又有什么不满的？"

王坦之说："天下，是宣帝司马懿和元帝司马睿的天下，陛下怎么能看作是自己一个人的？"

于是司马昱让王坦之修改了诏书，说："皇位继承和国家政事一律托付给大司马桓温，就像以前诸葛亮和王导辅政一样。"当日，司马昱病故。

桓温本来指望司马昱临终时将帝位禅让[2]给自己，否则也该让他摄政。结果并未如他所愿，很是生气，就给弟弟桓冲写信说："遗诏只让我像诸葛亮和王导那样辅政。"桓温认为之所以这样，一定是王坦之、谢安在背后摆弄的，于是心中怀恨。

晋宁康元年（公元373年）二月，桓温前来朝拜孝武帝司马昌明。二十四日，司马昌明命令吏部尚书谢安、侍中王坦之到新亭迎接桓温。

当时，京城里人心惶惶，有人说桓温来是要诛杀王、谢，然后夺取晋室天下。王坦之很害怕，谢安神色如常，说：“晋室是存是亡，就取决于此行了。”

桓温到了以后，布置了很多士兵护卫，然后在大殿接见朝廷百官。有地位有名望的人都两腿发抖，神色紧张。王坦之也紧张得出了一身的汗，沾湿了衣服，还把手板给拿倒了。

谢安从容就坐，坐下以后，对桓温说：“我听说‘诸侯有道，守在四邻’，您哪里用得着在墙壁后面安排卫兵啊？”桓温笑着说：“正是由于不得不这样做啊。”随后他让手下将卫兵撤了，与谢安谈笑了很久。郗超经常为桓温出谋划策，谢安与王坦之来见桓温，桓温让郗超藏在帐幕后面听他们的谈话。正好一阵风刮过，吹开了帐幕，谢安笑着说：“郗超可称得上是‘入幕之宾’了。”

当时，天子年幼，势力弱小，外面又有强大的藩臣，谢安与王坦之竭尽忠诚辅佐保护，最后才让晋室得已稳固。

相关链接

〔1〕遗诏：指君主临死前留下的诏书。

〔2〕禅让：指君主把位置让给有才能、有道德的人。在古代社会，有尧禅位给舜、舜禅位给禹的故事，反映了一种朴素的民主主义。

谢安（公元320年－385年）

字安石，号东山，东晋政治家，军事家，祖籍陈郡阳夏（今河南太康），汉族。历任吴兴太守、侍中兼吏部尚书兼中护军、尚书仆射兼领吏部加后将军、扬州刺史兼中书监兼录尚书事、都督五州、幽州之燕国诸军事兼假节、太保兼都督十五州军事兼卫将军等职，死后追封太傅兼庐陵郡公。世称谢太傅、谢安石、谢相、谢公。

苻坚灭前凉

苻坚认为前凉张天锡虽然对自己称臣，却没有尽到本分，便召他进京，张天锡却杀了使者，苻坚发兵击之，遂灭前凉。

晋太元元年（公元376年），前秦王苻坚下诏说："凉王张天锡虽然对我们称臣，而且接受我们授予的官位，但他做臣子却不尽本分，可以派军队进逼西河〔1〕，让尚书郎阎负、梁殊带上诏书，征召张天锡前来朝拜。如果他敢违抗命令，就出兵讨伐。"

这时，前秦有步兵、骑兵十三万，军司段铿对周虓说："以这样的兵力出战，有谁能够抵挡？"周虓说："对戎狄来说，确实是从来没有过的。"苻坚又命令秦州刺史苟池、河州刺史李辩、凉州刺史王统率领三州的军队作为苟苌的后继部队。

七月，阎负、梁殊抵达姑臧〔2〕。张天锡召集官员商量，说："如果现在入朝，肯定再也回不来了。如果不听从征召，前秦的军队一定会打过来，该怎么办呢？"

禁中录事席仂说："用您心爱的儿子作人质，再给他们献上贵重的宝物，让他们的军队撤退，然后慢慢地再想办法，这是以屈求伸的办法。"

众人听了都很气愤，说："我们世代侍奉晋朝，忠诚气节闻名天下。如今一旦委身敌人的朝廷，连祖宗都污辱了，还有比这更大的羞耻吗？况且凭着河西的天险，一百年都不会有危险。如果出动全部兵力，再请西边的西域、北边的匈奴抵抗他们，怎么就知道不能取胜呢？"

张天锡捋起袖子，大声说："我主意已定。再有说投降的，斩首！"

于是张天锡派人告诉阎负、梁殊说："你们是想活着回去，还是想死了回去？"梁殊等人的言辞语气丝毫也不屈服。

张天锡发怒，把他们捆在军营的门柱上，命令士兵乱箭射死他们，说："射不中的人，就是不和我同心。"

张天锡的母亲严氏哭着说："前秦君主凭借一州之地起家，横扫天下，向东平定了鲜卑，向南攻取了巴、蜀，军队都没有受过阻滞。你如果投降，还可以多活几年。现在要以这小小的地方，与大国抗衡，又杀了他们的使者，离灭亡没有几天了！"

张天锡派龙骧将军马建率领二万士兵抵抗前秦。

前秦听说张天锡杀了阎负、梁殊，八月，梁熙、姚苌、王统、李辩

从清石津渡河，在河会城攻打前凉骁烈将军梁济，前凉大败。十七日，苟苌从石城津渡河，与梁熙会合，攻取了缠缩城。马建害怕，从杨非退守清塞。

张天锡又派征东将军掌据率领三万士兵驻扎在洪池，张天锡亲自率领剩下的五万士兵，驻扎在金昌城。安西将军宋皓向张天锡进言："臣白天观察人事，晚上观察天象，前秦军队不可抵挡，不如投降。"张天锡很生气，把宋皓贬为了宣威护军。

苟苌让姚苌率领三千甲士作前锋。广武太守辛章说："马建是从军队里提拔上来的，唯利是图，一定不会为国家效力。"果然，二十三日，马建率领一万人向苟苌投降，其余的士兵四下逃散。

二十四日，苟苌与掌据在洪池交战，掌据的部队被打败，战马被乱兵杀死。属下董儒给他一匹马，掌据说："我三次统率各路军队，两次持符节斧钺，八次带领宫中卫队，十次统管禁军，所受的恩宠达到极至。今天被困在这儿，这里就是我死的地方，怎么还能偷安苟活呢？"于是便走进营帐，解下盔甲，向西叩拜，然后自杀身亡。

二十六日，前秦的军队开进清塞，张天锡派司兵赵充哲率领士兵抵抗。前秦的军队与赵充哲在赤岸交战，大胜，俘虏和斩首的一共有三万八千人，赵充哲战死。张天锡亲自出城迎战，城内又发生叛变。张天锡与几千名骑兵逃回姑臧。

二十七日，前秦的军队到达姑臧，张天锡用白车白马载着棺材，双手绑在面前，在军营门前投降。苟苌为他松绑，烧毁棺材，送他到长安。凉州的郡县都投降了前秦。

张天锡被送到长安后，苻坚封他为归义侯，授他北部尚书的官职。当初前秦军出发的时候，就已经预先为张天锡在长安建造了府第，现在就让他住在那里。

相关链接

〔1〕西河：黄河以西的地区，又称河西。

〔2〕姑臧：在今甘肃省武威市，是魏晋南北朝时期河西走廊的政治和军事重镇。

秦晋淝水之战

公元383年，苻坚不听劝告，出重军攻打东晋，双方在淝水展开激战，苻坚大败而归，途中闻风声鹤唳，皆以为晋兵且至。

晋太元八年（公元383年），前秦王苻坚不听从劝告，决心入侵东晋。七月，苻坚发布诏令，大举入侵。

百姓每十个成年男子中抽调一名士兵。贵族子弟年龄二十岁以下，有才智勇气的，都征拜为羽林郎。贵族子弟自己带着马匹来应征的，有三万多人，苻坚任命秦州主簿赵盛之为少年都统。

当时，朝中大臣都不愿意让苻坚出征，只有京兆尹慕容垂、兖州刺史姚苌以及贵族子弟劝说出征。

阳平公苻融对苻坚说："鲜卑、羌的族人，与我们是仇敌，常常盼望风云突变，好让他们的志向得逞。他们所献的计策，怎么可以听从呢？贵族子弟家里富有，不熟悉军事，只是苟且用阿谀谄媚的话来迎合陛下。如今陛下听信他们的话，轻易地发兵进攻，我担心最后既不能收获战果，还将留下后患，到时候后悔都来不及了！"苻坚没有听从。

八月初二，苻坚派遣苻融统率张蚝、慕容垂等人的步兵、骑兵共二十五万作为先锋。任命姚苌为龙骧将军，统管益州、梁州各项军务。

苻坚对姚苌说："过去我从龙骧将军这个位置创建大业，从来不曾轻易授予别人。你可要努力啊！"左将军窦冲说："君无戏言，这话是不祥之兆啊。"苻坚沉默不语。后来姚苌果真建立后秦。

初八，苻坚发兵长安，将士共六十多万，骑兵二十七万，旌旗相望，战鼓相闻，前后长达一千里。

东晋颁下诏书，任命尚书仆射谢石为征虏将军、征讨大都督，以徐州、兖州二州刺史谢玄为前锋都督，与谢安的儿子、辅国将军谢琰，还有西中郎将桓伊等人总共率领八万人进行抵抗。让龙骧将军胡彬率领水军五千人援助寿阳。

当时前秦的军势非常强盛，京城建康人心惶惶。谢玄前去求见谢安，问他有什么计策。谢安很平静地回答："已经另有安排了。"其余什么也不说了。

谢安命令驾车出游山间别墅，亲朋好友聚集在一起，与谢玄下围棋赌博。谢安下棋总是输给谢玄，这一天，谢玄心里害怕，结果输给了谢安。谢安就去登山游玩，到了晚上才回来。

桓冲非常担心京城的安全，派遣精锐部队三千人进京保卫。谢安坚持拒绝了，说：“朝廷已经决定了对策，士兵和武器都不缺乏，你们还是留在西藩防守吧。”

桓冲对下属叹息说：“谢安有能力在朝廷辅佐，但不熟悉军事战略。如今大敌即将抵达，还纵情玩乐，高谈阔论，只派没有经历过战争的年轻人去抵抗。况且人少力弱，天下之事已经可以预知，我们要受外族的统治了！”

十月，苻融等人攻打寿阳。十八日，攻克了寿阳，俘获了平虏将军徐元喜等人。慕容垂攻下了郧城。胡彬听说寿阳被攻陷，便退守硖石。苻融率领军队攻打硖石。前秦卫将军梁成等率领五万士兵驻扎在洛涧，沿淮河布防以牵制东面的部队。

谢石、谢玄等在离洛涧二十五里的地方驻军，因为害怕梁成，不敢前进。胡彬的粮草快用完了，就秘密派遣使者向谢石等人报告，说：“现在敌人强大而我的粮草已经耗尽，恐怕不能再见到大军了！”前秦士兵俘获了胡彬，把他送到了苻融那里。

苻融立刻派使者报告苻坚说：“现在敌人兵力不足，容易擒获，只怕他们会逃走，应该迅速派兵前来。”苻坚就把大部队留在项城，亲自带领八千轻装骑兵，日夜兼程赶到寿阳与苻融会合。

苻坚派尚书朱序去劝说谢石等人，说：“强弱相差悬殊，不如快快投降。”

朱序暗地里却对谢石等人说：“如果前秦百万军队全部抵达，的确难以抵挡。如今趁着各路军队还没有会合，应当迅速攻击他们。如果能打

○ 品画鉴宝

石围棋子（西晋） 棋子用黑、白石子磨成，扁圆形，共二百七十二枚，表面光滑圆润，出土时装于灰陶罐内。

败他们的前锋部队，就可以挫伤他们的士气，然后就可以战胜他们。”

谢石听说苻坚在寿阳，十分害怕，想以不出战来拖垮前秦军队。谢琰劝说谢石听从朱序的话。

十一月，谢玄派广陵相刘牢之率领五千精锐士兵进军洛涧。在距离洛涧十里的地方，梁成驻守山涧布阵等待刘牢之。刘牢之径直向前渡河，攻击梁成，大胜，斩杀了梁成和弋阳太守王咏。又分出部队夺取了他们逃回的渡口。

前秦的步兵、骑兵全部溃败，争先恐后跳进淮河，死了一万五千人。

这一仗，东晋俘虏了前秦扬州刺史王显等人，收缴了他们全部的武器和军粮。

于是谢石等各路军队，从水路、陆路相继进发。苻坚与苻融登上寿阳城观望，看见东晋的军队阵容严整。他们看见八公山上的草木，也都以为是东晋的士兵。苻坚回头对苻融说：“这也是劲敌，怎么能说他们弱小呢！”神色怃然，开始害怕起来。

前秦的军队逼近淝水[1]布阵，东晋的军队无法渡河。

谢玄派使者对苻融说：“您孤军深入，却紧逼淝水布阵，这是相持的策略，不是速战速决的办法。如果您让军阵稍稍退后，让晋朝的军队能够渡河，一决胜负，不是很好吗？”

前秦的将领都说：“我们人多，他们人

少，不如压制他们，让他们不能上岸，这样才可以万无一失。”

苻坚说：“只要稍微后退一点，让他们渡河，渡到一半，我们再出动铁甲骑兵攻击，没有不胜的道理！”

苻融也认为可以，于是指挥军队后退，结果一退就不可收拾。

谢玄、谢琰、桓伊等人率领军队渡过淝水攻击他们。苻融骑马跑过军阵，想收拾后退的士兵，结果战马跌倒，苻融被晋兵杀死，前秦军队四散溃逃。

谢玄等乘胜追击，一直追到青冈，前秦军队大败，很多人自相践踏而死。逃跑的人听到风声与鹤唳，都以为是东晋的军队要到了，日夜不息，慌不择路，风餐露宿，冻饿交加，死掉的人有十之七八。晋军缴获了苻坚所乘坐的装饰云母的车子。

当初，前秦的军队稍稍后退时，朱序在军阵后面高声呼喊：“秦军败了！”士兵们听了就纷纷逃跑了。朱序乘机与张天锡、徐元喜都投奔了东晋。

苻坚中了流箭，单身匹马逃到淮河以北，十分饥饿。百姓送来泡饭、猪骨头，苻坚吃了，赏赐给他们十匹帛，十斤绵。

这些人推辞说：“陛下厌倦困苦，安于享乐，所以如今会陷入艰难困苦。我们是陛下的儿子，陛下是我们的父亲，哪里有儿子给父亲饭吃还要报偿的呢！”他们连赏赐的东西看也没看就离开了。

苻坚对张夫人说：“我如今还有什么脸面去治理天下呢！”说着潸然泪下[2]。

谢安收到驿站送来的书信，知道前秦军队已经被打败。当时他正与客人下围棋，拿着信放在床上，脸上一点也没有流露出喜悦的样子，像刚才一样继续下棋。

客人问他是什么事，谢安慢慢地回答：“小孩子们已经打败敌人了。”下完棋以后，谢安回到房间里，过门槛时，连木屐的屐齿折断了都没有发觉。

相关链接

〔1〕淝水：又叫淝河，源于今安徽省合肥市西北一带。

〔2〕潸然泪下：形容因有所感触而流泪。潸然，流泪的样子。

慕容农起兵败石越

前燕被前秦所灭，前燕人慕容垂、慕容农便趁前秦刚在淝水战败而起兵，慕容农斩杀了前来征讨的石越。

当初，前燕吴王慕容垂因为不被太傅慕容评所容，所以来投奔苻坚。后来前燕被前秦所灭，大家都把复兴的希望寄托在慕容垂身上。

淝水之战，前秦各路军队纷纷溃败，只有慕容垂的三万人马得以保全，苻坚就带着一千多骑兵到他那里寻求保护。慕容家的人纷纷劝说慕容垂杀死苻坚，乘机起兵恢复燕国，慕容垂不肯答应。

慕容农[1]对慕容垂说："您不在险境逼迫别人，这种义举足以感动天地。我听说谶纬书里记载，'燕复兴当在河阳。'摘取尚未成熟的果子，与等待果熟以后自己落下，相差不过十天左右，但事情的难易与味道的好坏，相差实在是太远了！"慕容垂心里认为他说得很对。

晋太元九年（公元384年）年底，慕容垂打算起兵，便通知邺城的慕容农，让他也起兵响应。次年正月，慕容农偷马逃出邺城，来到列人县，住在乌桓人鲁利家里。鲁利为他准备了吃的，慕容农笑了笑，没有吃。

鲁利对他妻子说："郎君是贵人，我们家里穷，拿不出好东西给他吃，怎么办？"

他妻子说："郎君有雄才大略，而且心怀壮志，现在无缘无故到这

○ 品画鉴宝

斫琴图（东晋）顾恺之／绘　图绘古代文人雅士制琴的场景，人物情态各异，造型生动。

儿来，一定有事情发生，而不是为吃好东西来的。你赶紧出去，看远处有没有动静，以防发生不测。”鲁利照她的话做了。

慕容农对鲁利说：“我想在列人县招集军队，要复兴燕国，你会跟从我吗？”

鲁利说：“不论是死是活，都跟从郎君。”

于是慕容农就去见乌桓族的张骧，劝说：“我家大王已经发动恢复大事，远近响应，所以我来告诉你。”

张骧拜了两拜，说：“能侍奉以前的君主，怎么敢不舍命效忠呢！”

于是，慕容农招集列人的居民作为士兵，砍下树木作为兵器，撕破衣裳作为旗帜，然后派手下赵秋去劝说屠各人毕聪。毕聪与屠各人卜胜、东夷人馀和、乌桓人刘大等人各率部众几千人前来投奔。

慕容农暂时任命张骧为辅国将军，刘大为安远将军，鲁利为建威将军。慕容农亲自带兵攻克了馆陶县[2]，收缴了那儿的装备器械，又派部下掠夺了康台的牧马几千匹。从此步兵、骑兵云集，人数达到几万人。

张骧等人共同推举慕容农为使持节、都督河北诸军事、骠骑大将军。慕容农统率各将领，根据他们的才能加以安排，军队上下秩序井然。

慕容农因慕容垂未到，所以不敢封赏将士。赵秋对慕容农说：“军队没有赏赐，则士兵不肯打仗。如今来投奔我们的人，都想建一时之功，而

获万世之利，因此应该按照规定封官拜爵，来奠定中兴燕室的基础。”

慕容农听从了，于是前来投奔的人更多了。慕容垂听说后，夸奖了他的做法。慕容农的军队号令严明，秋毫无犯，当地百姓非常高兴。

前秦长乐公苻丕派遣石越，率领步兵、骑兵共一万多人前来讨伐。慕容农说：“石越有聪明机灵的名声，如今不往南抵抗慕容垂的大军，却到这儿来，是害怕慕容垂而想欺负我啊。他一定没有好好防备，我们可以用计策攻取他。”

士兵们请求慕容农据守列人县城，慕容农说：“善于打仗的人，结交勇士靠的是赢得人心，不是靠的其他东西。如今发动义兵，所要的就是击败敌人，应当把山河当作城池，一个小小的县城哪里值得据守？”

初七，石越到达列人城西面。慕容农派赵秋和参军綦毋滕攻击石越的前锋，打败了他们。

参军赵谦对慕容农说：“石越的军队，铠甲武器虽然很精良，但士兵心怀恐惧，很容易打败，应该赶紧进攻他们。”

慕容农说：“他们的铠甲穿在外面，我们的铠甲藏在心里。白天打仗，士兵们看到他们穿戴威严齐整，心里会害怕，不如等到天黑再去进攻，一定能够胜利。”

于是命令军士严阵以待，不得随便行动。

石越立下栅栏加强防御，慕容农笑着对将领们说：“石越装备精良，士兵众多，不趁刚刚到达的锐气进攻我，反而立下栅栏，我就知道他成不了什么事了。”

天快黑的时候，慕容农带领军队呼喊而出，在列人城的西面列阵。牙门刘木请求先进攻石越的营栅，慕容农笑着说：“人见了好吃的，谁不想上去吃，你怎么单独为自己请求呢？不过我看你勇猛，值得奖励，就让你做先锋吧。”

于是刘木率领勇士四百人越过栅栏攻了进去，后秦士兵望风披靡。慕容农率领主力跟随，大败后秦军队，斩杀了石越，将他的首级送到了慕容垂那里。

相关链接

〔1〕慕容农：？—公元398年，昌黎棘城（今辽宁义县西北）人，鲜卑族，后燕名将。

〔2〕馆陶县：位于今河北省馆陶县一带。

吕光平定凉州

后凉懿武帝吕光时，凉州发生饥荒，康宁、彭晃、王穆联合叛变，吕光出兵而败之，遂平定凉州。

晋太元十二年（公元387年），凉州发生严重饥荒，每斗[1]米竟然卖到五百钱。饿死的人占一半以上，甚出现了人吃人的事情。

后凉西平太守康宁自称为匈奴王，刺杀湟河太守强禧后叛变。张掖太守彭晃也相继叛变，与东边的康宁和西边的王穆联合。

后凉懿武帝吕光想亲自率领军队前去袭击彭晃，众将领都说："现在康宁在南方，正等待机会动手。如果彭晃、王穆还没有被打败，康宁又带兵杀到，我们就会进退两难，局势一定会非常危险。"

吕光说："形势确实像你们所说的那样。现在彭晃刚刚叛变，与康宁、王穆联系还不紧密，我们出其不意地进攻，比较容易取胜。"

于是吕光亲自率领骑兵三万人，日夜兼程地赶路。到达张掖以后，攻打了二十天，攻破了城池，杀死了彭晃。

王穆起兵的时候，曾经派遣使节征召敦煌的隐士郭瑀。郭瑀叹息着说："现在百姓就要穿夷狄的衣服了，我怎能忍心不去救助他们呢！"于是他和同郡人索嘏一起起兵响应王穆，并送去三万石粮食供应部队。

王穆任命郭瑀为太府左长史、军师将军，任命索嘏为敦煌太守。不久，王穆听信谗言，率领部队去攻打索嘏。郭瑀尽力劝阻，王穆也不听。郭瑀只好辞职，出城后大声哭泣，并举起手来向城池道歉，说："我恐怕再也见不到你了！"回家后，郭瑀用被子蒙住脸，不跟别人说话，绝食而死。

吕光听说后，说："两个贼寇互相攻击，要被我抓了。我们不能因为害怕连续战斗的辛苦而失去一劳永逸的机会。"于是亲自统率步兵、骑兵二万人攻克了酒泉。

吕光又继续进军凉兴，王穆只好带着自己的部队向东撤退，还没有跑回自己的老巢，部队已溃不成军。王穆独自骑马逃走，被骍马县令郭文砍下了脑袋，送给了吕光。

相关链接

〔1〕斗：古代一种量粮食的器具，一斗等于十升。

〔2〕吕光：公元338年－399年，字世明，略阳（今甘肃天水）人，氐族，十六国之一后凉的建立者。

后秦屡战胜前秦

前秦趁后秦国君生病以及太子年幼的机会，多次攻打后秦，却屡战屡败，最后连国家都被消灭了。

晋太元十七年（公元392年），前秦高帝苻登听说后秦武昭帝姚苌生病，十分高兴，就向世祖的神位[1]祭告，然后实行大赦，将文武百官的职位连升两级，整顿军马，进逼安定，驻扎在离城池九十多里的地方。

八月，姚苌的病情稍有起色，就率领军队出城抵抗。苻登率领军队出营准备交战，姚苌派遣安南将军姚熙隆从别的地方进攻前秦营寨。苻登害怕营寨被袭，赶紧撤退。姚苌晚上率领部队开拔，从侧面穿插到苻登军队的后面。

天亮的时候，前秦的侦察骑兵回来报告："敌人的军营都空了，不知去向。"

苻登大惊失色，说："姚苌这家伙是什么人，离去我都无法知道，袭来时我又不能察觉；都说他快死了，但是忽然又出来与我对阵。我和这个羌贼生在同一时代，是多么倒霉啊！"于是撤军回到雍城，姚苌也回到安定。

次年七月，苻登在野人堡攻打窦冲，窦冲向后秦求救。尹纬对姚苌说："太子姚兴[2]仁爱宽厚，远近闻名。但他的英勇谋略并没有得到宣扬，请您派他去攻打苻登，来宣扬这一名声吧！"姚苌听从了。太子姚兴率领军队进攻胡空堡，苻登急忙解除对窦冲的围困，赶去那里解救。姚兴趁机进攻平凉，大获全胜。

十二月，姚苌召太尉姚旻、仆射姚晃等人进宫，让他们接受遗诏，辅佐太子姚兴治理朝政。

姚苌对姚兴说："如果有诋毁攻击这几位先生的人，你一定要小心，不要听信。你如果能用恩德抚慰亲人，用礼貌接见大臣，用信义处理事情，用仁爱对待百姓，这四个方面都不偏废的话，我就没有什么可担忧了。"

姚晃流着眼泪询问征服苻登的计策，姚苌说："现在大业就要完成，姚兴的才能智谋足以胜任，还要问我干什么？"

当月，姚苌去世。姚兴秘不发丧，立刻命令他的叔叔姚绪去镇守安定，姚硕德去镇守阴密，他的弟弟姚崇留守长安。

太元十九年（公元394年）正月，苻登听说姚苌已死，喜不自禁地说："姚兴这个小孩，我折一根树枝就能打他一顿。"于是大赦，率领全部兵力向东开进，只留下司徒、苻广镇守雍城，太子苻崇留守胡空堡。

四月，苻登从六陌进发到废桥，后秦始平太守姚详驻守马嵬堡抗击他。姚兴派遣尹纬带领军队前去营救。尹纬占据废桥，在那儿等待前秦军队。前秦士兵到达以后，与后秦争夺水源，没能得到，渴死的人有十分之二三，因此苻登急着进攻尹纬。

姚兴派狄伯支赶来告诉尹纬："苻登这家伙已是穷途末路，我们应该谨慎持重来打败他。"尹纬说："先帝刚刚仙去，人心难免搔动惊恐。如果我们现在不趁士气旺盛时制伏敌人，大事将不可收拾！"于是与前秦军队交战，大胜。

当天晚上，前秦军队崩溃，苻登独自骑马逃奔雍城。苻崇及苻广听说前秦军队失败，都弃城而逃。结果苻登到达的时候，已经没有地方可以投靠。于是，苻登又投奔平凉，收集剩下的军队，进入马毛山。

没过多久，苻登和苻崇相继被敌人所杀，前秦就在这一年灭亡了。

相关链接

〔1〕神位：原指给神灵设立的牌位，后来也指给已经去世的先人等设立的牌位。

〔2〕姚兴：公元366年－416年，字子略，赤亭（今甘肃省陇西西）人，羌族，十六国时期后秦帝王之一。

后燕惠愍帝慕容宝在位时，兰汗叛变，杀害了慕容宝。慕容盛假装投降兰汗，随后除掉他平定了叛乱，开始把持后燕朝政。

晋隆安元年（公元397年），后燕外受北魏[1]攻击，内有赵王慕容麟叛乱。惠愍帝慕容宝担心故都龙城被慕容麟占据，于是决定放弃都城中山，退保龙城。慕容宝离开中山后，中山被北魏攻陷。

次年二月，慕容宝不听劝告，从龙城出兵亲征。军队到达乙连的时候，前高阳王慕容隆的老部下、长上官段速骨等人造反，逼迫慕容隆的儿子慕容崇为他们的君主。慕容宝率领十几个骑兵逃走。

后燕[2]尚书、顿丘王兰汗与段速骨等互通消息，故意驻扎在龙城东边，龙城中的守军非常少。三月，段速骨攻下龙城。然后兰汗趁机偷袭段速骨，将他与他的部下全部杀死，废黜慕容崇，奉立太子慕容策，并且派遣使者迎接慕容宝。

慕容宝因兰汗祭祀着燕室宗庙，而且又是他父亲慕容垂的舅舅，认为他比较忠心，就决定返回龙城。慕容宝到达索莫汗陉，距离龙城还有四十里。城中的人都很高兴。

兰汗十分惶恐，想要出城向慕容宝请罪，他的兄弟一起劝阻了他。于是兰汗派他弟弟兰加难率领五百名骑兵出城迎接，又派哥哥兰堤关上城门，禁止携带兵器，不让平民出入城。城里的人都知道兰汗要发动变乱，但都没有办法阻止。

兰加难在索莫汗陉北边迎接慕容宝，行完拜见的礼节以后，就与慕容宝一起向龙城进发。颍阴烈公馀崇偷偷对慕容宝说：“我观察兰加难的神色，变乱即将来临，应该留下来三思而行，为什么就这样直接前去呢？”慕容宝不听。

走了几里路，兰加难先把馀崇抓了起来，馀崇大声骂他：“你们家有幸成为燕宗室的亲戚，受到国家的恩宠，哪怕用整个家族来报答都不够。如今竟敢谋反篡位，天地不容，我看你们很快就要被诛杀殆尽，只是遗憾我不能亲手把你们烤了吃罢了！”兰加难把馀崇杀了，然后带领慕容宝到城外的宅邸中，把他也杀了。

长乐王慕容盛被慕容宝留在后面，听说慕容宝被杀，就想骑马去奔丧。将军张真劝阻他。慕容盛说：“我现在因为走投无路才归依兰汗，兰

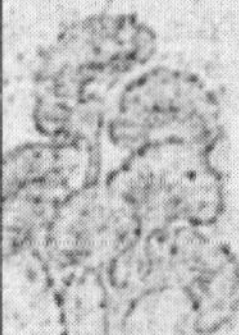

○ 品画鉴宝　洛神赋图（东晋）顾恺之／绘　图中所绘形象生动、设色明快、艳丽，富于诗意美。

汗生性愚蠢浅陋，一定会念在我是他女婿的分儿上，不忍心杀我。只要给我十天到一个月的时间，就足以让我大展鸿图。”于是慕容盛前去见兰汗。

兰汗的妻子乙氏与她做慕容盛王妃的女儿，都哭着请求兰汗饶过慕容盛，慕容盛的王妃还向兄弟们叩头请求。兰汗起了恻隐之心，就让慕容盛住在宫中，并任命他为侍中，像以前那样亲热地对待他。

兰堤和兰加难屡次请求杀死慕容盛，兰汗没有听从。兰堤骄横荒淫，对待兰汗有很多失礼的地方，慕容盛趁机离间他们，于是兰汗兄弟之间开始互相猜疑。

后燕太原王慕容奇是慕容楷的儿子，兰汗的外孙，兰汗也没杀他，还任命他为征南将军，因而可以进宫拜见慕容盛。慕容盛暗中让他逃出城去，在外面起兵。慕容奇就在建安起兵，共有士兵几千人。

兰汗派兰堤去讨伐慕容奇，慕容盛对兰汗说：“慕容奇是一个听话的孩子，没有能力做这么大的事情，莫非有人在外假借他的名义起兵，而自己想在龙城作内应？太尉兰堤一向骄纵，不可信任，不应该给他那

么多军队。”兰汗觉得他说得对，就不让兰堤率领军队出征，另外派抚军将军仇尼慕领兵讨伐慕容奇。

从夏天开始，龙城就没有下雨，一直持续到秋季的七月。兰汗每天都去后燕各宗庙以及慕容宝的牌位前面叩头祈求，把弑君篡权的罪名全部推卸到兰加难身上。兰堤与兰加难听说后非常生气，而且害怕被兰汗诛杀。七月十五日，兰堤与兰加难一起率领部下偷袭仇尼慕的部队，并且打败了仇尼慕。兰汗非常害怕，派遣太子兰穆率领军队前去讨伐。兰穆对兰汗说：“慕容盛与我们是仇敌，一定是他与慕容奇里应外合。这是我们的心腹之患，不能姑息养奸，应该先将他除掉。”

兰汗准备杀掉慕容盛，就先把他召来相见，想观察一下他。慕容盛的王妃知道了，偷偷告诉了慕容盛，慕容盛就借口生病，没有去见兰汗。兰汗也暂时作罢，没杀慕容盛。李旱、卫双等人一向受慕容盛厚待，而兰穆也把他们当作自己的心腹。因此李旱、卫双出入慕容盛的住所，偷偷地与慕容盛一起谋划。

十七日，兰穆去攻击兰堤、兰加难等人，获胜。二十日，兰汗大摆筵宴，犒赏将士，兰汗和兰穆都喝醉了。

慕容盛晚上出去上厕所，趁机跳墙进入东宫，与李旱等人一起杀死了兰穆。这时，军队还没有解除战备，将领们还聚集在兰穆家里。他们听说慕容盛终于站出来了，欢呼雀跃，争先恐后，一起进攻兰汗，并把他杀了。兰汗的儿子——鲁公兰、陈公兰扬，分别驻扎在会支、白狼，慕容盛派遣李旱、张真去进攻他们，最终把他们斩首了。兰堤、兰加难逃走躲了起来，最后也被抓住斩首。从此以后，都城内外人心安定，男男女女相互庆贺。

二十一日，慕容盛祭告太庙，然后大赦，改年号为建平。慕容盛不敢称皇帝号，仍旧以长乐王的名义统管后燕朝政，以前的其他各王都降级为公。

相关链接

〔1〕北魏：又称拓跋魏、元魏，鲜卑族拓跋氏建立，初都云中盛乐（今内蒙和林格尔），后迁平城（今山西大同），又徙洛阳，我国南北朝时期北朝第一个王朝，后分裂为东魏与西魏。

〔2〕后燕：鲜卑人慕容垂所建，都城在中山（今河北定县），十六国之一。

孙恩海上起兵

东晋安帝时，孙恩起兵于海上，所到之处烧杀抢掠，做了不少坏事，但他很快便被刘牢之等将领赶了回去。

晋隆安三年（公元399年），孙恩[1]因为民心不安，从海岛上率领他的手下杀了上虞令，然后进攻会稽。会稽内史王凝之，是王羲之[2]的儿子，一向信奉天师道，他既不出兵也不设防，只是每天在道堂上磕头念咒。

手下官员请求派兵出城讨伐孙恩，王凝之说："我已请来大仙，借来鬼兵把守各个险要关卡，每个地方都有几万鬼兵，敌人不值得担忧。"

等到孙恩逐渐逼近，王凝之才听从他们出兵抵抗，可是孙恩的部队已经到达城下了。孙恩很快攻下会稽城，王凝之逃走，被孙恩抓住杀了，还杀了他的几个儿子。

王凝之的妻子谢道蕴，是谢奕的女儿，听说敌人来到，从容不迫，命令婢女们抬着轿子，拔出佩刀出门，亲手杀了几个人后才被抓住。

吴国内史桓谦、临海太守新秦王司马崇、义兴太守魏隐等人都放弃郡城逃走了。会稽人谢针、吴郡人陆瓌、义兴人许允之、临海人周胄、永嘉人张永等人，以及东阳、新安等共八个郡的百姓，同时起兵，杀掉本地官员响应孙恩。十天之内，聚集了几十万人。

吴兴太守谢邈、永嘉太守司马逸、嘉兴公顾胤、南康公谢明慧、黄门郎谢冲、张琨、中书郎孔道等人都被孙恩的军队杀死。当时三吴一带一直都很太平，百姓不善于打仗，所以郡县的守兵都闻风而逃。

孙恩占据会稽，自称征东将军，逼迫士人充当他的属官，并把手下的人称作"长生人"。百姓中如果有不服从他的，就连婴孩他也要一起杀掉，百姓死在他刀下的有十分之七八。他还把县令们剁成肉酱，逼迫他们的妻子儿女吃下去，如果拒绝，就被分尸。

他们每路过一个地方就烧杀抢掠，砍伐树木，埋堵水井，并率领百姓聚集在会稽。妇女怀孕不能跟着去的，都被扔到水中淹死，说："恭喜你先登上天堂，我随后一定会来找你的。"孙恩上表安帝，列数会稽王司马道子和他的世子司马元显的罪状，请求杀掉他们。

自从安帝即位以来，朝廷内外变乱丛生，石头城以南的地区都被荆州、江州所占据，以西的地区都被豫州吞并，京口地区以及长江以北都

○ 品画鉴宝

青瓷插座（东晋） 整器造型为一只温顺可爱的小绵羊，羊首顶端有一插孔。

是刘牢之以及广陵相高雅之控制的地盘，中央的指令就只能在三吴这一小片地方通行了。

孙恩作乱之后，三吴的八个郡也被孙恩攻占。京畿的几个县，祸乱四起。孙恩的党羽也有潜伏在建康城中的。大家人心惶惶，唯恐有意外发生。

于是朝廷宣布全国戒严。安帝加授司马道子黄钺，任命司马元显为中军将军，命令徐州刺史谢琰兼管吴兴、义兴等郡的军事，讨伐孙恩。刘牢之也出兵讨伐孙恩，向朝廷上表之后，立即出师。

当初，孙恩听说八个郡都响应他，就对他的下属说："天下不会再有事了，我将与诸位一起穿着朝服去建康。"

过了不久，听说刘牢之率领军队到了钱塘江边上，孙恩说："我即使割据钱塘江以东，也不失为一个越王勾践。"

后来，刘牢之率领大军渡过钱塘江，孙恩得知后，说："我并不以逃走为耻。"于是驱赶二十多万百姓向东逃去，一路上扔掉了许多金银财宝和妇女儿童，官军争着抢他们扔下的东西，孙恩因此得以逃脱，又逃回到了海岛上。

相关链接

〔1〕孙恩：？－公元402年，字灵秀，祖籍琅琊（今山东），孙泰之侄，家族在永嘉之乱时南渡，世代信奉五斗米道。

〔2〕王羲之：公元321年－379年，字逸少，号澹斋，因曾官至右军将军，故人又称之"王右军"，山阴（今浙江绍兴）人，祖籍琅琊临沂（今山东临沂）。东晋伟大的书法家，后人尊其为"书圣"，和其子王献之并称"二王"，有书法作品《兰亭集序》传世。

殷仲堪犹疑遭败亡

殷仲堪为人慎于小节、优柔寡断，在与桓玄的斗争中，这些都成了他致命的弱点，最终落得兵败身亡。

荆州刺史殷仲堪担心桓玄[1]过于跋扈，就与雍州刺史杨佺期结成亲家，互相援助。杨佺期几次想要进攻桓玄，都被殷仲堪竭力阻止。桓玄害怕自己最终被殷仲堪、杨佺期消灭，就向朝廷要求扩大他管辖的地区。

朝廷想离间他们，便加任桓玄为都督荆州四郡军事。同时，让桓玄的哥哥桓伟代替杨佺期的哥哥杨广做南蛮校尉。杨佺期又生气又担忧。

杨广本想拒绝桓伟接任，但殷仲堪不许，并把杨广调出来任宜都、建平两郡的太守。杨孜敬原来是江夏相，桓玄派兵去攻击并劫持了他，任命他做咨议参军。

杨佺期招集军队，建立军旗，声称要去援救洛阳，想和殷仲堪一起进攻桓玄。殷仲堪虽然表面上与杨佺期结交，心里却怀疑他的用心，所以苦苦劝阻杨佺期。他又担心无法阻止杨佺期，就派他的堂弟殷遹去北部地区驻守，以此遏止杨佺期。杨佺期无法自己起兵，又猜不出殷仲堪的用意，只好解散军队。

这一年，荆州发大水，平地积水三丈深。桓玄打算趁他内部空虚的时候征讨他，于是发动军队向西进发，声称要去援救洛阳。

桓玄又给殷仲堪写信，说："杨佺期身受国家恩惠，却不去参加皇帝的葬礼，我们应该一起兴师问罪。现在应开进沔水讨伐他，我已经在江口一带集结了兵力。如果你的看法与我一样，就把杨广抓起来杀掉。如果不这样做，我就率领军队进入长江，攻击江陵。"

这时，巴陵[2]还有积蓄的粮食，桓玄派兵先去攻击。梁州刺史郭铨正赶去上任，途中经过夏口。桓玄骗殷仲堪说，朝廷派郭铨担任自己的前锋，所以把江夏的部队交给他，并让自己统率各支部队一起前进。桓玄暗中告诉他的哥哥桓伟作内应。

桓伟惊慌失措，不知道该怎么办，就把桓玄的密信交给殷仲堪看。殷仲堪扣下桓伟作人质，命令他给桓玄写信，文辞极其凄苦。桓玄收到信后说："殷仲堪为人优柔寡断，常常考虑打败之后怎么办，还要为儿子考虑好后路，因此我哥哥一定不会有危险。"

殷仲堪派殷遹率领水军七千人到达西江口，桓玄派郭铨、苻宏进攻他，殷遹等大败逃走。桓玄驻扎在巴陵，吃的是殷仲堪留下的粮食。殷仲堪派遣杨广和自己的侄儿殷道护等人率领军队抵抗，都被桓玄打败。江陵一带大为恐慌。

江陵城中缺乏粮食，殷仲堪只能发给士兵胡麻充饥。桓玄乘胜到达零口，距离江陵只有二十里。殷仲堪急忙写信请杨佺期来救援。杨佺期却说："江陵没有粮草，用什么来对付敌人？你可以屈尊到我这里来，我们一起据守襄阳。"

殷仲堪想保全自己的军队和地盘，不愿意放弃荆州流亡，就骗杨佺期说："近来我征集了许多粮草，已经有所储备。"杨佺期相信了，率领步兵、骑兵共八千人前来救援，兵强马壮，铠甲在阳光下闪闪发光。

到达江陵后，殷仲堪只能用米饭供应杨佺期的军队。杨佺期十分生气，说："这次必败无疑。"他也不去见殷仲堪，就与哥哥杨广一起向桓玄进攻。桓玄害怕他的锐气，撤退到马头。

第二天，杨佺期带兵急攻郭铨，差点将郭铨抓住。正好桓玄的部队赶到，杨佺期军队大败，他一个人骑着马逃奔襄阳。殷仲堪逃奔酂城。

桓玄派将军冯该追捕杨佺期和杨广，把他们全部抓住杀了，又把他们的人头送到了建康。

殷仲堪听说杨佺期已死，带着几百人正要投奔长安，走到冠军城，冯该追上去俘获了他。回到柞溪以后，逼着他自杀了。

殷仲堪信奉天师道，祭祀鬼神时从来不吝惜财物，却舍不得拿出钱来周济救急。但他又喜欢以小恩小惠向别人示好，见到有人生病，就亲自为他把脉配药。用计过于烦琐细密，缺乏远见，所以导致失败。

相关链接

〔1〕桓玄：公元369年－404年，字敬道，又名灵宝，谯国龙亢（今安徽怀远）人，东晋桓温之子。

〔2〕巴陵：今湖南省岳阳县。

罗企生舍生取义

罗企生为了报答殷仲堪的知遇之恩，对殷仲堪忠心耿耿，誓死不肯向殷仲堪的敌人桓玄低头。

殷仲堪生性多疑，优柔寡断。他的咨议参军罗企生对他弟弟罗遵生说："殷侯为人仁厚，却优柔寡断，一定会遭遇大难。我承蒙他知遇之恩，从道义上说不能舍他而去，一定会因他而死。"后来殷仲堪遭受桓玄攻打，逃走的时候，文武官员没有送行的，只有罗企生一个人跟着他。罗企生路过家门的时候，罗遵生说："我们将要生离死别，怎么能不握一下手？"罗企生把马转回来，伸手给弟弟。罗遵生很有力气，把他从马上拉了下来，说："家里还有年迈的母亲，你要跑到哪里去？"罗企生哭着说："今天的事情，我一定是要去死的。有你供养母亲，不会没有人尽孝。我们家里，既有尽忠的，也有尽孝的，还有什么遗憾呢？"[1]罗遵生把他抱得更加紧了，殷仲堪在路上等着，看罗企生没有挣脱的希望，就独自骑马走了。桓玄到了以后，荆州的士人都去拜见桓玄，只有罗企生一个人不去，却在料理殷仲堪家里的事。有人说："你这样做，一定会大祸临头！"罗企生说："殷侯像对待国家栋梁那样对待我，我被弟弟阻拦，才不能跟他一起去诛杀叛贼，又有什么脸面去桓玄那里乞求保全性命呢？"桓玄听说以后很生气，但他一向对罗企生很好，就先派人告诉罗企生："你如果向我道歉，我就放过你。"罗企生却说："我是殷仲堪手下的官吏，殷仲堪失败，我不能挽救，还有什么可道歉的呢？"于是桓玄就把他抓了起来，又派人问他还有什么话。罗企生说："文帝司马昭杀了嵇康[2]，他的儿子嵇绍却是晋朝的忠臣。我只请求留下我的弟弟，让他赡养老母。"

于是桓玄杀了罗企生，而赦免了他的弟弟。

相关链接

〔1〕古人认为，为人臣要忠于君主，为人子要孝敬父母，故一人忠孝不能两全。所以罗企生说他和弟弟一个人尽忠、一个人尽孝，从而无所遗憾了。

〔2〕嵇康：公元223年－263年，字叔夜，谯郡铚县（今安徽宿州）人，三国时魏国著名的思想家、诗人和音乐家，是"竹林七贤"的领袖人物，也是魏晋玄学的代表人物之一。

吕纂政变夺位

后凉王吕光死后，立太子吕绍为王。吕纂和吕弘谋反夺了吕绍的位置，不久，吕弘又反吕纂，亦被吕纂消灭。

晋隆安三年（公元399年），后凉懿武帝吕光病重，就把太子吕绍立为天王，自号太上皇帝。又任命太原公吕纂[1]为太尉[2]，常山公吕弘为司徒。

吕光对吕绍说："如今国家多灾多难，外边又有强邻窥伺。我死了以后，你让吕纂统率六军，让吕弘总管朝政。你自己恭顺无为，把重任委托给两位兄长，或许勉强可以熬过难关。如果自己内部先互相猜忌，那么很快就会祸起萧墙了。"

吕光又对吕纂、吕弘说："吕绍没有拨乱反正的才能，只是因为嫡子继承符合常规，才让他忝居帝位。如今外有强敌，人心不安，你们兄弟如果能和睦相处，紧密团结，那么我们的社稷还可以流传万世。如果自己人互相图谋，则大祸眼看就要来临了！"

吕纂、吕弘都哭着说："不敢。"

吕光又抓住吕纂的手，告诫他说："你生性粗鲁暴躁，是我最担忧的。你一定要好好辅佐吕绍，千万不要听信别人的挑拨离间！"

当天，吕光去世。吕绍秘不发丧。吕纂推开小门，进去痛哭不已，一直到心里的哀伤平息以后才出来。

吕绍害怕，坚持要把皇位让给吕纂，吕纂就是不答应。

骠骑将军吕超对吕绍说："吕纂做将军已经有很多年了，名声威望震动朝廷内外。父亲去世，他却并不哀伤，反而昂首阔步，心中一定有叛逆的想法，应该尽早把他除掉。"

吕绍说："先帝的话好像还在耳边，我怎么能不听呢？我这么小就担负国家重任，正要仰仗两位兄长的帮助，来使国家安宁。即使他们真的图谋我的位置，我也视死如归，终究不能忍心杀死兄长。你不要再说了！"

吕纂到湛露堂拜见吕绍，吕超拿着刀侍立在吕纂身旁，用眼睛示意吕绍，让自己把吕纂抓起来，吕绍没有允许。

吕弘偷偷派尚书姜纪对吕纂说："主上昏庸懦弱，现在多灾多难的时候他并不能胜任现在的位置。大哥一向恩威并著，应该为国家社稷考虑，不应该拘泥小节。"

吕纂就在当天夜里，带领几百名勇士翻跃北城，进攻皇城的广夏门。吕弘也带着东苑士兵，用斧头劈砍皇城的洪范门。

左卫将军齐从守卫融明观，迎面喝问来人：“谁？”

众人回答说：“太原公。”

齐从说：“国家发生大的变故，主上新近即位，太原公不在正道上行走，深更半夜进入皇城，难道要谋反吗？”于是抽出佩剑，上前砍杀吕纂，正中他的前额。

吕纂的手下将齐从抓住，吕纂说：“真是义士，不要杀他！”

吕绍派遣虎贲中郎将吕开率领宫廷禁军，在端门抵抗。吕超也率领二千士兵赶到。士兵们一向害怕吕纂，还没有交战就自行溃散。吕纂从青角门进入禁城，登上谦光殿。吕绍逃到紫阁自杀，吕超逃奔广武。

吕纂忌惮吕弘兵力强大，要把皇位让给吕弘。吕弘说：“我因为吕绍身为弟弟却继承国家皇位，心里不满意，才违背先帝的遗命，将他废黜，以致将来要愧对九泉之下的父亲！现在如果再越过哥哥而当皇帝，哪里是我吕弘本来的目的呀！”

吕纂就让吕弘出宫告诉大家：“先帝临终的时候，留给我们诏书，要我们这样做的。”

文武大臣都说：“只要国家社稷有人主持，谁敢违背呢？”

吕纂即天王位，下令大赦，改年号为咸宁，谥吕绍为隐王。又任命吕弘为大都督、督中外诸军事、大司马、司隶校尉等，改封他为番禾郡公。

吕纂对齐从说：“你上次砍我，太过分了吧？”

齐从流着泪说："隐王是先帝所立。陛下虽然合乎天意顺乎人心，只是我的心里还没体会到，因此砍陛下的时候，唯恐陛下不死，怎么能说过分了呢？"

吕纂赏识他的忠诚，待他很好。

吕纂的叔父、征东将军吕方这时正在广武镇守，吕纂派使者过去对吕方说："吕超确实是忠臣，他的忠义勇气都值得奖赏。但是他不懂得国家大局，也不懂从权变通。如今他正好派上大用场，定能同我一起度过危难之世。你可以把我的意思转告给他。"吕超知道后，上书表达歉意，吕纂就恢复了他的爵位。

后凉王吕纂因为大司马吕弘功劳高，镇守的地方又离京城很近，所以很忌惮他。吕弘也疑心上面对自己猜忌，于是率领东苑的士兵造反，进攻吕纂。吕纂派他的部将焦辨攻击，吕弘的部队溃散，吕弘逃走。

吕纂纵容士兵在城中大肆抢掠，并把东苑中的妇女全部犒赏给军队，吕弘的妻子女儿也在其中。

吕纂笑着对大臣们说："今天这场战斗怎么样？"

侍中房晷回答说："老天降祸给我们后凉，所以忧患不断。先帝刚刚去世，隐王便被废黜；先帝刚刚安葬，大司马又起兵谋反；京师血流不止，兄弟之间白刃相行。

"这次虽然是吕弘自取灭亡，但也是陛下没有顾念兄弟的恩情。陛下应该责备自己，来向百姓谢罪才对。如今反而纵容士兵抢掠，关押士人，污辱妇女。

"这场祸乱是吕弘挑起的，百姓又有什么罪过？况且吕弘的妻子是陛下的弟媳，吕弘的女儿是陛下的侄女，您怎么能让她们被那些无赖小人当作婢女侍妾来侮辱呢？天地神明，怎么会忍心看到这样悲惨的事情？"

房晷说着感慨流泪。吕纂立即神色严肃地向他道歉，并把吕弘的妻子女儿召回，安置在东宫，优厚地抚恤她们。

相关链接

〔1〕吕纂：？－公元401年，字永绪，略阳（今甘肃天水）人，氐族，十六国时期后凉君主吕光之子。

〔2〕太尉：秦汉时期中央掌管武事的最高官员，魏晋时太尉为三公之一。

桓玄受禅让即位

桓玄做了很多形式上的准备，然后接受皇帝的“禅让”。执政后，他不但无所作为，而且劳民伤财，越来越不得人心。

晋元兴二年（公元403年）二月，大将军桓玄上表请求统率各路大军北伐，要平定关中、洛阳地区，随后又暗示朝廷下诏不要同意，于是说：“我接到朝廷诏令，所以才停止北伐。”

桓玄开始打点行装，准备出征，却先命令制造轻舟快艇，装满服饰珍玩、名人字画等。有人问他为什么这样，桓玄说：“战争充满危险，万一发生意外，轻舟速度快，便于装着东西逃脱。”大家心里都笑话他。

九月，侍中殷仲文、散骑常侍卞范之劝说桓玄早日接受禅位做皇帝，并暗地里撰写了加授九锡以及册命的文告。朝廷任命桓谦为侍中、开府、录尚书事，王谧为中书监、兼任司徒，桓胤为中书令，加授桓修为抚军大将军。

十六日，朝廷册命桓玄为相国，统领文武百官，以十个郡的封地让他做楚王，加授九锡。他所管辖的楚国，也设置了丞相以下的各级官吏。

桓谦私下里问彭城内史刘裕：“楚王功勋卓著，德高望重，朝廷群臣的想法，多数认为应该实行禅让，让楚王做皇帝。你认为怎么样？”

刘裕说：“楚王是南郡宣武公桓温的儿子，功勋德望举世无双。如今晋室已经衰微，民心早已转移，趁着时运举行禅让，有什么不可以的？”

桓谦高兴地说：“你说可以，那就一定可以了。”

十月，楚王桓玄上表请求回到他的封地去，然后又让安帝司马德宗作亲笔诏书，坚决挽留他。

○ 品画鉴宝

列女仁智图（东晋）顾恺之／绘　图绘历史上有智谋远见的女子。通过人物眉、眼、嘴的微妙及身姿动态，表现出复杂的性格特征。

他派人造谣说，钱塘临平湖的湖水突然又满了，江州也降下甘露，让文武百官相聚庆贺，以此作为自己接受皇帝禅让的征兆。

古代禅让的时候，都有隐士[1]出来做官，桓玄觉得唯独现在没有是一种耻辱。所以便访求到西晋隐士皇甫谧的第六代孙子皇甫希之，供给他一切生活需要，让他隐居到深山老林里去。这时又以朝廷的名义征召他出来做著作郎，并让皇甫希之坚决推辞不肯应征，然后再发下诏书表彰他，称他为高士。当时的人都称皇甫希之为“充隐”，也就是“冒充的隐士”。

桓玄想恢复古制，废除钱币，用谷物、布帛作交换工具，以及恢复肉刑[2]等。各种规章制度制定了很多，但是始终没有一个固定的想法，变过去又变回来，最终也没有实行什么具体制度。

桓玄生性贪婪鄙陋，别人有好的书法、绘画，以及漂亮的园林宅第等，他一定会通过赌博手段巧取豪夺，据为己有。他尤其喜爱珍珠美玉，日夜把玩，从不离手。

十一月，司马德宗下诏，让桓玄使用天子的礼仪和乐舞，让他的王妃改称王后，让他的世子改称太子。

十八日，卞范之草拟了禅让的诏书，让临川王司马宝逼迫司马德宗亲自抄写。

二十一日，司马德宗到大殿前，派王谧手捧皇帝的玺绶，将帝位正式禅让给桓玄。

二十三日，司马德宗搬出皇宫，迁居永安宫。

二十四日，东晋的太庙和先帝牌位被迁到琅琊国，然后文武百官一起到姑孰劝说桓玄登基称帝。

十二月初一，桓玄在九井山的北侧修建祭坛。初三，正式即皇帝位。

桓玄即位时宣读的文告上，有很多批评和贬低晋室的言辞。有人劝他不要这么说，桓玄说：“皇帝接受禅让的文告，是向天下百姓宣布的，怎么可以欺骗上天呢？”桓玄即位后大赦，改年号为永始。

初九，桓玄进入建康宫。当他坐上皇帝宝座的时候，宝座下面的地面忽然陷下去了，群臣大惊失色。殷仲文说：“大概是因为皇上恩德太重，所以大地都不能承载。”桓玄听了非常高兴。

自从即皇帝位以来，桓玄心里常常感到不安。次年二月初一，夜里长江掀起大浪，江水卷进石头城，卷走淹死了很多人，百姓呼叫声震天动地。桓玄听了很害怕，说：“奴才们要造反了。”

桓玄性情苛刻琐屑，喜欢夸耀自己的能力。负责具体事务的官员上奏，如果有一个字用得不恰当，或者一个词用错了，他都要加以指出纠正，来显示自己的高明。尚书回答诏书的时候，误将“春蒐”写成“春菟”，结果自左丞王纳之以下，凡是经手签过字的官员，都被降级或者贬黜。

桓玄有时还亲自选定当天值日的官员，或者亲自命令小官吏做一些具体的事情，结果发下来的诏书纷繁杂乱，有关部门都来不及处理。然而桓玄对朝廷事务却不好好管理，没有处理的奏章堆积如山。

桓玄喜好打猎，有时候一天甚至出去好几趟。他迁居到东宫，修建宫殿居室，大兴土木，督促得很严，朝廷内外一片哗然，想造反的人越来越多。

相关链接

〔1〕隐士：古代隐居乡下或山林中不出来做官的知识分子。

〔2〕肉刑：主要为宫（割势）、刖（断足）、劓（割鼻）、黥（刺面后着墨），是古代对犯人砍断肢体或割裂肌肤的刑罚。

桓玄被赶出建康，刘毅等人率军穷追不舍，后益州督护冯迁杀死桓玄，晋安帝得以在江陵复位。

晋元兴三年（公元404年）三月，桓玄从建康逃出，逃到寻阳，郭昶之为他提供生活用品，补充兵力。十四日，桓玄逼迫挟持晋安帝[1]司马德宗一同向西逃窜。刘毅统率何无忌、刘道规等几支军队紧追不舍。桓玄留下龙骧将军何澹之、前将军郭铨与郭昶之一起据守湓口。

桓玄在路上亲自撰写“起居注”，叙述讨伐刘裕的经过，自称所用的战略没有任何失误，只是手下的军队违背自己的指挥调度，所以才打了败仗。桓玄把心思全用在写这些东西上面，根本没时间与百官将领们议论时事。“起居注”写完以后，他公开展示给所有的人看。

四月初三，桓玄挟持安帝来到江陵[2]，桓石康收留了他们。桓玄重新设置文武百官，任命卞范之为尚书仆射。自从失败逃跑以来，桓玄担心自己的命令不能得到实施，就加重了刑罚的力度，人心更加离散，怨声四起。

殷仲文劝他，桓玄生气地说：“现在因为这些将领作战不讲章法，老天也不保佑我们，所以我们才回到楚国旧都来。但是这些小人却还妄加议论，正应当用强硬的手段来纠正，绝不能用宽容的态度对待他们。”

荆州、江州的几个郡听说桓玄西迁，有上表问候日常起居的，桓玄一概不接受。他又命令江陵百姓祝贺迁移新都。

桓玄派遣武卫将军庾稚祖、江夏太守桓道恭，率领几千人与何澹之等一起守卫湓口。何无忌、刘道规到达了桑落洲。二十三日，何澹之等人率领水军迎战。

何澹之经常乘坐的船只，装饰了很多旗帜。何无忌说：“敌人的将帅一定不会坐在这条船上，不过想欺骗我们而已。我们应该尽快进攻他们。”

大家都说：“何澹之不在这条船上，就算缴获它也没什么好处。”

何无忌说：“现在敌众我寡，很难抵挡，我们没有全胜的把握。何澹之既然不在这条船上，那么船上的兵力一定很弱。我们以精锐士兵进攻，一定能缴获这条船。缴获了这条船，敌人的士气就会受打击，而我们的士气则会受到鼓舞。然后趁机进攻，就一定可以打败敌人了。”

刘道规说："对啊！"

于是他们带兵猛攻并缴获了那条船，乘机大喊："已经活捉了何澹之！"

何澹之的军队惊慌失措，乱作一团。何无忌的军队也以为是真的，士气大振，乘胜进攻何澹之等人的部队，并且大败他们。

何无忌等人攻克了溢口，进兵据守寻阳，派使节奉送装着晋室宗庙牌位的石匣回到京师。朝廷加授刘裕为都督江州诸军事。

桓玄招募荆州兵马，还没到一个月，就聚集了两万人，多层战舰、兵器装备也都充足。二十七日，桓玄再一次统率大军挟持安帝向东进军，让苻宏兼任梁州刺史，担任军队的前锋。

桓玄又派散骑常侍徐放赶在部队前面，去劝刘裕等人："如果你们能解散军队，一定会给你们一个自新的机会，各授官职，绝不让你们失望。"

刘毅、何无忌、刘道规、下邳太守孟怀玉率领军队从寻阳向西进发。五月十七日，他们与桓玄的部队在峥嵘洲相遇。刘毅等人的士兵不到一万人，而桓玄手下的士兵却有几万人，因此刘毅等人都很害怕，想要撤回寻阳。

刘道规说："不行！敌众我寡，强弱不同，现在如果畏惧而不敢进攻，一定会被敌人抓住机会，就算回到寻阳，又怎么能守得住呢？桓玄虽然窃取英雄豪杰的名号，其实很怯懦，再加上他现在已经历过奔逃失败，部下根本没有死战的决心。决定胜负，勇猛奋战是关键，不在于人数的多少。"刘道规指挥部下先行，刘毅等人率领军队紧随。

桓玄经常在座舰旁准备一艘小快艇，失败的时候好坐它逃走，因此士兵都没有斗志。刘毅等人顺着风向放火，将精锐部队全部投入战斗，士兵奋勇争先。桓玄的军队大败，烧掉自己的辎重物资，连夜逃跑。郭铨向刘毅投降。

桓玄挟持安帝坐了一艘小船向西逃走，把永安何皇后和王皇后留在巴陵。殷仲文此时正在桓玄的船上，请求到别的船上去召集溃散的士兵，乘机叛变，恭奉两位皇后投奔夏口，又回到建康。

二十三日，桓玄与安帝回到江陵。冯该劝他再东征一次，桓玄没有听从。他打算逃往汉中投奔桓希，但这时部下人心叛离，意志消沉，发号施令却没人执行。

二十四日深夜，桓玄作好准备打算出发，而城内已经大乱，他就和

一百多个心腹骑马出城，向西逃跑。刚走到城门，左右的亲信中突然有人在暗中砍桓玄，但没有砍中，其他的人开始自相残杀，尸横遍地。桓玄保住性命逃到船上，左右侍从早已逃散，只有卞范之还跟在身旁。桓玄准备前往汉中。

屯骑校尉毛修之是毛璩的侄子，他骗桓玄前往蜀地，桓玄听信了。宁州刺史毛璠是毛璩的弟弟，死在了官任上。毛璩派毛佑之和参军费恬，带领几百人护送毛璠的灵柩回江陵。

二十六日，他们与桓玄在枚回洲相遇。毛祐之、费恬迎战桓玄，箭如雨下，桓玄的宠臣丁仙期、万盖等人用自己的身体掩护桓玄，都死了。

益州督护冯迁拔出佩刀，冲上前去砍桓玄，桓玄连忙拔下头上玉做的头饰挡住冯迁，说："你是什么人？竟敢杀天子！"冯迁说："我是杀贼害天子的人！"然后把他杀了。

安帝在江陵重新复位，任命毛修之为骁骑将军。二十八日，实行大赦，那些因畏惧桓玄的威逼而参与叛逆的人，都不予追究。刘毅等人把桓玄的首级送到建康，悬挂在大桁上面示众。

相关链接

〔1〕晋安帝：孝武帝司马曜长子，名司马德宗，公元382年—418年在世，谥安帝。

〔2〕江陵：今湖北省荆州市。

慕容熙宠妻失国

慕容熙对苻皇后的宠爱，达到了无以复加的地步，皇后死后他亲自披麻戴孝护送灵柩，被慕容云等人趁机占领了皇宫。

后燕昭文帝慕容熙[1]非常宠爱苻皇后，他与苻皇后出游打猎，往北登上了白鹿山，往东越过了青岭，往南到达沧海边上，玩得尽兴了才返回，士兵被虎狼吃掉以及冻死的有五千多人。

慕容熙为苻皇后建造了承华殿，从京城的北门外运土，土的价格与谷子相等。宿军典军杜静用车子载着棺材向慕容熙极力劝谏，慕容熙将他杀了。

苻皇后曾经在夏天的时候想吃冻鱼，冬天的时候想吃新鲜地黄，慕容熙下诏让有关部门采办，没有办到，就将负责人杀了。

晋义熙三年（公元407年）四月，苻皇后去世，慕容熙痛哭到晕了过去，过了很长时间才苏醒。他好像死了父母那样地举行丧礼，披麻戴孝[2]，只喝稀粥。并且命令文武百官在宫内设置皇后的牌位，一起痛哭，还派人检查哭的人，没有眼泪的就治罪。群臣只好在嘴里含上辛辣的东西，刺激自己落泪。

高阳王慕容隆的王妃张氏，是慕容熙的嫂子，美丽而且聪明，慕容熙想用她殉葬，就诬陷她为死者缝制的鞋子里有坏了的毛毡，赐她自杀。右仆射韦璆等人都害怕慕容熙让他们去殉葬，每天洗澡更衣，等候命令。

从公卿以下的官员一直到士兵百姓，每一户都参加皇后陵墓的修建，官府的积蓄消耗殆尽。陵墓占地方圆几里，慕容熙对负责监工的人说："好好修，我跟着也要住进去。"

七月二十六日，慕容熙把皇后苻氏埋葬在徽平陵。因为送丧的车驾太高，拆了北城门才得以出去。慕容熙披散头发，光着双脚，跟着灵柩走了二十多里。二十七日，实行大赦。

当初，中卫将军冯跋和他的弟弟侍御郎冯素弗都在慕容熙那里获罪，慕容熙打算杀了他们，冯跋等人便逃到了偏僻的山林里。

后来，慕容熙的赋税劳役过于繁多，百姓不能忍受，冯跋、冯素弗就与堂弟冯万泥谋划："我们不能回去认罪，还不如趁着百姓的怨气发动变乱，或许也可以建立一番事业。即使失败，到那时候再死也不晚。"

于是，他们坐上一辆马车，让一个妇女赶着，混进了龙城，藏在北部司马孙护之家里。等到慕容熙出城送葬，冯跋等人便和左卫将军张兴，以及苻进的余党发动叛乱。

冯跋一向与夕阳公慕容云的关系很好，就推举慕容云为盟主。慕容云借口有病推辞。冯跋说：“慕容熙荒淫暴虐，人神共怒，这是上天要他灭亡的时候。您出身高家，高家也是名门，怎么能做别人的养子，放弃这难得的机会呢？”随后冯跋扶慕容云走出家门。

冯跋的弟弟冯乳陈等人率领士兵攻打弘光门，呐喊进攻，禁卫军都溃散逃走。他们冲进宫中，分发了宫中的武器盔甲，关闭城门坚守。

中黄门赵洛生逃出城去报告慕容熙，慕容熙说：“这几个老鼠一样的强盗，能干什么大事？我这就回去诛杀他们。”于是把苻皇后的灵柩放在南花园，系好头发，穿上盔甲，骑马回城解救危难。当夜，慕容熙赶回龙城，进攻北门，没能攻克，只好露宿在城外。

二十八日，慕容云即天王位，大赦，改年号为正始。慕容熙撤退到龙腾苑驻守。尚方兵褚头翻过城墙投奔慕容熙，说护卫营的士兵一心效忠，只等大军到来。

慕容熙听后却惶恐不安，跑了出去，左右的人也不敢追随。慕容熙从河道边上偷偷溜走，过了很久，左右侍从都奇怪他还不回来，就出去寻找，只找到了他的衣服帽子，人却不知哪里去了。

中领军慕容拔对中常侍郭仲说：“大事即将成功，皇上却无缘无故地惊慌失措，真是奇怪。可是城中将士正盼望我们回去，回去一定会成功，我们不能在这里多耽搁。我先去攻城，你留在这里等候皇上。如果找到皇上了，就赶快来。如果皇上还是没有回来，那么等我按计划平定都城后，再慢慢寻找皇上也不迟。”慕容拔与其他将领分别率领两千多名士兵进攻北城。

品画鉴宝

青瓷直流尊（东晋） 此尊为盛酒器，与常见尊不同的是，它有一个半圆状直流，利于斟酒。

城里的官兵以为慕容熙回来了，纷纷放下武器投降。可是过了很长时间，慕容熙也没有来，慕容拔又没有后续部队，士兵们因为恐惧，最后放弃攻城，退回到龙腾苑，然后都溃散逃走。结果慕容拔被城里叛乱的士兵杀死。

二十九日，慕容熙穿着平民的衣服，藏在树林里，被人抓住，押送给慕容云。慕容云列数了他的罪状后，把他杀了，还杀死了他的几个儿子。慕容云又恢复高姓，后燕政权被北燕政权所取代。

相关链接

〔1〕慕容熙：公元385年－407年，字道文，又字长生，鲜卑人，十六国后燕君主之一。

〔2〕披麻戴孝：通常指长辈去世后，子孙身披麻服、头上戴白，表示悲痛哀悼之意。

刘裕伐灭南燕

公元409年，东晋将领刘裕率兵讨伐南燕，南燕君主慕容超一意孤行，既不“据守大岘山”，也不“坚壁清野”，使刘裕军队得以迅速前进，一举而灭南燕。

晋义熙五年（公元409年）三月，刘裕上表请求讨伐南燕，朝廷群臣商议后都认为不可以，只有左仆射孟昶、车骑司马谢裕、参军臧熹认为一定成功，鼓励刘裕出征。刘裕任命孟昶为监中军留府事。

四月十一日，刘裕从建康出发，率领水军从淮河进入泗水。

五月，东晋军队到达下邳，留下舰船、辎重，步行前进到琅琊。所经过的地方都修筑起城池，留下军队把守。

有人对刘裕说：“若燕国人守住地势险要的大岘山〔1〕，或者坚壁清野〔2〕，固守城池，那样的话，我们大军深入，不但不能建功立业，而且可能回都回不去了，那可怎么办？”

刘裕说：“我已经将这些考虑得很清楚了，鲜卑人生性贪婪，没有长远眼光，前进的时候只希望能多俘虏抢掠，后退的时候又生怕踩坏了田地里的禾苗。他们以为我们孤军深入，一定不能长期坚持，因此最多进军据守临朐，或者退守广固，一定不会据守险要或者坚壁清野。这一点，我敢向你们保证。”

南燕太上帝慕容超听说东晋军队前来讨伐，便召集群臣一起商议对策。

征虏将军公孙五楼说：“吴地的士兵快速果断，比较擅长速战速决，所以我们不应该出去迎战，应该占据大岘山，让他们无法深入，拖延时间，打击他们的锐气。然后慢慢地挑选精锐骑兵两千人，沿着海往南进发，断绝他们的运粮通道。另外再让段晖率领兖州的军队，沿着山脉往东，与我们一起腹背夹击。这是上策。

“命令各地官员凭借险要自己固守，计算自己所需要的物质储备，除此之外，剩下的东西一律烧毁。再把田地中的禾苗全部铲除，让敌人得不到东西补充给养。他们深入敌人领土作战，没有粮食，想会战却没有人接战，十天一个月时间，什么也不用做，就可以制伏他们了。这是中策。

“放敌人入大岘山，再出城迎战，这是下策。”

慕容超说：“从天的角度来看，今年的吉星正在我们三齐上面，按照天道推测，我们不用打仗也能战胜他们。

“从地的角度来看，现在敌人进入我们的领土作战，我们是主，他们是客，形势对我们有利。

“从人的角度来看，他们远道而来，疲惫不堪，一定不能持久。我们占据五个州，拥有富庶的百姓，铁甲骑兵数以万计，庄稼遍布田野，怎么能铲除未成熟的庄稼，迁移百姓，自己先向人示弱呢？不如放他们进入大岘山，再派精锐骑兵前去践踏他们，何必担心打不过他们？”

辅国将军、广宁王贺赖卢也苦苦劝谏，慕容超不肯听从。退朝以后，贺赖卢对公孙五楼说：“一定要这样的话，用不了多久就要亡国了。”

太尉、桂林王慕容镇劝说慕容超：“如果陛下一定认为骑兵在平地作战比较有利的话，也应该越过大岘山去迎战敌人。那样即使战斗没有胜利，也还可以退回大岘山防守。不应该放任敌人进入岘山，自己放弃险要的地势。”慕容超还是不肯听从。

慕容镇退出后，对其他人说：“主上既不能主动迎战，击退敌人；又不肯迁移居民，坚壁清野。把敌人引进自己腹地，坐在那里等待敌人进攻围困，太像汉朝末年的刘璋了。今年国家就要灭亡，我一定会死。你们是中原人，却要像越人那样纹身了。”

慕容超听说后，大怒，把慕容镇抓起来关进了监狱。然后下令撤回戍守莒城、梁父的守军，修筑都城的防御工事，挑选将士和战马，等待东晋军队到来。

刘裕经过大岘山，南燕的军队没有出击。刘裕举起手指着上天，脸上露出欢喜的神色。

左右侍从说：“您还没有看见敌人，就自己先高兴起来，这是为什么？”

刘裕说：“大军已越过险要，士兵们都有拚死作战的决心。余下的粮食都在田地里储存，我们不必为缺粮而担忧。敌人已经落入我的掌心了。”

六月十二日，刘裕抵达东莞。慕容超此前已经派公孙五楼、贺赖卢以及左将军段晖等人，率领步兵、骑兵共五万人驻扎在临朐，听说东晋军队已经通过大岘山，便亲自率领步兵、骑兵共四万人前去迎战，并派公孙五楼率领骑兵前去占据巨蔑水。晋军前锋孟龙符与公孙五楼展开激战，将他打败，公孙五楼撤退逃走。

刘裕用四千乘战车摆在两边作为左右两翼，平行向前慢慢地推进，在

临朐城南边与南燕军队交战。太阳快要落山了，双方的胜负还没有决出。

参军胡藩对刘裕说："南燕出动全部人马与我们交战，临朐城中留守的士兵一定很少。我愿意带领一支奇兵走小路去夺取这座城池，这是韩信用来打败赵国的方法。"

刘裕就派胡藩和咨议参军檀韶、建威将军向弥，率领分队偷偷穿插到南燕军队的后面，进攻临朐城，自称是从海路直接赶来增援的轻装部队。向弥身披铠甲率先登上城墙，最终攻克了临朐城。

慕容超听说以后，大吃一惊，单人匹马赶到城南去找段晖。刘裕趁机指挥大军奋力进攻，南燕军队大败，段晖等十名大将被斩杀。慕容超逃回京城广固，晋军缴获了他的玉玺、车辇以及挂在车后的豹尾。刘裕乘胜追击败兵，一直追到广固。

十九日，晋军攻下了广固城的外城，慕容超聚集士兵进入内城据守。刘裕修筑长长的围墙，在上面据守。围墙有三丈高，还挖了三道壕沟。

七月，南燕尚书垣尊和他弟弟京兆太守垣苗，越过城墙向东晋军队投降，刘裕任命他们为行参军。垣尊、垣苗都是慕容超信任重用，并且视作心腹的人。

有人对刘裕说："张纲心思巧妙，如果能得到他来制作攻城用具，广

固城一定可以攻克。”

正好张纲从长安回来，太山太守申宣将他抓住，送到了刘裕那里。

刘裕让张纲站在高高的楼车上，让他绕着城对城里的人喊：“夏王刘勃勃打败了后秦军队，所以没有援军来救你们了。”城中将士听了，都大惊失色。

张纲为刘裕设计制造的攻城用具，每一样都奇巧无比。慕容超大怒，将张纲的母亲吊在城墙上，把她活活肢解了。

东晋每次发兵增援，或者派遣使者来，刘裕总是偷偷派一支部队在前一天夜里前去迎候。第二天，让所有的人都打着大旗、敲着锣鼓到来，让敌人以为来了很多军队。北方的百姓拿着兵器、背着粮食归附刘裕的，每天都有上千人。

晋军对广固城的围攻更加猛烈了，南燕大臣张华、封恺都先后被刘裕俘获。慕容超表示愿意割让大岘山以南的土地，并且向东晋称臣，以此求和。刘裕没有答应。

慕容超派遣尚书令韩范向后秦请求救兵，后秦文桓帝姚兴派遣使者对刘裕说：“慕容氏与我们相邻，关系友好。如今晋对他们进攻得那么紧急，我们秦已经派遣十万铁骑驻扎在洛阳，晋军如果不撤军，我们就要长驱直入了。”

刘裕把后秦的使者叫来，对他说：“告诉姚兴，我打败燕之后，让军队休息三年，然后就去夺取你们的关中、洛阳。今天你们要是能自己送上门来，那就快点来吧！”

刘穆之听说有后秦使者来，便骑马去见刘裕，而后秦使者已经走了。刘裕把自己说的话告诉了刘穆之。

刘穆之埋怨道：“平时事情不论大小，都一定让我参与讨论。如今事关重大，应当仔细考虑，为什么这么快就答复他呢？你的话不足以威慑敌人，恰恰会激怒他们。如果广固还没有攻下，而羌族的敌人又突然到来，我们该怎么对付他们呢？”

刘裕笑着说：“这是用兵的奥妙，不是你所能明白的，所以才没跟你商量。要知道兵贵神速，他们如果真的能赶来救援的话，一定害怕我们知道，哪里还会先派人前来通知，事先将这些告诉我们呢？这是他们虚张声势的大话！晋军不出征，已经很久了。羌人看见我们讨伐三齐之地，心里早就开始害怕。他们自保都来不及，哪里还能援救别人呢？”

九月，南燕尚书张俊从长安返回，投降了刘裕，对刘裕说：“燕人所倚仗的，是认为韩范一定能请来后秦的救兵。现在把韩范抓来给他们看，那么燕就一定会投降了。”刘裕就上表请求朝廷任命韩范为散骑常侍，然后写信招降韩范。

后秦长水校尉王蒲劝韩范投奔后秦，韩范说：“刘裕从平民起家，讨灭桓玄，兴复晋室，这次兴兵伐燕，所到之处，无不崩溃瓦解，这是上天要他这样，不是靠人力做到的。燕亡，则秦也会紧接而亡，我不能再忍受一次亡国之辱了。”于是投降刘裕。

刘裕带着韩范环绕广固城，城里的人顿时人心沮丧。

次年二月，贺赖卢、公孙五楼挖了一条地道出来袭击晋军，没能将晋军击退。广固城关闭了太久，城里的男女百姓生软脚病的人超过了一半，因此不断有人出城投降。

初五，刘裕发动全部兵力攻城。有人说：“今天是往亡日，不利于军队出征。”刘裕说：“我往他亡，有什么不利的？”晋军从四面同时发起猛攻。悦寿打开城门，把晋军放进城去。

慕容超与几十个侍卫骑马越过城墙，冲破包围圈逃走，被东晋军队追上抓获。刘裕列数不投降的种种罪名，慕容超神色平静，一言不发，只是把母亲托付给刘敬宣照顾。

刘裕愤恨广固城久攻不下，打算把城里的军民全部杀了，然后把他们的妻子女儿赏给手下将士。

韩范劝阻道：“晋室迁移到江南，中原混乱不堪，士民百姓无所依靠，有强有力的政权，自然前去依附。依附后，既然做了人家的臣民，就要为人家尽力。他们都是过去的士族，是先帝的遗民。如今王师北伐，却要把他们全部杀了，那让这些百姓到哪里去呢？我担心西北的百姓再也不会盼望我们去解救他们了。”

于是刘裕改变态度，向韩范他道歉，但还是杀了王公以下三千多人，没收家族人口也有一万多。然后拆毁了广固城墙，把慕容超送回建康斩首。

相关链接

〔1〕大岘山：今山东沂山。

〔2〕坚壁清野：坚固壁垒，清空郊野，使敌人既攻不下据点，也抢不到用于充实军力的物资，是对付外敌入侵的一种方法。

王镇恶奇袭刘毅

王镇恶是王猛之孙，他足智多谋，刘裕攻打刘毅时，正是靠着王镇恶的计策才得以很快取得胜利。

王镇恶[1]是前秦宰相王猛的孙子。前秦苻氏政权败亡的时候，王镇恶投奔东晋，朝廷任命他为临澧令。王镇恶对骑马不大擅长，也没有拉弓射箭的力气，但他却擅长谋略，有决断能力，喜欢谈论军国大事。

有人把王镇恶推荐给刘裕，刘裕和他交谈，很喜欢他，于是就留他住在自己家里。第二天早晨，刘裕对手下参谋说："我听说名将家里出名将，看王猛的孙子王镇恶，确实是这样。"于是任命王镇恶为中军参军。

荆州刺史刘毅[2]自认为当年勤王讨伐桓玄的功劳和刘裕差不多，心里非常骄傲。等到做了地方之长，总觉得郁闷不得志。刘裕对他总是容让，更加助长了刘毅的傲气。

晋义熙八年（公元412年）九月，刘毅抵达江陵，对地方上的官员作了很大调整。又擅自抽调豫州官员，以及江州兵力一万多人跟随自己。

正在这时，刘毅生了重病，就向朝廷要求，调自己的堂弟兖州刺史刘藩来做自己的副手。刘裕当时是太尉，就假装答应了。刘藩入京朝见。

十二日，刘裕让皇帝下诏，列举刘毅罪状，说他与刘藩等人阴谋造反，随后抓住刘藩，命令他自杀了。

十五日，刘裕各路大军从建康出发，王镇恶请求给他一百条船，让他担任前锋。

二十九日，刘裕抵达姑孰，任命王镇恶为振武将军，与龙骧将军蒯恩带领一百条船作为前锋。

刘裕告诫他们："如果可以战胜敌人，就进攻他们；如果不能，就把他们的舰船烧毁，留在水边驻扎等我到来。"王镇恶日夜兼程，紧急行军。因为刘毅还不知道刘藩已死，王镇恶就自称是刘藩来了。

十月二十二日，王镇恶抵达豫章口，离江陵城只有二十里。他们放弃舟船，上岸步行前进。蒯恩率领军队走在前面，王镇恶紧跟着他。

王镇恶在每条船上留了一两个人，在船边的岸上立起六七面军旗，旗下放置战鼓，然后交代留下的人："估计我们快要到江陵城时，你们就拼命擂鼓，做出后面还有大部队的样子。"他又另外派人去烧江津的舰船。

王镇恶径直前去突袭江陵城，告诉前面的军士："如果有人问，就说刘藩到了。”守卫渡口的士兵和当地百姓听了都安下心来，一点也不怀疑。离城还有五六里的时候，碰上刘毅手下大将朱显之准备去江津，问：“刘藩在哪里？”军士们说：“在后面。”

朱显之到了军队的后面也没有见到刘藩，却看见士兵们扛着挡箭板等攻城用具，又远远望见江津的舰船已经被火烧毁，江边擂鼓的声音又很大，顿时明白过来，知道不是刘藩来了，就跳上马背，骑马回城向刘毅报告，一边跑一边下令守城士兵关闭各个城门。王镇恶也骑着马跟进，城门还来不及关闭，因此士兵得以进入江陵城。

王镇恶率领军队与城内的士兵展开激战，同时进攻江陵的牙城，从中午打到傍晚，城内的守军终于失败溃散。王镇恶让人在牙城的墙上挖了一个洞，从洞里攻了进去，并派人把皇帝降罪的诏书和赦免刘毅的文告，以及刘裕写的亲笔信交给刘毅。刘毅将它们全部烧掉，看也不看，与司马毛脩之等人督促士兵奋力死战。

城里的人还不相信刘裕亲自到来，但是军队里那些跟随刘毅从东方来的士兵，与朝廷军队中的一些士兵是表亲，他们一边打一边交谈，知道刘裕真的来了，因此刘毅的士兵人心离散、惊慌害怕。到了夜里，刘毅官府前的卫兵都逃散了，并杀死了刘毅手下猛将赵蔡，只有刘毅身边的侍卫还关紧东、西大门顽强抵抗。王镇恶担心黑暗里自己的士兵彼此误伤，于是把部下带出去围困牙城，并在南面放开一个口子。刘毅害怕南面有伏兵，半夜的时候，率领三百多个侍卫打开北门突围逃出。

刘毅连夜逃奔牛牧寺。当初，桓蔚兵败的时候，就逃到这里，投奔牛牧寺的僧人昌。昌把桓蔚藏起来保护，刘毅便把昌杀了。

现在，寺里的僧人拒绝刘毅，说：“过去我们的师父收留桓蔚，被刘毅杀了。现在我们实在不敢再收留陌生人了。”刘毅感叹说：“作法自毙啊！”于是自己上吊而死。

相关链接

〔1〕王镇恶：公元373年－418年，字景略，北海剧（今山东昌乐西）人，前秦王猛之孙，东晋名将。

〔2〕刘毅：？－公元412年，字希乐，彭城沛（今江苏沛县）人，东晋北府兵将领。

王镇恶攻灭后秦

公元416年，刘裕北伐后秦，王镇恶一路斩杀，攻入长安，消灭后秦，立下了赫赫功勋。

晋义熙十二年（公元416年）八月，太尉刘裕统率大军从建康出发，讨伐后秦。刘裕派遣龙骧将军王镇恶、冠军将军檀道济，率领步兵从淮河、淝水向许昌、洛阳进发。另外派出多路军队进攻各战略要点。

总管朝政的左仆射刘穆之对王镇恶说："刘公这次将伐秦的重任委托给你，你要努力啊。"王镇恶说："我不攻克关中，发誓不再回渡长江！"

王镇恶、檀道济进入后秦境内，所向披靡，连连报捷，不久就攻克了许昌。

十月，檀道济进军逼近洛阳，后秦镇守洛阳的陈留公姚洸出城投降。这时后秦的援军还没赶到，听说洛阳已经陷落，就没有继续前进。

次年二月，王镇恶进军渑池[1]，派毛德祖在蠡吾城袭击尹雅，将他擒获。尹雅杀死看守他的人逃走，王镇恶带兵追赶，一直抵达潼关。三月，檀道济等人也抵达潼关，与王镇恶会合。

后秦鲁公姚绍出战不利，退守地势险要的据点，并对手下将领说："敌人兵力不多，孤军深入，只能坚守营垒等待后援。我们分出兵力断绝他们的运粮通道，坐在这儿等他们粮食吃完，就可以将他们活捉。"于是派遣部下把守大路上的据点，断绝了王镇恶他们的运粮通道。

当初，刘裕曾命令王镇恶等人，让他们在攻克洛阳后，要等大军赶到再一起向前推进。王镇恶等人乘胜直接进攻潼关，结果受到后秦军抵抗，不能前进。而且运粮通道被切断，时间一久，军队缺粮，大家都有点猜疑担心。

有人建议放弃辎重退回去与大军会合，建武将军沈林子按着宝剑发怒，说："刘裕相公立志统一天下，如今许昌、洛阳都已平定，关右地区也即将收复，大事能不能成功，就全看我们前锋的表现了。怎么能打击胜利后的士气，放弃即将成就的功业呢？

"而且大军离我们还远，敌人的势头还很强盛，就算我们想退回去，难道就可以吗？我接受命令以来，就没有作回头的打算。今天的事，我将自己率领军队完成使命，只是不知道你们退回去后，有什么面目见刘相公的旗鼓？"

王镇恶等人派遣使者去通知刘裕，要求支援粮食和兵力。刘裕正沿着黄河水路进军，叫来使者，打开船上朝北的窗户，指着黄河北岸牵制他们的北魏大军说："我都说了让他们不要自己前进，如今轻率地深入，以致受困。我这儿岸上形势这样，又怎能派得出援军呢？"

王镇恶只好亲自到弘农去，向百姓劝说，晓以大义。百姓纷纷捐献粮食，军队的粮饷重新得到补充。

八月初二，刘裕亲抵潼关，王镇恶请求让自己率领水军绕道，从黄河进入渭水，然后从渭水直趋长安，刘裕同意了。

后秦镇北将军姚强与姚难会师，在泾水岸边驻扎，来抵挡王镇恶。王镇恶派毛德祖率领军队进击，获胜，杀死了姚强、姚难逃奔长安。

王镇恶率领水军沿渭水逆流而上，乘坐艨冲[2]小舰，划桨的士兵都在船内。后秦人看到战舰前进却没有看到划桨的人，都很惊奇，以为有神仙相助。

二十三日凌晨，王镇恶军队抵达渭桥，命令战士们吃饱喝足，然后全部手持兵器，登上河岸，落后的人斩首。士兵们全部登上河岸以后，渭水水流湍急，东晋的战舰随波逐流，瞬息之间已不见了踪影。

当时长安城内，后秦国主姚泓统率的军队还有几万人。王镇恶向士兵们宣告说："我们的亲属和家园都在江南，这是长安北门，离家有万里之遥，舟船和补给也都被河水带走。如今我们前进作战，胜利了，可以立功扬名；失败了，尸骨都回不了家。就这两种可能，没有第三条路可选。大家努力吧！"

于是，王镇恶身先士卒，冲在前面。士兵们踊跃战斗，争着向前。最终在渭桥大败后秦守卫渭桥的姚丕军队。姚泓领兵救援，却被姚丕的败兵冲击践踏，不战自溃，姚泓单人匹马逃回皇宫。

王镇恶从平朔门进长安城，姚泓和车骑将军姚裕等带着几百名骑兵逃奔石桥。东平公姚赞听说姚泓战败，急忙率领军队前来救援，但士兵们毫无斗志，一下子就溃散了。

姚泓打算出去投降，他的儿子姚佛念才十一岁，对父亲说：“晋人要靠我们来达到他们的目的，就算投降了也不能免死。不如自杀吧。”姚泓心中悲伤，没有回答。姚佛念爬上宫墙，自己跳下去自杀而死。

二十四日，姚泓带着妻子儿女以及群臣，到王镇恶的军营门口请求投降，王镇恶将他们交给了手下官吏。

九月，刘裕到达长安，王镇恶到霸上迎接。刘裕慰劳他说：“成就我霸业的人，就是你呀！”

王镇恶拜了两拜，谦虚地说：“全靠明公的威望，以及各位将领的努力，我王镇恶有什么功劳？”

刘裕笑着说：“你想学冯异吗？”

冯异是东汉光武帝刘秀手下大将，屡立军功，但为人谦恭，将领们坐下来讨论功绩的时候，他常常一个人躲到树底下，所以被称为“大树将军”。

王镇恶生性贪婪，后秦仓库里财物积得满满的，王镇恶偷偷取走的不知道有多少。刘裕念他功劳大，所以没有追究。

有人向刘裕报告：“王镇恶私藏了姚泓做伪皇帝时的车驾，将要谋反。”刘裕派人去察看，王镇恶赶紧把车驾上的金银剔下来，然后把车驾扔到城墙边上，刘裕这才放心。

刘裕下令没收后秦的礼器、浑天仪、记里鼓、指南车等，送到建康。其余金银、布帛、珍珠、宝玉全部赏赐给作战的将士。后秦宗族一百多人到刘裕的大营投降，刘裕把他们全杀了。刘裕把姚泓送到建康，在街市上斩首示众。

相关链接

〔1〕渑池：在今河南省三门峡市渑池县一带。

〔2〕艨冲：又写作“艨艟”，古代的一种战船。